# 治大国若烹小鲜

## 基层治理与世道人心

吕德文◎著

中国人民大学出版社
·北京·

# 自　序

治大国若烹小鲜。大国之治是一门科学，也是一门艺术。当前，国家治理已经深入到了社会的毛细血管之中；世道与人心之变，无时无刻不在影响着大国之治。这些微妙的变化，在基层表现尤甚。基层治理看似事小，却是国家治理的基石。

## 一、变局

毫无疑问，这是一个百年未有之大变局的时代。人世间的道路、人们的活法，已然迭代。

仅仅是在 20 年前，从基层看去，中国社会还是乡土性的。乡土社会的核心特征是稳定而静止，人与人之间、人与空间之间的关系稳定。最近 20 年，中国的城镇化率以平均每年 1 个百分点的速度在增长，2019 年中国城镇化率已经突破了 60%。可以这样认为：流动与迁移，已经成了这个社会最为突出的现象。绝大多数国人都直接或间接地在城乡之间活动，人们的生活空间、社会网络及价值理念其实也在流变。

概言之，中国已经形成了一个迥异于乡土社会的城乡社会。

工业化和信息化技术正在迅速改变人们的时空位置，社会制度和结构也以前所未有的速度在变化，乃至于人们的生活节奏和思想意识也发生了静悄悄的革命。

城乡社会是建立在现代交通和通信技术基础之上的。高速公路、铁路和航线的网络化，以及智能手机和互联网技术的大众化，打破了城乡之间的空间壁垒。城乡之间交通、信息、资金等方面的互联互通，为人们在工作、生活中往返于城乡生活提供了物质基础。

城乡社会颠覆了原有的社会制度和结构。长期以来，中国社会结构的最重要的特征是城乡二元结构。城乡分割，客观上塑造了一种相对稳定和静止的社会形态。今日，城市和乡村已经不是两个截然分割的空间，人们的时空位置并不会停留在其祖辈生活的村庄中，城市生活和乡村生活也不是两种截然分割的生活样态。

城乡社会也塑造了新的生活方式。如今，追求“美好生活”已是社会变迁的重要动力。在漫长的历史中，“活着”就是最大的世间道理。国家、共同体乃至个人，都将温饱置于生活方式的中心位置。而今，一种关于“美好生活”的生活方式和意识形态已经形成。健康、休闲、娱乐、卫生已经不再是城里人的专利，也是普通农民的活法。国家在努力通过脱贫攻坚、人居环境治理等行动创造美好生活的基础，人们被动或主动地卷入了现代生活方式中。

当前，绝大多数中国农民家庭都在经历着城乡融合过程。这些家庭，无论是在居住空间、人口结构还是生活方式上，都存在鲜明的“一家两制”特征。一个家庭内部，有可能存在两种制度化了的生活方式，且以代际差异的方式呈现出来。如老年人仍然保持着乡土生活的慢节奏，而年轻人却已经适应了城市的快节奏生活。然而，年轻人的快节奏很可能是建立在老年人的代际支持基础之上的——正是因为老年人过着节俭、自给自足的生活，年轻人才可以在最大限度上集中资源迅速融入城市生活中。

城乡社会形成的大变局，是都市化正在全面重塑人们生活方式的社会进程。资本、信息、人口的集中化，塑造了有关工作、休闲、学习、传播、消费、创造等的全新的生活方式，也伴生出阶层、分化等社会的异质性。但中国特色的城乡二元体制意味着，虽然城市成为社会关系的构成中心，但在塑造农民新的生活方式的过程中，并不意味着乡村失去了地位。客观上，城乡社会是融替代与共生、冲突与融合、区隔与交融、延续与变迁于一体的城乡融合过程。

## 二、加速的社会

今日的城乡社会，其纷繁复杂的社会状态可用“加速”来描述。最近一些年来，中国社会的“加速”状态，最突出地体现在它从一种相对稳定和静止的形态，迅速切入到一种不稳定和运动的状态。某种意义上，社会的“加速”，在摧毁乡土社会的一切，也在形塑一种全新的社会形态。这种全新的社会形态，主要有三个典型特征：

（1）算计。在乡土社会中，人们的社会时间与自然时间高度匹配，“日出而作，日落而息”，“春播秋收”。人们对时间的概念并不明确，而是在周而复始的过程中消磨时光。而在城乡中国的社会形态中，人们的社会时间按照工业社会的生产逻辑展开，自然时间被精准地切割成工作时间和闲暇时间，且工作时间被赋予了线性特征。“时间就是金钱”成了社会时间的基本原则，不仅资本在创造条件“抢时间”“抢进度”，连农民工也为了创造更多的财富而“加班”。

（2）变现。对时间的精准“算计”逐渐支配了人们的日常生活，以至于人际关系也变得可计算和可“变现”。在一个时间概念模糊、日常生活周而复始的乡土社会中，人际关系稳定而有预期，互惠原则主导了社会关系。然而，一旦时间被精准切割且赋予价值，则社会生活本身也成了被算计的对象。

现如今，农村的“工价”并不是互惠的时间概念，而是城市生产体系中的劳动力成本概念。人们不再换工——因为不同时期、不同劳动力的“工价”并不相等。人们宁愿闲着，也不愿意耕作，因为只要把劳动力成本计算在内，从事农业生产实在不划算。甚至于，人际交往也需要以金钱来度量。人情往来也越来越理性化，办酒席不再是为了仪式表达，而是为了“变现”——人们精准算计自己的人际交往范围有多大、付出了多少成本、在多长时间内必须再办一次酒席以实现收支平衡。

（3）透支。在加速的社会中，每个人都在为了将来努力，但将来是什么样并不确定。唯一确定的是“过去拥有的”。于是乎，透支——努力将想象的未来提前到当下实现，赶紧将当下变成确定的过去——成了人们社会生活的基本逻辑。

这些年来，城镇化的提速更是在加快形成透支社会。今日，哪怕是最普通的农村青年，也要超前消费，提前实现“城市梦”：为了在城市买房、买车以及高消费，不仅要花光父辈的积蓄，还要透支父辈和自己未来的劳动力价值。透支是一个残酷的社会竞争游戏。有产者，那些有殷实的家底、稳定的工作、发达的社会网络的年轻人，通过透支可以在短时间内实现阶层跃升。无产者则只能按照旧有生活逻辑过一种稳定却看不到未来的生活，他们或许只能永远固定在底层。一旦无产者铤而走险，也通过信用卡、网贷、网络赌博等各种杠杆“搏一把”，则很可能适得其反，甚至彻底破产。如此，透支加剧了社会竞争，提高了社会分化的程度。

## 三、大国之治

从基层看，大国之大，不在于疆域之大和人口之多，而在于变化之巨大；治理之难，不在于事务之重，而在于事务之繁杂。某种意义上，基层治理更加考验治国之功。这些年来，不少地方政府屡屡因个别事务而陷入“好心办坏事”的困境。这往往不是因为事务不该处理，也不是因为没有能力来处理，而是因为处理的方式方法不为人所接受。

大变局塑造了新的治理场景。在城乡社会中，并不存在一个封闭的、独立运作的“基层”。尽管在物理空间上，还存在村庄、社区等空间单元，但村庄社会的边界已经打破。村庄不再是一个熟人社会，由血缘和地缘关系等支配的社会结构也不稳定，地方性的权威生产路径已发生巨大变化。概言之，在社会空间意义上，基层已不复存在。任何一项国家政策，都可以绕过地方精英等代理人直达基层社会。反过来，基层社会的反应和诉求，也可以便捷地上达国家权力中心。交通、通信等基础设施，既在压缩城市与乡村、中心与边缘、上级与下级的时空距离，也在冲击建立在空间区划和人口分类基础上的传统治理体系。

加速的社会，正在产生巨量的治理事务。社会加速既巨量增加了治安、税收、社会保障等传统事务，还催生出全新事务。衣食住行中的新生活方式，已经不是个人和家庭自己的事情，而是典型的公共事务。乃至于，与生老病死相关的风俗习惯和人情往来，因透支等带来的一系列的社会问题，政府也要通过各种公共政策去干预。行政事务的数量、类型和性质都在急剧增加，如何安置好人们的生活成了基层治理的最大负担。客观上，习惯于办大事的国家机器，转而要去处理细小琐碎的生活事务，总归是会有所不适。

社会的加速，客观上也催动了国家机器的快速运转。国家治理行为竟然也有了加速社会的典型特征。各级政府都在精准计算自己的治理任务，从而制定清晰可控的一项项考核指标。为了在短期之内见效，许多官员也在尽力变现已有的治理资源，习惯于通过行政、法律或经济的手段强制或“收买”被治理者。甚至于，许多地方政府也在以透支的逻辑展开治理活动，通过金融杠杆，以政府信用和土地资源为依托，为了眼前的“政绩”而不惜付出长远代价。

近些年来，基层治理的一大特点是，各种治理事务都以攻坚、行动的方式限时完成，运动式治理泛化到了各种治理事务中。限时的目标、集中的力量、细小的事务之间，形成了诸多悖论。人们生活方式和观念世界的改变，具有流变性和不确定性，且涉及人们安身立命的根本，不可急于一时。然而，当国家将建立新社会秩序作为一个个项目和指标时，治理便具有极强的刚性。在既有的治理体系中，无论是基层干部还是群众，都丧失了自主性，成了体系运转的某个环节。

在一个加速社会中，尤其是在一种新的社会形态将要产生的时候，正是治理危机逼近之时。一个有为的政府，可以敏锐地捕捉到危机信号并迅速回应。若国家沉迷于自己为自己建构的封闭体系，且治理行为本身在制造危机而不自知，就应该引起高度警惕。

这本集子收录的案例，几乎都是各地基层治理过程中出现的危机信号。所幸的是，这些信号都被各地党委政府及时发觉并迅速处理。不过，笔者仍然希望，读者能读出这些案例分析背后的良苦用心。

**吕德文**

**2020 年 12 月**

# 目　录

## 一　基层乱象，怎么办


必须保卫社会　003

一起教师集访事件背后的基层治理困境　010

基层“闹缠”现象如何破解？　017

烧散煤被拘留，如何避免折腾式治理？　023

贫困县为何敢斥巨资建广场？　031

基层如何守住疫苗安全底线？　039

出租车行业管理，为什么总是管不好？　047

乡镇赌博业是“社会之癌”　055

外国留学生妨碍公务，不能“批评教育”了事　071

女教师“绝笔信”事件：一条诡异的上访之路　077

超载的悲剧　086

这年头，黑恶势力也“进化”了　092

还有规则，值得敬畏 099
如何破解“政府在做，群众在看”的现象？ 104

## 二 基层腐败，怎么治

警惕基层灰色利益链的形成 113
如何破解砂石盗采的灰色利益链？ 120
塌方式“微腐败”如何产生？ 127
如何破解“一换就乱”顽疾？ 134
操场埋尸16年，谁在合谋？ 142
黑恶势力的“保护伞”是如何运作的？ 149
能人与村霸 155
从曹园到袁府：深宅大院里的秘密 162
“微腐败”，怎么治？ 168

## 三 基层减负，怎么减

基层负担从何而来？ 177
基层督查检查考核泛滥，谁之过？ 185
讲真话的乡村女教师：
基层形式主义何时休？ 195
扶贫变扰民，形式主义可休矣 202
脱贫攻坚不要搞“大跃进”“浮夸风” 209

县长被逼当场落泪，到底怎么回事？ 214
给基层减负，到底该怎么减？ 221
形式主义、官僚主义的顽疾，
到底如何破除？ 228
党员干部下沉，这个大动作好！ 234

## 四 基层干部，怎么干

“群众无感，干部不满”现象值得警惕 241
乡镇工作怎样才能留住年轻人？ 249
常务副市长身兼46职的制度逻辑 256
扶贫干部“狠怼”贫困户，
为何获得一片点赞？ 263
“担当作为、狠抓落实”，如何可能？ 269
干部该如何控制自己的脾气？ 277
女干部的难，请您多理解 284
基层女干部拒绝升官遭处理，冤不冤？ 291
基层尚粗糙，执法需冷静 299
“拥挤”社会，秩序如何维护？ 306
“麻将馆禁令”，是不是在“一刀切”？ 312
群众工作是关乎人心的政治 320
把群众动员起来 326
基层防疫一线干部 334

## 五 基层改革，怎么改


灰色，理解基层治理的另一个维度 341

基层政权机构改革，路在何方？ 349

如何克服官僚病？ 358

公安改革，切不可让牺牲奉献的民警感到被抛弃 365

一位基层民警牺牲背后的警界真问题 371

基层组织任期 3 年改为 5 年，背后有何考量？ 377

消防改革，需要考量什么？ 384

从一个村子观察猪肉价格为何大涨 392

“街乡吹哨、部门报到”的改革逻辑 400

# 一

# 基层乱象，怎么办

# 必须保卫社会*

说两件事。

2018 年 12 月 25 日下午，福建龙岩一公交车被一持刀歹徒劫持，沿途冲撞街道车辆、行人，造成 8 人死亡（包括 1 名民警）、25 人受伤。经公安机关初步侦查可知，犯罪嫌疑人邱某是龙岩市新罗区一无业人员，与当地居委会干部有积怨；事发当日，居委会干部到其家中为其父拍照办理优抚证时，邱某与之产生矛盾，遂持刀劫车撞人。

案件具体情况正在进一步侦查，不过，从已有信息判断，这是一起典型的犯罪分子报复社会事件。

2018 年 12 月 24 日，全国人大常委会法工委主任沈春耀在做关于 2018 年备案审查工作情况的报告时指出，目前启动废止收容教育制度工作的时机已成熟，建议有关方面适时提出相关议案。这意味着，中国最后一个“法外之刑”——收容教育有望走进历史。

---

* 本文最初发表于微信公众号“侠客岛”（2018 - 12 - 26）。

两个事件看似疏远，连在一起却具有非常重要的隐喻色彩。保卫社会安全，已刻不容缓。

## 一、报复

先说其一。最近一些年来，报复社会性事件时有发生。

什么是报复社会性事件？用一句话说，就是对社会的构成元素——芸芸众生残酷施暴。绝大多数在公共场合无差别的施暴行为，如持刀乱砍、开车乱撞、焚烧公交车等，都属于此。

在这些事件中，犯罪分子往往具有典型的反社会人格，且不惧怕法律和道德约束，甚至于挑战社会规范本身就是其作案动机；而他们的伤害对象也并非特定，而是"无差别"地将"报复"抛给普罗大众。

就过去已经发生的案件看，最容易被伤害的有几类群体：

一是基层干部。当前，国家权力的运转越来越依赖于一系列的程序和规范，官员与其说是掌握了权力，还不如说是附属于政治系统。

尤其是基层干部，他们几乎没有决策权，仅仅是国家政策的执行者，代表"国家"与每个人打交道。换句话说，他们本身就是社会规制装置的要件。犯罪分子选择伤害基层干部，倒不是说基层干部最适合代表"社会"，而是基层干部最容易接近，也最方便找到。

二是职业群体。专业化、职业化是现代社会最重要的表征，职业群体是现代性的产物。“专业”本身就意味着一种知识权力；越是强调专业化，也就意味着它所带来的信息不对称会越明显。

这其中比较典型的就是“医患矛盾”。细究起来，过去多年伤医案频发，有些犯罪分子是有明确指向的，但相当数量的伤医案并无特殊指向，仅仅是为伤而伤。不久前，武汉大学中南医院的一名医生被刺昏迷，歹徒随后跳楼身亡。据悉，被刺医生平常工作认真负责，且并未给歹徒看过病。

三是弱势群体。伤害学生、幼儿等，是最为极端的反社会行为。孩子是弱势群体，却对每个家庭都很重要，且是国家和社会的未来。在报复社会性事件中，他们易于被侵害，且对他们的侵害有极强的反社会宣示意义，犯罪分子自然容易选择其作为侵害对象。

## 二、机制

反社会心理从何处来？从社会学视角看，反社会本身是文明的公敌，却又恰恰是文明进程的产物。

简单说来，现代社会一方面意味着建立于民族国家体制基础之上的统一秩序的急剧扩张，所有人都被有形和无形的国家权力所规制。

另一方面，它又意味着建立在社会分工基础之上的个体化进程不断深入，社会流动性和异质性达到前所未有之高度。

过去 20 年，中国城市化率以平均每年一个百分点的速度在增长；2011 年城市人口首次超过农村人口，当前的城市化率更是接近 60%。理论上，中国社会告别了乡土社会，具有了现代社会的人口学基础。

城市化一方面让更多的人口享受到了现代性所带来的便利，另一方面却也制造了都市孤独症。某种意义上，由于城市生活环境复杂，生活节奏较快，“冷漠”天然就是城市人适应城市生活的一种自我保护机制。

人人自我保护，催生了一种反社会人群。他们是自由的，却自我隔绝于社会，藏匿在社会的各个角落中，不属于任何一个社区，不属于家庭，他们只属于自己。他们一旦遭遇失败，便会将个体的不幸归咎于社会——而现代社会恰恰又是“抽象”的，社会运转建立在各个系统上，每个人都在其中扮演角色。如此，“报复社会”也就很难有准确指向，个性化的伤害目标便由芸芸众生所取代。

与社会的现代化进程相同步，一种社会治安综合治理体制也在逐步确立。

20 世纪 90 年代初期，中国就已出现了社会治安综合治理体制，即当严重的社会问题出现时，综合运用法律、社会、教育等一系列政策手段共同治理。值得注意的是，这一体制作用于“失范”时，本质上并不完全有赖于惩罚。

比如这次或会废除的收容教育制度，最早根据国务院 1993 年颁发的《卖淫嫖娼人员收容教育办法》制定，“是指对卖淫、嫖娼人员集中进行法律教育和道德教育、组织参加生产劳动以及进行性病检查、治疗的行政强制教育措施”。其着眼点更多在于“教育”，并非单纯强调收容与打击。从社会功能上讲，这一制度背后体现着较强的“社会自我修复”机制。

而今废止收容教育制度被提上议程，是考虑到其中的行政强制措施与国家现有法治进程中对公民人身自由等权利的保障相违背，从这一方面讲也自有其合理性。

但一个不可忽视的问题是，既有的通过国家、政府来实现教养、教育的体系日渐消失，新的社会安全阀——应对失范行为的机制又如何确立？

## 三、保卫

反社会其实是现代社会自身的产物，但国家权力，尤其是国家的暴力机器，却是保卫社会的根基。

此前中国的社会安全系统有两个重要特征，今天我们或能从中获得启发：

一是专群结合。它蕴含的重要原则是，社会安全阀的建立不能简单依靠专门机关，而应依靠各类群众性组织——说白了就是要依靠“社会”。这样，社会安全的重心不在于国家依靠暴力机关尤其是一整套惩戒机构去清除可能的反社会因素，而是要着力于修复社会，让社会有能力自己解决风险。

二是惩教结合。惩戒是教育的前提，而教育是惩戒的目的。对于一个常态社会而言，只有假设所有人都是“可教育”的，社会才能既保持秩序又不失活力。劳动教养、收容教育等行政处罚措施，事实上都具有严肃的教育功能。

客观上，过去的社会安全系统之所以可以简约高效，一个非常重要的原因是社会的现代性成分还不多。无论是在农村还是在城市，共同体都还存在。当时还没有近几年愈发强调的“社区矫正制度”，但刑满释放或劳改人员回到社区后，的确会受到共同体的规范和教育。

而现在，当我们的城市普遍以封闭式小区作为基本单元，甚至每个楼栋都安装了门禁，每个人都蜷缩在受到保卫的居所里，享受着高度个体化的生活时，社区何在？不客气地说，现在的城市社会，并不存在真正意义上的能够自主生产意义和规范的社区/社会，社区矫正发挥作用的空间也就极为有限。

那么，经历过高速发展的当今社会究竟如何恢复自我修复功能？笔者以为，现行的社区矫正思路与过往机制中的“优秀基因”相结合方能找到出路。

社会不是独立于国家和市场之外的独立体，社会自我修复机制的形成仍有赖于国家、市场。与其防范国家权力等的专断，不如摆正认识，借权力之力防范现代性社会之风险。其中比如基层政府就可作为很好的中介。社区的居委会，作为群众性自治组织，既受到基层政府的直接领导与指导，又根植于基层社会，其协调作用尚待发挥。

同时，反社会力量需要地方去安置，却又不可完全隔绝，本质上仍需“社会”监控、惩教结合、权力兜底。诸方面的融合与平衡，也还须长期探讨。

总之，从长远来看，“保卫社会”只能经过社会自我修复功能的形成后才能实现。中国的城市化进程的规模之大、速度之快，世所罕见；能在快速现代化的同时保持政治秩序的高度稳定，更近乎奇迹。

未来呢，大到国家政府，小到村落、单位、草根组织、家庭等一切社会形态，都应充分发挥其在维护社会安全中的价值。

# 一起教师集访事件背后的基层治理困境*

沸沸扬扬的六安教师集访事件持续在网络发酵。

事情并不复杂。2018 年 5 月 27 日上午，一则安徽省六安市部分学校教师集体向当地主管部门“讨薪”的短视频，在网上传播开来。视频中，教师还与民警发生了冲突。辛勤的园丁被拖欠工资？还与民警起冲突？裹挟着这样两种情绪，这一事件在网络上不断被热炒，长期占据微博热搜。网友们也纷纷对此表示愤慨，指责地方政府涉嫌违宪违法，当地警察有辱斯文。

事件发酵两天后，六安市政府终于作出正面回应。此前，当地公安局、政法委也对此做了回应。

事已至此，相信当地政府正在尽力化解矛盾。不过，管中窥豹，此事其实深刻展现了新时期社会主要矛盾的变化，以及矛盾化解的困难所在。

一言以蔽之，基层治理现代化任重道远。

---

* 本文最初发表于微信公众号“侠客岛”（2018－05－30）。

## 一、焦点

就事论事，为什么会存在所谓的教师集访事件?

当地政府在通报中直接指出：本次集访的诉求为“要求发放一次性奖励”。这一点，同集访教师所说是一致的。

所谓一次性奖励，即：行政机关、企事业单位等扣缴义务人，根据全年经济效益和对雇员全年工作业绩的综合考核情况，向雇员发放的一次性奖金。对此，安徽省也颁布了相应的政策。

根据公开资料：

为严肃收入分配政策，规范收入分配秩序，经省委、省政府同意，从 2016 年 1 月起，安徽省人社厅会同省财政厅对驻肥省直机关事业单位一次性工作奖励进行了规范。同时，按照分级负责的原则，省辖市可结合各自经济社会发展状况及相关规定对本地机关事业单位的一次性工作奖励予以规范。

请注意，这里提到了很重要的一点——“结合各自经济社会发展状况”。也就是说，这个政策在执行的时候，不同的区域是存在尺度和时间差异的。

根据媒体透露的信息，截至 2017 年年底，合肥、芜湖等财政条件较好的地方已经对教师兑现了一次性工作奖励，数额还不小，每年 35 000 元左右。而其他地区限于财力不足，暂时还没有实施。

此外，不同群体之间，执行的尺度和时间也不一样。如文件规定：一次性补助是针对省直机关事业单位的，其受益主体是政府公务人员。但对于省辖市而言，主要的受益群体却是医生、教师。事实上，绝大多数中西部农村地区，其财政负担主体主要是这两个群体。

对于诸多“吃饭财政”的县市而言，先补助公务员，再补助教师，分步实施，或许是一种极其普通的操作。正因为如此，随手搜索一下教师维权事件，你会发现，它们大多发生在县市一级。比如，从 2014 年到 2015 年，湖北、黑龙江、河南等地都先后发生过类似事件。

从笔者的调研来看，普通中西部地区教师和其他公务人员的工资通常为 3 000～4 000 元/月。比如，前段时间安徽歙县上班时间跑滴滴被抓的副镇长，自曝每月工资就 3 000 元左右。可见，安徽省的这次利益调整不仅涉及面广，且程度深。统一的政策差异化执行，当然会引起受损群体（显然主要是农村教师）的反弹。

其实，早在 2017 年 11 月 8 日，安徽就发生过类似事件。巢湖四中等学校约 80 名教师到巢湖市政府集体上访，要求与当地公务员同等享受“一次性工作奖励”。据媒体报道，安徽省教育厅直接介入此事，并专门给省政府写了一个报告。

可见，六安教师集访事件并非突发事件，亦非毫无预警。就逻辑而言，只要利益调整不到位，事件就有发生的必然性。

## 二、困境

不过，六安集访事件折射出的基层治理困境，却不能不引起我们重视。

最突出的，就是政策统一与区域差异之间的矛盾。其实，不单单是教师待遇，其他很多政策，到税费改革以后，都越来越具有“国家化”特征，强调政策统一性。问题是，各地的经济发展水平很不一样，短时间内统一执行肯定会有困难。

但是，与以往不同的是，现在是一个信息社会，一个地方执行了，另一个地方不执行，就一定会出现不公平感。因此，矛盾就出现了。对于地方政府而言，从政策执行的有效性看，分步骤、渐进式、差异化地执行，是合理的；但从政策执行的公平性来看，这一做法已经不现实。

基层待遇问题，也是公众关注的重要焦点。这次事件中，教师最根本的出发点，就是提高收入。不可否认，很多地方的基层公务人员及教师、医生，待遇确实比较差。

不过，问题也要一分为二地看。一方面，横向比较，中西部地区的基层公务员，以及教师、医生等待遇差，是普遍问题；但另一方面，无论是从待遇还是从社会地位来说，公职人员在当下都算是社会精英，其生活满意度并不算低。

所以，提高基层待遇没错，但也要客观理性看待。如果在地方政府无财力承担的情况下，一定要比照发达地区和城市，其实也有问题，很容易人为制造其他社会矛盾。须知，在这次事件中集访的六安教师，讨的并不是拖欠的工资，而是新增的一次性工作奖励。这对教师而言是新增利益，但对地方政府而言，却是一笔额外财政负担。

## 三、性质

从这个意义上来说，六安教师集访事件本质上是维权事件。

几个特点可以佐证。首先，集访的教师展现了极强的权利意识。就目前的信息看，他们并未使用传统意义上的“诉苦”等底层话语，而是选择了权利话语。

其次，他们还有很强的组织性。合理推断，六安教师集体上访不是第一次，事前也应该和相关部门沟通过。此次事件中，市政府有关负责同志已然现场接访，但最终事情还是“闹大了”。

再次，上访教师具有明确的“法人”意识。过去，很难想象体制内的人员会聚集上访，因为所有诉求都在组织内部解决了。但在开放社会中，哪怕是组织成员，也有独立行动、对自己的行为负责的权利，而且组织不能随意干涉其合法行为。

这种改变，其实深刻展现了我国社会转型期的一些特征。

为什么这么说?

在税费改革之前，乡村教育主要依靠农业税费统筹解决。哪怕是教师经常被欠薪，且时有上访事件发生，却很难说这是一个权利问题。这是因为，对于当时的教师而言，“讨薪”就是讨口饭吃。这个道理同样适用于别的利益群体。因此，地方政府化解社会矛盾的唯一办法，就是发展经济，增加财政收入。

但随着农村税费改革，农村医疗、教育等社会事业的发展，加上政府运转主要依靠财政转移支付进行，在很大程度上化解了地方政府的财政压力。与此同时，社会各个群体的生活水平也得到了极大提升。教师群体，无疑也受益其中。

问题在于，当各个利益群体的吃饭问题得到解决，权利意识已然觉醒之时，很多中西部地区的财政仍然是“吃饭财政”。“吃饭财政”下的地方政府，其回应社会诉求、调配各利益群体的关系的能力，显然是比较低的。从六安集访事件中可见，教师的诉求，是参照别地标准，与当地公务员同等享受“一次性工作奖励”，且援引了相关法律法规，对当地政府的处理能力要求很高。

在这个意义上，我们需要同情性理解教师的权益诉求，但将之想象成一种底层反抗则并不科学。

## 四、解决

六安市委市政府已专题研究此事。一是对集访处置问题进行调查，了解警察执法是否合法合规；二是开展大走访活动，了解教师诉求。

这两点，都值得说道说道。

这次事件中，同样被推上了风口浪尖的，还有警察执法问题。对警察在集访处置中的过程进行调查，显然是必要的。但是，需要明确的是，警察并非集体上访事件的负责者。

众所周知，警察的主要职能是维持公共秩序。并且，在执法现场中，警察拥有执法权威。如果警察的职务行为有不规范之处，那也是事后追究的事情。因此，不能因为警察的执法对象是上访教师（而非其他人），且存在执法冲突，就判断其有辱斯文。

事实上，根据我们实地的调研发现，警察权益所受到的侵害（不公平感、待遇等），一点也不比别的群体差。所幸的是，公安机关是一个纪律部门，其政治性和组织性都比较强，不至于为了个人利益和群体利益而罔顾大局。正因为如此，其执法尊严尤其应该得到尊重。当然，如果执法过程真有违反规范的地方，相关责任人应该承担责任。

最后，大走访活动当然是应该的，本身也是地方政府利益调配的工作方法。但从根本上说，地方政府可能更需要客观看待利益群体已然分化、社会矛盾已然转化的现实。

与此同时，对于决策者来说，提升政策科学性至关重要。尤其是涉及利益调整之事，更应量力而行。基层是一线处理事务的主体，上级部门在制定政策时，多让基层参与，听取基层意见，或许会减少不少矛盾。

根据我们多年的田野调查，如今因为利益分配不公平所致的社会矛盾大幅度提升，这是值得深思的问题。

# 基层“闹缠”现象如何破解？*

不守规则、遇事先“闹”的现象在社会上屡有发生。这样的“闹缠”事件，往往起因不大，但影响极其恶劣。不仅普通百姓深受其害，在征地拆迁、交通事故、医疗纠纷等领域，基层政府也常被这一现象所困扰。“闹缠”现象背后的原因究竟是什么？

## 一、“闹大”的背后是利益

基层社会“闹缠”现象甚为普遍。近些年来，在征地拆迁、环境保护、交通事故、医疗纠纷、学生非正常死亡等治理领域，基层政府都深受“闹缠”现象困扰。甚至于，在很多领域还滋生出了职业闹事者。这些人打着为当事人和弱势群体维权的名义，通过把事情“闹大”、把当事人“缠死”而获取非正当利益。所谓“会哭的孩子有奶吃”，又谓“大闹大解决，小闹小解决，不

---

* 本文最初发表于微信公众号“学习小组”（2018－11－04）。

闹不解决”。人们普遍认为，出了点事不闹腾一番不正常。“闹”是常规，不闹反倒是不正常的。

笔者曾做过一个普通农业县的县域治理调查，发现当地“逢死必闹”已是常规：但凡医院死了人、交通事故有人伤亡、学校有学生意外死亡、水库有人不小心淹死了，当事者家属必定要到相关政府机构闹腾一番，以求获得巨额“赔偿”。地方政府为此头疼不已，不得不成立一个治安巡防队处理类似的“闹缠”事件。毫不夸张地说，基层治理到处充斥着“讨价还价”的过程，基层治理体系演变成了一个社会议价系统。

## 二、讨价还价的空间

基层为何“闹缠”不断？首先是基层治理提供了讨价还价的空间。这其中，让人印象最深刻的是信访制度。国家《信访条例》明确规定，人民群众有依法信访的权利，基层政府有接待处理群众来信来访的义务。《信访条例》的这一规定切实塑造了普通民众的行为。人们普遍相信，信访是维护自己权益的最为便捷的途径，人民政府也有替弱者、受害者做主的责任。

信访干部既接待正常的上访者，也接待非正常的上访者；既要应对合理合法的诉求，亦要应对各种奇怪的诉求。久而久之，很多信访办主任都有个共识：信访的关键也许不在于化解问题，而在于耐心倾听，让人民群众感到受到重视才是最重要的。然而，正因为信访具有零门槛的特征，渠道通畅、干部热情、效果明显，反而刺激了人们过度依赖信访，由此催生了“信访不信法”的局面。

与信访制度类似的是，我国各级政府和各个政府机关几乎都极为重视调解。长期以来，基层自治组织、政府机关和司法机关都大量采用调解技术来化解社会矛盾和纠纷。

应该说，运用调解而非法律制度来治理社会，是一种相对简约有效的方式。但麻烦也在于，在社会转型过程中，民间权威逐渐丧失，原初的人民调解越来越难起作用。即便是调解工作，也越来越依赖于行政和司法机关。笔者在农村公安机关调研时发现，公安工作要开展大量的非警务活动，而这些非警务活动很大程度上由民间纠纷调解占据。

一些地方，连简单的家事纠纷都习惯于打 110 报警，村干部和社区干部也习惯于将纠纷调解工作“移交”给派出所民警。更多的情况下，基层政府也被迫积极介入纠纷调解工作。由于深度介入纠纷调解工作，基层政府很容易从“仲裁者”变成“议价者”。

今日的基层政府化解基层社会矛盾的成本越来越高，哪怕是看似简约的信访、调解制度，运转起来也不简单。稍不留神，基层政府就会陷入其中而不可自拔。

## 三、利益分化

问题出在何处？大概和转型社会的特殊利益结构和治理逻辑有关。

改革开放 40 年来，随着市场经济的发展，社会分化已然是现实，人们的权益观念也得到了前所未有的强化。今天已经很难用政治和道德说教来弥合利益高度分化（某些时候表现为冲突）的各个群体。比如，在征地拆迁过程中，无论是商业用途还是公益用途，基层政府再用“大局观”来说服群众几乎难起作用。唯一的办法是，通过公开合理的经济补偿来获得被拆迁户的支持。问题恰恰在于，征地拆迁补偿标准的统一性和被拆迁户利益诉求的高度多样化之间，存在巨大的沟壑。无论补偿标准多高，总会有被拆迁户因为特殊原因而得不到满足。

笔者曾经调研过一个征地拆迁案例。一个村共 452 户人家，其中 451 户签订了拆迁协议，但有一户因要价过高始终谈不拢，甚至地方政府主官当面协调谈判也无结果。最终，项目拖了几年，开发商都换了 3 个（前两个都被拖垮了），几百户已拆农户因迟迟搬不进安置房而集体进京上访多次。地方政府实在没办法，只好下定决心改规划。直到此时，唯一的“钉子户”才同意政府统一的赔偿方案。

某种意义上，“闹缠”现象之所以无止无休，确实是我们的国家治理体系还没有做好准备，没有形成一套有效的措施来回应新时代的社会主要矛盾。党的十九大虽然作出了我国当前的社会主要矛盾已经转化的判断，即人民日益增长的美好生活需要和不平衡不充分的发展之间的矛盾。但是，对社会主要矛盾的处理方法仍停留在旧有思维中：习惯于用“大局观”来说服群众作出“牺牲”；习惯于一时一策、一事一议，用权宜之计来解决社会矛盾。结果是，解决的问题越多，留下的隐患越大。

## 四、如何解决

人民群众因发展不平衡不充分问题而出现利益分化，将会是相当一段时期的客观事实。基层“闹缠”不断的问题，不能坐等利益分化消失。务实地说，解决这一问题不容易，但又必须解决。怎么办呢?

笔者觉得，首先还是要从基层政府自身做起。长期以来，“老好人”现象和“不出事逻辑”主导了基层治理。基层政府在“讨价还价”的过程中，往往无原则，以息事宁人为导向，最终培育了一大批特殊利益人群。

这两年，相当一批人占据当地的公益性岗位，成了“领空饷”的特殊利益人群；一些闹访、缠访者，成了谋利型上访者，只要是关键时间节点，就要“敲诈”基层政府一笔钱。出现这种状况，当然和自上而下的维稳考核体系有关，但也不可否认，一些基层政府在其中不愿意深入做群众工作，尤其不愿意做教育群众的工作。很多基层领导，也是秉持着“只要我任内不出事”的理念，不愿意揭盖子，而是使用各种策略捂着、盖着。

在转型社会中，地方性规范本来就在迅速解体。这个时候，基层政府不应是“老好人”，而应是社会公序良俗的坚定维护者。撇开基层治理的有效性不谈，仅仅是从社会的良性运行来说，一个负责任的基层政府，守规矩、立规矩，或许比什么都重要。

当然，最根本的还是国家需提供一套与现代社会相适应的治理规则。国家治理体系和治理能力现代化不是简单的口号，亦不是简单的顶层设计，归根到底是要回应基层需求。当前的基层治理，急需一套行之有效的指引。

总而言之，“闹缠”现象与文明社会相去甚远。从一般规律看，社会的文明进程需要经过一段漫长的时期，但政府的法治化建设却可以有时间表。在这个意义上，政府确立规则总是比普通民众规则意识的形成要早。

# 烧散煤被拘留，如何避免折腾式治理？*

又到一年过冬时。

每到这个时刻，对于深受雾霾困扰的华北地区而言，地方政府和人民群众想必都不轻松。地方政府关心的是如何保卫蓝天，人民群众关心的是如何温暖过冬。不幸的是，在环保和民生之间，有时却出现了冲突。

2018 年 12 月 7 日，“曲阳环保”微信公众号发布了题为《我县拘留 2 名燃烧散煤用户》的消息后，引起了舆论的极大关注。

次日，曲阳县即作出情况说明，称此消息内容有误，系工作人员失误所致，曲阳县没有对燃用劣质散煤人员进行过拘留，只进行了批评教育。

曲阳县虽已站出来澄清，但这次事件暴露出来的问题却不可忽视。

---

* 本文最初发表于微信公众号“侠客岛”（2018－12－09）。

## 一、三个问题

类似问题之所以触人心弦，原因大致有三：

第一，地方政府会为了治理目标而罔顾民生吗?

不少读者应该还记得，2017 年河北省大力推进煤改气、煤改电工作，却因工作不到位，不少民众因为气荒、供暖时间迟滞等原因受冻，连上课的小学生都被冻得直哆嗦。事后，河北省有关部门承认推行气代煤工作太过激进，相关配套措施未能跟上，由此导致了气荒。

也许是对 2017 年的事件印象太深，大家这次对“曲阳环保”的通报表示质疑，也很正常。

不过，就曲阳县的实际情况看，显然已经吸取了 2017 年的教训。曲阳县并未大规模推广成本高、政策难度大的“双代”工作，而是选择了成本较低、老百姓也易接受的清洁型煤推广方案。这回避了因“气荒”等宏观调控造成的问题。

同时，型煤市场是相对可控的地方市场，曲阳县的先期准备工作是比较到位的。查询曲阳县的有关信息可见，早在 2018 年 8 月 28 日，曲阳县即召开了散煤治理暨型煤推广推进工作会议；截至 11 月底，共置换散煤 1 147 余吨。可见，清洁型煤的供应是有保障的。

事实上，10 月 24 日，曲阳县委书记还在会议中强调，要在保证群众温暖过冬的前提下，完成锅炉取缔工作，加强散煤置换和劣质煤管控。事后，曲阳县有关人员在回应时亦指出，并不是不让群众烧煤，而是不能烧散煤。

第二，地方政府是否涉嫌滥用警察权？

平心而论，仅仅因为燃烧散煤就被拘留，人们本能觉得于情于理不符。事后，有法律专业人士解读，群众烧煤行为本身不违法，训诫后二次违规也不构成治安拘留的条件。细究曲阳县的有关做法，还真有值得探讨之处。

尽管按照县里的说法，本次拘留事件是“乌龙”，但在曲阳县有关地方性文件和会议宣传里面，均明确提及二次使用散煤会采取行政拘留措施。

根据曲阳县公安局的案件通报，公安机关的确在办理环境污染案件中有对相关人员采取行政拘留措施的先例，不过，涉案人员基本上都是企业负责人，违法情形都比较严重。2014 年，公安部等有关部门印发了《行政主管部门移送适用行政拘留环境违法案件暂行办法》，曲阳县公安机关应该是根据这个法律依据办案的。

那么，为何还会有闹“乌龙”的事情出现？

当地虽还没有公布详细信息，但合理的解释是，普通群众基于取暖的目的烧劣质煤，是很难够得上行政拘留措施的，公安机关当然很清楚其中的规定，故而顶多是对不配合群众采取训诫措施。当然，如果有群众暴力抗法，那有可能够得上《治安管理处罚法》的有关规定。

但是，环保部门并不了解公安机关办案的严肃性，为了制造舆论声势，形成氛围，工作人员可能只是简单地依据“政策意图”张冠李戴。

第三，地方政府为何频频使用老百姓并不容易接受的运动式治理方式?

客观上说，运动式治理不仅群众不喜欢，基层干部更不喜欢。但这确实是短期内完成任务，应对上级压力的唯一办法。

11 月 2 日，曲阳县曾因空气质量问题被省政府督查组公开约谈，县委县政府的压力可想而知。这也就可以理解，曲阳县政府在推广清洁型煤的工作中，会采取运动式治理方式。

比如“一刀切”，划定 5 个乡镇散煤禁燃区，以及 7 个“电代煤”“气代煤”村，在这些地区，完全杜绝散煤的流通、使用。同时，为了保证政策力度，县委甚至赋予主管副县长和大气办“先斩后奏”的权力，对于在环境保护工作中不作为、不担当的，先免职，再提交常委会研究决定。

如此政策传导的结果是：一线工作者对违反政策的行为，亦会采取断然措施，那么就会和群众的实际需求之间存在天然的矛盾。

曲阳在污染防治中面临极其尴尬的境地。曲阳县的经济并不发达，境内主要是山区，贫困县的帽子还没摘掉，其支柱产业还是污染较为严重的雕刻，污染防治工作的基础条件是比较差的。

但是，曲阳恰恰又是保定地区乃至河北省大气污染较为严重的县之一，污染防治的任务极重。如此，最好的办法当然是推广“双代”。但这项工作费钱，曲阳县未必承受得了；且地处山区，推广工作自然受限。那么，推广清洁型煤就是唯一的选择。唯一的麻烦就是，需耗费大量人力物力“严防死守”散煤的生产流通和使用。

可以这样认为，曲阳县是在经济条件比较差的情况下，被迫投入大量行政资源，通过运动式治理方式开展污染防治的。

## 二、普遍问题

曲阳县所遭遇的困境并不是特例，而是全国很多地方面临的普遍问题。其根本矛盾是，环境治理目标和群众实际需要之间存在冲突。

客观上，人们当然都希望有一种既环保又实用的生活方式。但实践总是比想象复杂。一旦政府的政策目标过急过快，就很可能忽略老百姓的实际困难，从而导致巨大的矛盾。

仅以清洁能源推广为例，它所面临的问题恐怕不是短期内可以解决的。

首先，高成本问题如何解决？从目前的情况来看，“清洁”往往意味着高成本，如果没有政府补贴，极少会有居民改用清洁能源；事实上，大部分家庭也用不起。因此，推广清洁能源必然意味着政府财政支出的增加。

根据笔者的调研，每个地方的补贴不尽一致，但共同点都是政府出大头、居民出小头，保证居民使用清洁能源的成本不至于太高。比如，河北廊坊农村在 2017 年煤改气时，政府免费给每个家庭安装一台壁挂式天然气取暖炉（标准功率），另外还给予三年的补贴，每年 4 个月，每个月 500 元。

现在的问题是，三年以后怎么办？

在调研中发现，哪怕是群众接受度高的地方，很多农户仍然保留了炕；尽管家里的锅炉拆了，但却保存得好好的。按照群众的说法，一旦政府补贴停止，就要重新烧炕！以至于有些地方为了一劳永逸，在开展“双代”工作时，顺便把老百姓家的炕给拆了，锅炉也砸了。但这又制造了不少矛盾。

其次，技术过不过关？如此高的使用成本，实际上意味着现有的清洁能源取暖技术是不够好的。就技术考量看，使用清洁能源也许耗费了更多的能源，本身就是不环保的。在这个意义上，大规模推广“双代”工作有点操之过急。

较为普遍存在的问题是，农户在使用这些取暖设备时面临水土不服的问题。比如，无论是气代煤还是电代煤，都是建立在城市“单元房”的理论假设之上的。但农村的房子普遍比较大，密封性不及单元楼，而且天然气升温、降温都很快，基本上不怎么暖家。

晋东南某地今年开始煤改气，根据试验，一天开 6 小时天然气约 20 元，冬季取暖按 4 个月算约 2 400 元，政府每家补贴 1 200 元，补贴三年。政府补贴不算低，但是很多老百姓还是宁愿选择烧煤球也不愿意用天然气。

再次，如何与人们的生活方式相匹配？清洁能源的推广看似是一个政策问题，却触及乡土社会的根本，无异于一场生活方式的革命。

比如，北方农村普遍有炕，家庭的空间布局和社交活动都是围绕炕展开。根据笔者的调研，各地在推广清洁能源的过程中，反应最大的是老年人群体。很多老人晚上偷偷起来烧炕，倒不是为了节约，为的就是取暖。

## 三、治理风险

客观上，清洁能源的使用意味着更高的治理成本，也意味着更高的治理风险。

过去，燃料使用是农民生活方式的一个有机组成部分，融入了农业生产、生活和观念系统之中。最典型的是秸秆焚烧。

过去，秸秆焚烧本是就地肥田的措施。但这几年，秸秆禁烧工作成为北方大部分乡镇政府的中心工作。很多地方都已形成了较为完善的工作体系，从目标设定、任务分配、人员配置到奖惩措施，乡村干部几乎是通过严防死守的方式（24 小时值班，无死角监控）来对待秸秆禁烧工作的。

华北某省，省政府规定卫星监控到一个县发现一个起火点，就要罚 100 万；县政府则规定，哪个乡镇被县督查组发现有起火点，罚款 30 万；乡镇政府没办法，只能将责任压实给驻村干部、村干部和网格员，将考核与他们的津贴挂钩。现在很多基层干部反映工作忙、任务重，实际上绝大多数时间都是耗在环保等“严防死守”的工作上。麻烦的是，这些工作拖累了基层干部，却并不讨好群众。

在污染防治工作已经深入千家万户，不可避免地改变群众生活方式的情况下，我们希望，环保治理需要因地制宜。尤其是对于曲阳县这样的自然条件不好、经济欠发达、农民生活方式还比较传统的地区，不应简单地用“一刀切”的环保指标给地方政府施加压力。

当前的农村社会正处于巨变过程中，农民生活方式亦在发生极大改变，环保观念正深入人心。事实上，只要我们有耐心，农民自己会选择符合环保要求的能源消费方式。

而政府更需要做的，是鼓励和支持相关企业开发经济实用的清洁能源及设备，并做好基础设施工作，让群众自己去选择更好的能源消费方式。

# 贫困县为何敢斥巨资建广场？*

一个国家级贫困县能“穷”到什么程度？一个国家级贫困县又能“富”到什么程度？

湖南省汝城县的“精分”为你揭开答案。

据《中国纪检监察报》2018 年 8 月 5 日的报道：湖南省汝城县这个国家级贫困县，大规模举债修建大批“形象工程”，花 4 800 余万元修广场，6 株银杏树（靠两人手拉手才能环抱住一棵）就花了 285 万元，8 根图腾石柱花了 120 万元。

与之相对的则是对民生的极度罔顾。本属公益性基础设施的汝城县自来水厂，在 2002 年被民营企业绝对控股收购。2016 年以来，自来水管网年久失修，爆管停水、喝“黄泥巴水”是常态，春节期间屡次停水；不仅如此，当地卢阳镇更有两个自然村的一些村民家中没有通电，25 户 67 人仅靠山泉水发电和点煤油灯照明。

---

* 本文最初发表于微信公众号“侠客岛”（2018－08－06）。

一方面享受着国家特殊政策照顾，另一方面却大肆铺张，贫困县的“荒诞”之源究竟在哪里？中央的扶贫政策到了基层又为何频频走样？

## 一、并非个例

湖南省汝城县的例子并非个例。过去几年，见诸媒体的贫困县搞“形象工程”的例子简直不胜枚举。

比如，《中国纪检监察报》在 2015 年就报道，广西凤山县原县委书记黄德意，用国家防治地质灾害资金上千万元，在出入县城的山壁上雕刻“凤凰壁画”，而壁画项目实际造价却仅为 200 多万元。与此同时，在道路崎岖难行、冬日天寒地冻的情况下，当地一些乡镇的瑶族学生仍穿着单衣破衫。

更早之前，媒体还曾报道，位于贵州省生态最脆弱、贫困程度最深的毕节市，当地政府斥巨资打造的巨型全铜狮像现身十字街头；辽宁省北票市，国家级贫困县，财政收入仅 8 400 多万元，却建了座耗资 1 000 多万元的广场；江西省横峰县，全国有名的重点贫困县，花费 3 100 多万元，建造全省首屈一指的豪华广场和行政中心；安徽省长丰县，国家级贫困县，要建高尔夫球场，镇领导称农民不会饿死。

值得深思的是，不少地方政府早就意识到这个问题，并出台过相关文件。比如，2015 年湖南省和湖北省就出台过《关于建立贫困县约束机制的实施意见》，试图给贫困县套上“紧箍咒”，但今天类似的问题依然存在。

可见，贫困县搞“形象工程”背后的问题还很复杂。而在扶贫已经进入攻坚战阶段的今天，这类问题尤其值得重视。

## 二、扶贫战略

贫困问题，说到底是发展问题。要弄清楚贫困县大兴“形象工程”的“动力”，可以先从我国的扶贫战略讲起。

大致而言，我国的扶贫战略经历了三个阶段：

一是从1986年开始，中央和地方各级政府建立了扶贫工作体系，并确定了258个国家级贫困县。1994年“八七”扶贫攻坚计划制定和实施，扶贫开发的理念主导了扶贫工作，贫困县所享受的政策优惠越来越多，乃至于不少地方的干部群众因争取到了“贫困县”的帽子而得意许久。

二是2001年国务院扶贫领导小组颁布了《中国农村扶贫开发纲要（2001—2010年）》，改变了过去以贫困县为基本扶持单位的做法，转而通过“整村推进”的做法，将扶贫开发重点转向14.8万个贫困村。这意味着，贫困县以外的贫困人口也可享受扶贫政策。

三是十八大以来的精准扶贫战略。2013年11月，习近平到湖南湘西考察时首次作出了“实事求是、因地制宜、分类指导、精准扶贫”的重要指示。2015年11月29日，中共中央、国务院发布《关于打赢脱贫攻坚战的决定》（简称《决定》）。该《决定》

明确，到2020年，确保我国现行标准下农村贫困人口实现脱贫，贫困县全部摘帽，解决区域性整体贫困。自此以后，扶贫工作进入了一个全新阶段，即通过精准扶贫战略来实现全面小康。

由此可见，扶贫本质上是一个发展概念。虽然我国的扶贫政策经过几次较大的变动，但“开发式扶贫”的理念和做法一直未消退。事实上，这也是我国扶贫战略取得成功的重要经验。

在这个意义上，“贫困县”这顶帽子含金量极大，是地方经济发展的重要支撑。它不仅意味着县级财政可以享受中央及地方各级财政拨付的扶贫补助资金，大大缓解地方财政压力；更意味着可以享受不少发展政策优惠，比如，地方政府可以利用贫困县这个头衔作为招商引资的重要条件，前来投资的企业可以享受税收、土地、水电等一系列政策优惠。

当前，我国的脱贫攻坚进入了关键时刻，中央和各级政府对贫困县的政策优惠通常也是不减反增。拿比较有中国特色的扶贫机制结对帮扶来说，很多贫困县往往可以享受到优质的结对帮扶对象帮扶，如大型国企投资、经济发达地区的援助等。

可见，在实施精准扶贫的今天，贫困县的含金量不仅没有降低，反而大大提高了。尤其是国家级贫困县，这几年的资源流量是惊人的。这也就可以解释，为何一些贫困县有钱来浪费。

## 三、锦标赛体制

此外，我国的央地关系极为特殊，有人将之概括为锦标赛体制。一方面，上级政府尤其是中央政府，是裁定各个地方政府的表现的唯一权威，也有能力来协调各个地方的发展；另一方面，地方政府也有较强的自主性，有极强的相互竞争的动力。

一般而言，贫困县的自然和环境条件都不太好，是经济发展的洼地，在以经济建设为中心的今天，很难与发达地区相竞争。多数情况下，“贫困县”这顶帽子即是最大的优势。

而与此同时，“以 GDP 论英雄”一直是锦标赛体制的重要特征。原因很简单，它客观，可比较，还符合改革开放以来的主流意识形态。

但问题是，经济发达地区因地理位置优越、基础设施健全、产业链完整等因素，可以很轻易地通过招商引资自然而然地实现经济增长，从而在地方竞争中占据优势。但落后地区尤其是众多贫困县怎么办呢？

搞基础设施建设，成为实现 GDP 增长最直接的手段。

而这些项目，大多可以通过政府投资来实现。前些年，PPP 模式盛行，一些胆大、有魄力的地方主官，还通过大举借债、大搞土地财政来实现地方经济增长。

必须承认，在特定条件下，贫困县的这一做法有其合理性，“跨越式发展”的口号也甚得民心。一些看似是“奢靡浪费”的做法，其实也是撬动土地财政的必由之路。比如，大兴修建广场，客观上意味着可以“合理”利用政府投资来“经营城市”，在改变城市形象的同时，也在短期内增加财政收入（尽管同时增加政府债务），何乐而不为？

只不过，在严控政府债务的今天，这一做法显然不合时宜，也不可维系。一些地方官员在政府项目中贪污受贿，更是需要重视的问题。

但需要指出的是，修建楼堂馆所、大搞“形象工程”“政绩工程”，本身并非贫困县的“专利”，它首先与当前地方经济发展的驱动模式有关。只不过，相较于实业基础较好的发达地区，贫困地区可能更趋向于以土地开发为中心的发展模式。

## 四、发展现状

那么，究竟如何改变这一问题？目前我国扶贫工作进展又如何？

截至本文成文，离 2020 年全面实现小康只有两年多的时间。当前，全国各地的贫困县都将脱贫攻坚作为地方党委政府的中心工作。

不过，脱贫攻坚的现状却很值得分析。一方面，精准扶贫至今日，留下的贫困人口基本上都是“硬骨头”，脱贫攻坚的任务仍然比较重。另一方面，如何保证已经脱贫的人口不再返贫，是各地精准扶贫工作的重点、难点。

就笔者的调研显示，按照现行标准，各个贫困县在 2020 年前完成脱贫攻坚任务，实际上问题是不大的。笔者在多个贫困县调研都发现，县级财政统筹的各项扶贫资金，哪怕是平分给所有贫困人口，也绰绰有余。换言之，关键不在于扶贫资金不够的问题，而在于扶贫资金如何使用的问题。

有一部分资金是可以直接发放的，如危房改造、困难补助、医疗补助、教育补助等；但也有一部分资金却不能直接发放，如大量产业扶贫资金。麻烦就在于，贫困户恰恰缺乏劳动力，市场能力有限，依靠传统的产业扶贫措施十有八九不见效。事实上，越扶越贫的情况也不是没有。

因此，绝大多数地方政府都倾向于将产业扶贫资金和贴息贷款，拿给有关企业和合作社经营，贫困户获得相关的利息或分红。这种做法，和直接发钱没有多大区别，虽不一定符合扶贫政策，却足以保证一定时间内贫困人口脱贫。

可见，各个贫困县的脱贫攻坚任务看似很艰巨，基层干部也确实很累；但对地方主官而言，完成脱贫攻坚任务并非难事。因为，大量扶贫资金的涌入，以及多种优惠政策的叠加，使得脱贫攻坚在“战略上”注定是可以实现的。地方主官关心的是“战术”问题——如何保证扶贫验收时不出娄子？如何保证各个报表完美无缺？

总结来看，扶贫和发展的关系需要辩证看待。一方面，本质上，扶贫是一项发展政策，地方政府及其主官将注意力集中在发展上并无不妥。简言之，一个地方真正要脱贫，还是要依靠地方经济发展；仅仅依靠政策优惠和资金补助，既不合理，也不可持续。

另一方面，精准扶贫还是一项社会政策，对于一些短期内难以“脱贫”的人口，要通过社会保障等政策“兜底”，使之逐步脱离困境。同时，要充分照顾到那些有主观脱贫意愿但受限于客观条件的群体，比如，因水电路等不通而陷入贫困的群众的需要，通过发展政策解决之。

就扶贫战略而言，土地开发可以一时拉动地方经济增长，却很难持续，毕竟，它本身就与扶贫战略背道而驰——因为贫困人口很可能因为生活成本的提高而再次陷入困境。事实上，通盘思考，通过改善贫困人口的生产生活条件，通过产业培育增加贫困人口的就业机会，才是贫困县脱帽的终极保证。

# 基层如何守住疫苗安全底线？*

又是疫苗。

近日，有媒体曝出江苏淮安市金湖县黎城卫生院给 145 名儿童接种（口服）了过期疫苗，一些儿童出现了不良反应。

2019 年 1 月 11 日晚 9 点 40 分，金湖县人民政府针对此事的回应称，已处理涉事人员 17 人。江苏省卫健委也已派出由卫健委相关负责人带队，省疾控中心、南京市儿童医院专家等联合组成的督导组赴当地督促指导相关工作。

从现在的情况看，地方政府在第一时间启动了重大事件应急机制，对群众诉求的回应比较及时；但人们因“现实的不断打折扣”而形成的心理恐慌，以及对基层治理能力的怀疑，短期内估计难以消除。

为何安全底线一次次失守？

---

* 本文最初发表于微信公众号“侠客岛”（2019－01－12）。

## 一、溃败

2018 年 7 月长生生物疫苗事件才过去不到半年，江苏金湖县就再度让疫苗在短时内成为“国民第一忧心事”。

如果说前者暴露出的是疫苗生产流通监管方面有重大疏漏，那么后者则道出了另一个普遍问题：基层卫生服务跟不上实际需要。客观而言，这一问题在全国各地普遍存在，也长期未得到有效解决。

说白了，医疗卫生问题是基层治理困境的一个最突出的表现。

20 世纪 90 年代开始，受医疗市场化改革、人口外流等多重因素影响，基层卫生院一度到了快关门的境地；直到新农合的推行，它们才算起死回生，但卫生服务能力不足的问题仍未被解决。

基层卫生服务的从业人员待遇过低，留不住人才；稍微有点技术的医生，都往大医院和城市跑，给院长也不愿意当。与此同时，基层卫生服务水平较差，无法承担基本的卫生服务。有人打趣说，现在的基层卫生院只能看感冒发烧的病，根本就不敢也不愿看稍微复杂一点的病。

而尤其可怕的是，疫苗接种所属的基层防疫工作恰恰是基层卫生服务系统的边缘性工作。

这次的过期脊灰疫苗批号为 201612158，有效期至 2018 年

12 月 11 日，但直到该批疫苗有效期满后一个月，也就是 2019 年 1 月 7 日，仍有儿童在服用该批次脊灰疫苗。

过去，卫生防疫在各地是一个相对独立的系统，它既是业务机构，又是行政机构，一般在乡镇一级会设立防疫站，且从业人员待遇有保障。2000 年以后，全国各地的基层防疫系统则进行了改革，卫生防疫系统的行政职能归入了卫生监督管理部门，针对防疫业务则专门成立了疾控中心。

结果是，绝大多数地区的乡镇一级已无独立的防疫站，疾控职能由乡镇卫生院承担。这就造成了基层疾控工作的两重困境。

第一重困境是疾控事业的投入普遍不足。全国各地的县一级基本上都建立了疾控中心，属于公益性事业单位，但从笔者此前的调研看，这些疾控中心运转极其困难。先是经费无保证。过去一些年，疾控中心的相当部分经费靠“创收”来维持，但自从一类疫苗由国家免费提供，且一些行政事业性收费停止了以后，疾控中心的“创收”渠道几乎没有了。

再就是专业人员缺乏。一些农村地区的疾控中心，普遍招不到大学生，也难以招到预防医学专业人才。比如笔者调研过的某县是一个有 80 万人口的大县，疾控中心共有 60 余位工作人员，虽说应该是财政全额拨款单位，但因地方财政能力有限，政府的财政拨款只能保证 1/3 工作人员的开支。而这些人员要负责什么呢？预防接种、免疫规划、急性传染病防治、慢性病管理、地方病管理、性病艾滋病管理、血吸虫病防治、职业病防治、学校卫生管理等要求其“十项全能”。这些工作看似不起眼，但不能不履职，一旦出问题就都是大问题。

第二重困境则在于体制不顺。疾控中心虽属于卫生系统，却是一个相对独立的工作系统，有自己较为固定的职能和工作规则。

乡镇卫生院承担疾控工作后，疾控中心对乡镇卫生院起“业务指导作用”。简单说来，公共卫生服务的人财物都属于乡镇卫生院管理，疾控中心无权干涉。这造成的后果一方面是，在乡镇卫生院从事公共卫生服务的人员基本上都是单位的“边缘人”，能力、技术等都不行。

另一方面，疾控中心对基层疾控工作的监管极其有限。由于基层疾控工作人员不属于疾控中心管，其待遇也和疾控中心无关，这就导致疾控中心的业务指导工作只能是虚的，谈不上真正意义上的监管。

## 二、混乱

这次江苏金湖县的疫苗事件，当地给出的结论是“管理混乱、工作失职、监管失灵”。这个判断没错，但并不尽然。需要思考的是，为何会出现这种状况？

先说“管理混乱”。从现在披露的信息看，黎城卫生院在疫苗管理上确实够混乱的。事实上，疫苗接种有严格的程序。按照《预防接种工作规范》，接种工作人员在接种操作时需“三查七对”，要对疫苗的信息严格核对，并需对接种儿童的信息进行核查。很显然，黎城卫生院没做到。

据当地政府的通报，县疾控中心 2018 年就经由两次督查发现，黎城卫生院存在单日接种量过大、疫苗管理混乱、实际使用批号与出入库账册批号不符等问题，并下发整改通报。但直到 2018 年 12 月 15 日，县疾控中心再次督查，上述问题仍未得到整改，而县疾控中心竟也无动于衷。

归根到底还是前述的体制不顺。疾控中心只有业务指导职能，并不能拿卫生院怎么样。

再说“工作失职”。此次疫苗事件是个典型的失职事件，这一点毋庸置疑。由此显现出的问题却并不“单纯”——在基层卫生院的接种人员几乎全是“边缘人”，待遇不高，也谈不上专业素养。

此次事发的第三个原因被判断为“监管失灵”。正常情况下，疫苗接种至少有两个外部监管力量。一是疾控中心的业务指导——它的监管失灵，前面已经说过。另一个监管力量是食药监部门，其负责过期药品的监管。但在实践中，基层食药监部门并不会对疫苗投入监管力量。久而久之，疫苗就成了基层食药监部门的监管盲区。

诸方面漏洞之大，不知其几千里也。

## 三、治理

窥一斑而知全豹，金湖县的“个例性”疫苗事件，却对当前地方政府在普遍层面如何提高治理水平有所启示。

“为人民服务”是一句响当当的口号，但这不能只停留在口头上，也不能挂在墙上。过去相当长一段时期，政府工作“以经济建设为中心”，努力提高人民生活水平——地方政府只要把经济发展这个大事抓好了，群众就满意了。

但是现在，人们需要有更高的生活质量，尤其希望子女有更好的未来，民生服务就变得越来越重要。而民生服务工作往往细小琐碎，并且可显示度不高，难以短期内见成效，便格外考验地方政府的治理水平。

说句大实话，过去每个家庭子女都多，且生活质量也不高的时候，没有多少人会关心疫苗。但这些年来，疫苗却几乎成了最容易触动大众神经的词，为什么？大家对生活质量或说生活“底线”要求的提高，容不下任何细节之疏漏。人心都是肉长的，我们要问的是，难道该县疾控系统人员的孩子用的不是同一批疫苗？这么事关切身利益的事情，为何一而再、再而三地出现问题？“疫苗之王”的讨论才过去多久，教训多深，忘了?!

遗憾的是，很多时候，基层政府的治理总是落后于群众的需求，当了群众的“尾巴”。基层工作就算有这样那样的客观条件制约，也绝不能成为遮蔽问题的幌子！

好比这一次，如果不是碰巧有一位家长是医生的话，金湖县的疫苗事件还不会曝光。

医疗卫生是一个高度专业化的领域，非专业领域的人很难了解，也不容易监督行业服务。某种程度上，这个领域的服务水平取决于整个系统和从业人员的职业化素养。因而大多数时候，医疗卫生安全需要行业主管部门负起监督责任。

可以说，这次事件中，基层卫生服务人员职业素养欠缺、医疗市场化环境复杂难辞其咎，行业监管的失灵也的确是当地政府失责。

我们看到，当地的处理问责结果出来得很快：第一时间免了职、立案调查，甚至有的人还开除了党籍。但这绝不是问题的终点。根据媒体报道，当地乃至周边县区的疫苗甚至可能过期的时间长得多，影响的也绝不是一百多个孩子，那么我们要问：平时这个系统的人在干什么？尸位素餐还是玩忽职守？就管这么一摊疫苗，这么关系重大的事，平时的管理哪里去了？监管部门、主管部门、当地主要领导的责任何在？

这些年来，地方政府的治理危机很大程度上源于行业主管部门的专业管理能力不足。在市场化转型的今天，过去基于行政权力的行业管理经验已经不适宜，而新的专业管理模式又未形成。

就如疫苗接种管理，过去的独立的防疫系统已然不在，行业主管单位（疾控中心）和实际从业者（基层卫生院）之间存在巨大缝隙，导致行政权力不起作用，而行业自律又缺失，问题怎么可能不找上门来？问题一再暴露，是不是到了彻底做反思、彻底想办法的时候？

随着社会进步，普通群众也会了解越来越多的专业知识，也会在客观上监督行业安全。但是，从政府治理的角度看，行业主管部门绝不可有“城堡思维”，躲在自己的领域里完全不顾及外面形势的变化。

恰恰相反，欲化解越来越多的专业性极强又涉及面极广的治理危机，地方政府及有关部门需要自我革命，最大限度地开放信息。既然专业管理能力不够，那就把有关的专业信息开放给大众，让被服务的群众来监督服务者。

事发后，多位来自当地的家长向媒体表示，该地实际出问题的还有其他疫苗——有的家长说孩子在出生后于 2014 年接种的第一针卡介苗就是过期 2 个月的；有的说子女于 2011 年接种的卡介苗和乙肝疫苗均没有批号；部分家长发现自己孩子注射的乙脑、麻疹、水痘以及百白破疫苗也都存在过期问题。相关发声甚至显示，当地过期疫苗问题最早可以追溯到 2010 年，却直至 2019 年 1 月才逐步被曝光……

根据国家卫健委要求，自 2016 年 5 月 1 日起，在全国范围实施新的脊灰疫苗免疫策略：每个儿童都要接种 4 次。同理心并不难解，设想行业服务者如若同被服务人群一样，家中亦有适龄儿童需如期选择当地疫苗接种，让过期疫苗苟延残喘的事情还会发生吗？

孩子不能是小白鼠，更不能是治理失败的牺牲品。

# 出租车行业管理，为什么总是管不好？*

最近，与出租车有关的两则官员新闻在舆论场引发热议——

2019 年 2 月 11 日，广西柳州市委书记郑俊康在主持召开党建工作专题研究会时撂出狠话：“我就不相信出租车管不住。现在看看，应该可以管得了。两个月后我们看效果，不行就把班子换掉。”

同日，在西安广播电视台《党风政风热线》节目中，主持人向交通局局长连发三句灵魂拷问：“为什么有这么多‘黑车’？为什么有人坐‘黑车’？难道您不知道吗？”局长一度语塞，后来还被停职。

业内笑谈：“常在出租坐，哪能不湿鞋”——出租车行业市场，到底为什么总是管不好？

## 一、乱象

前些年网约车兴起之时，出租车市场一度受到极大冲击，人

* 本文最初发表于微信公众号“侠客岛”（2019－02－15）。

们对出租车服务质量的提升也充满期待。时过境迁，网约车几轮风波未平，各地出租车市场乱象却也有增无减。

平心而论，出租车行业是典型的“窗口行业”。外地人到一座城市，对城市的第一印象，经常来自出租车。火车站、机场，是“黑车”、拒载、拼车还是优质服务，大家心里都有杆秤。不夸张地说，出租车对城市形象和营商环境都有影响，没有哪个城市不想治理好出租车市场。

但就笔者的调研来看，绝大多数城市的出租车市场，却呈现出“治乱循环”的特征。

面对出租车市场乱象，有两方面意见极具代表性：一是民怨“沸腾”，一是地方主官“头疼”。民意压力、领导重视，短期内或许可以平抑部分出租车乱象，但想彻底理顺出租车市场秩序？远非一日之功。

说起来，出租车行业有个特殊的地方——全世界的出租车行业普遍实行政府管制，只是管制程度有所区别。通常情况下，出租车管制，包括市场准入、价格、数量、安全与服务质量几个方面。

为啥要管制？

首先，出租车是准公共交通部门。它占用公共道路资源，关涉城市公共服务和公众基本出行需求，自然“松手”不得。其次，出租车市场本就存在严重的“市场失灵”，市场竞争无法减少消费者的信息成本，也无法消除或控制环境污染等负外部效应。

要知道，我国绝大多数城市的出租车行业，是在改革开放后由政府“培育”出来的，从一开始就不是市场“自生自发”的结果。时至今日，很多县级城市为了改善公共交通，还在延续过去大城市走的路，投入不少资源培育出租车市场。

“培育”，未尝就没有失手的可能。

前些年，笔者在一个中部县城调研。县政府花了好大力气引进了一个出租车公司，结果好景不长，仅半年时间就被当地存在多年的三轮车市场挤垮。于是，出租车司机被迫改走长途线，但又触碰了长途客车的利益。

结果，出租车、三轮车和长途客车三个利益群体相互竞争，经常爆发冲突，且各方都通过集体上访、堵路、堵政府大门等形式向县委县政府施压。失败的出租车市场培育实践，一时间竟成为当地最大的社会稳定风险来源。

## 二、根源

那么，完全将出租车乱象归咎于行业管制，可以吗？

并非如此。单纯认定放开市场就可以解决问题，也是一种“历史虚无主义”。即使假设完全市场化能够彻底医好出租车乱象，也得在化解“历史包袱”的前提下进行。

事实上，出租车问题牵扯面极广。与其说它是一个市场问题，不如说它是一个社会问题。

前面说到，出租车自带“准公共交通”的性质。这就意味着，其首要功能不是营利，而是满足市民出行需要。哪怕是完全市场化的出租车经营者，也得兼顾营利性和社会性。人们最看重的是打车是否方便、服务质量是否好；想要让市民满意，出租车的投放量、价格、安全与服务标准等，每一环都不可疏漏。

于是，问题就变复杂了。这关系到政府、出租车公司、出租车司机和市民在公共交通中的利益分摊与复杂牵涉，分寸实难拿捏。

比如，出租车投放量少了，当然对出租车公司和司机有好处，但却影响了市民的出行质量；投放多了，也许市民的出行方便了（实际上也不一定，因为还得考虑道路承载力），却很可能降低出租车经营者的平均利润。价格管制、服务质量管制同理。

大家都记得，前几年，各大网约车平台都通过巨额补贴的形式迅速“培育”出了网约车市场，彼时交通部尚未将网约车纳入规范管理，一时间各个城市的出租车行业便陷入了困境。最直接的冲击是，出租车行业平均利润大幅下降，引起出租车司机的强烈不满，各大城市都出现了出租车司机聚集事件。

如今，网约车市场带来的影响已趋于平缓，但它对出租车服务质量的影响并未消除。在网约车冲击之前，拒载、议价等现象是较少见的，车内吸烟现象也较为收敛。

而现在，以笔者生活的武汉为例，车站、码头到处是议价出租车；尤其是火车站周边，一到晚间全是议价车，地下停车场却一辆正经出租车也瞧不见。出租车司机车内吸烟有多常见呢？哪怕是笔者这样熟谙出租车服务标准的乘客，也因为这一现象实在太普遍而不好意思每次都提醒司机了。

问题在哪儿？跟众多出租车司机聊，他们都说现在出租车公司根本就不存在服务质量上的管理。出租车利润那么低，公司也不好意思提服务质量，否则有更多的出租车停摆。

事实上，出租车行业发展至今，也聚集了太多的“特殊利益群体”。全国各个城市的车站码头，几乎都是“黑车”的聚集地。除了人流密集、利益密集外，最主要的原因是，这些地区恰恰是各“特殊利益群体”的谋生之地。

笔者当年在贵州某市调研出租车，发现当地“黑车”泛滥，运管部门却甚是无奈。原来，“黑车”的运营涉及退伍军人和伤残群众两个群体。这两个群体甚至将“黑车”运营公开化，如在“黑车”上贴“八一”“伤残人士爱心车”标志。显然，这两个标志不是给乘客看的，而是给运管执法人员看的。

特殊利益群体的形成多少都有点“由头”。简单说来，就是“社会问题行业化”。客观上，“拉客”是一个门槛较低的营生，很适合特殊群体从业。但出租车行业管制的相关规定，又注定了合法从事客运的门槛实际上比较高。

一方要生计，一方又要管制，当然就有矛盾。

在我们看来，柳州市委书记此次公开谈到的柳州火车站出租车市场，其中可能存在涉黑问题。如果调查结果真如此，也不稀奇。在很多情况下，弱势群体和特殊人群，都很容易成为黑恶势力垄断市场的保护膜。

## 三、痼疾

所以，某种程度上，出租车市场乱象，实际上是为城市治理水平低下埋单。但从另一些角度看，出租车行业管制本身也有其难以解决的痼疾。

简单说，出租车行业管制的监管链条太长，导致利益链也过长，这就注定了管理乱象容易产生。

比如，每个城市的道路运输管理部门是出租车的主管单位。但大多数城市真正从事出租车管理的，也就是三两个正式人员，主要从事行业规划、政策制定、特许经营等宏观管理工作。道路稽查队伍的人数虽不少，但相对于庞大的出租车市场而言，也极其有限。

与此同时，出租车行业又是一个把流动的汽车当作"生产车间"的特殊行业，出租车司机在生产过程中具有绝对主导性。出租车分散、流动，且私密性极高，行业监管由此难上加难。

导致的结果就是，绝大多数城市都寄希望于建立一个稳定有效的监管"中间层"。现在各个城市主导的出租车经营体制是承包经营制，这就意味着，出租车公司是出租车市场管理的中间层——它本身受运管部门的监督管理，但又要代运管部门监督管理出租车司机的服务与安全质量。

问题是，在承包经营制下，出租车公司与司机之间，其实是一种"弱关系"。在出租车行业利润比较高的情况下，公司当然可以对司机提出更高要求；一旦利润降低，管理力度就自然会降低。

笔者有一次坐出租车，在未预先告知的情况下，司机绕到很远的地方去加油。因赶时间，笔者被迫换乘了一辆车，但也差一点误机。气愤的笔者拿起电话欲投诉，接线员却为司机讲起好话：司机也不容易，挣得少，又不愿意放弃一个远途乘客……

也就是说，出租车行业管制其实很不容易。哪怕是通过人海战术加强街头执法力度，效果也不见得好。

更深刻的执法困境在于，所有运管部门的街头执法，其实都受制于部门分割而导致的执法权失效问题。运管部门无权查扣车辆，只有交警部门有这权力；但因为职能划分，交警又不会轻易配合运管执法。因此，即使明知对方是“黑车”，只要乘客不配合取证，运管部门也毫无办法。

有朋友问了，不是近年有利用“天眼”来加强执法力度的吗？事实是，协调多年，公安部门也没能将监控的权限放给运管部门。站在公安部门的立场，这也可以理解——公安也有自己的主业，也忙得不可开交；摄像头则牵扯面太大，哪敢轻易给别的部门用？万一出问题，谁负责？

## 四、怎么办

笔者的好朋友——陕西当地著名微信公众号“208 坊”就专访了在节目中被怼、后来被停职的交通局局长。

在专访中，这位被怼局长提到的问题非常典型：当地的出租车市场还在发育，车辆保有量不足，而群众出行又有相当大的需求，所以给“黑车”以空间，给执法的末端管理、街头执法以巨大压力。同时，运管部门执法力量薄弱，如果没有更高层面的协调，无法调动交警等部门进行联合执法。

如果我们对照看一些市场管理规范的城市，比如上海，就可以看出解决门道所在。上海一方面出租车市场清晰、主体明确，大多是国有公司在投资运营，跟运管部门协调顺畅；另一方面出租车公司治理规范，对司机能形成有效约束和培训。

反观其他城市，要么是出租车数量不够，给“黑车”以空间；要么是出租车公司众多、小而分散，运管部门对公司管理困难，公司对司机管理困难。在这些市场问题下，又遇上运管和交通执法权分散、联合执法困难的权责划分问题，自然就会形成“问题多—执法难”的困境。

因此，要长线跳出这一市场的“治乱循环”，就必须同时在市场、执法两个层面“动刀子”“做手术”，才有可能根治。这其中，当然也需要扛责任、杜绝“护犊子”、切断利益输送，但根源如上分析。

当然，出租车的问题往往也不光是出租车的。

# 乡镇赌博业是“社会之癌”*

笔者有几个至亲，家庭都因赌博而闹得鸡飞狗跳。每到年底，冷不丁不知从哪里冒出几个上门催债者，手拿几张欠条——里面字迹潦草、错别字连连，实在让人堵得慌。或许，很少有时代像如今这样，赌博会和普通农民的日常生活密切勾连。在笔者调研过的多数乡村，“赌博”在最近十余年间已实现去污名化，乃至于和日常娱乐活动纠缠不清；“赌徒”也不再是败家子的同义词，反而被赋予了胆大、豪爽的正面意义。笔者有一个表哥，因在赌场上极其豪爽，一诺千金，所欠赌债说几时还就几时还，竟因此而获得好名声，当上了村主任。然而，因赌博而妻离子散、家破人亡的事例，却更为常见。如何认识今日中国乡村的赌博业态，虽非易事，却是大事。赌博已成社会之癌，不可不治。

---

* 本文最初发表于微信公众号“侠客岛”（2018－02－21）。

## 一、乡村赌博业态

笔者调研的乡镇是一个典型的中部农村，总人口不到 2 万，共 17 个行政村，100 余个自然村。因地处丘陵地带，人均耕地较少，且无任何工业，乡民们自 20 世纪 80 年代起就开始外出打工，至 21 世纪初形成了“以代际分工为基础的半工半耕”的家庭生计模式。如今生活在乡里的，以中老年人及小孩为主，以及少部分在家带小孩的年轻留守妇女。因此，该乡可谓一个消费型社会，家庭收入主要依靠年轻人（第二代农民工）外出务工。中老年人则在家务农补贴家用。

尽管该乡几无生产功能，集市经济却甚为发达。除了少量几家农资、化肥店，街上全是为乡民“现代生活”服务的商店，包括超市、饭店、家具店、服装店、理发店，甚至于养生馆、五谷杂粮配方点、蛋糕店、快递服务点等，一应俱全。不过，最大的产业当属“赌博业”。

当地的赌博业主要有 3 种形式：

1. 茶馆

准确地说，当地人所称的“茶馆”其实是麻将馆。笔者做了一个不完全统计，单单是在集镇，就有近 30 家麻将馆。而通常每个村，甚至于每个自然村的小商店，都兼营着麻将馆。如此算来，全乡的麻将馆大概在 100 家左右。

茶馆的规模不等。一般而言，集镇上的有七八上十台麻将桌，村里的有三四台麻将桌。当地麻将的玩法简单、节奏快速，极易和牌。每人十三张牌，行牌时只能碰或者杠牌，不能吃上家的牌；和牌只能自摸或抢杠。一般而言，可以事先约定奖码，每奖一个码翻一倍。根据和牌大小，当地麻将馆分为三个等级：(1) 打大牌的，和牌在 20 元以上，每盘输赢可在几百上千元；(2) 打中牌的，和牌一般为 5 元或 10 元，每盘输赢在几十上百元；(3) 打小牌的，和牌为 2 元，每盘输赢只在十几二十元间。集镇上的近 30 家麻将馆，打大牌的只有 1 家，打小牌的只有 5 家，绝大多数是打中牌的。

不同等级的茶馆，其消费人群有显著差别。打小牌的均是老年人，尤其是那些在集镇租房子带小孩的爷爷奶奶们。他们的年龄较大，因带小孩的原因，自己也无收入，靠在外打工的儿子儿媳妇寄钱回来，几无财务自由。这些人打牌纯粹是为了消遣时光。打中牌的则基本上是中年人和留守青年妇女。其中，大概有一半的消费者也是在集镇租房子带小孩的爷爷奶奶们。只不过，他们多属于返乡的第一代农民工，可能因有积蓄，或家里还兼有副业，故而生活开支并不完全依靠儿子儿媳妇的务工收入，有一定的财务自由。当然，也有为数不少的人，日常生活里并无财务自由，却经不住诱惑而超前消费，由此闹出的家庭矛盾数不胜数。打大牌的多是那些在集镇上做点小生意，有一定收入却也谈不上大富大贵的中年男子。他们有一定的社会接触面，有些许“面子”，却往往经不住茶馆老板的拉拢以及狐朋狗友的怂恿而踏入大茶馆，深陷其中，直到不堪承受。

在一般乡里人的认知中，茶馆是当地人常规性的休闲娱乐场所，多数人并不认为其具有赌博功能。但是，在“赌博”和娱乐之间，界限其实是很模糊的。比如，打大牌的茶馆，普通乡民都认为那是赌博场；但茶馆老板及参与者并不一定认同。那些打中牌的茶馆，对于大部分有财务自由的乡民而言，也算是一个合适的娱乐场所，但如果毫无节制地沉迷其间，其实也算是彻彻底底的赌博心态了。唯有打小牌的茶馆，几无乡民认为它是一个赌博场所。

2. 地下六合彩

六合彩在乡里也甚是普遍，其覆盖人群甚至比“茶馆”广，可谓老少咸宜。说是“地下”，主要是从法律意义上界定的；但对于当地人而言，它是再公开不过的赌博形式。每个乡民都可以在邻居、亲戚、朋友那里轻易地找到“码庄”。再不济，就到村里的商店去，它们不但兼营着茶馆，也兼着小“码庄”的生意。集镇里别的商店不会做这个生意，但“茶馆”做地下“码庄”的生意却是再正常不过的。

在十多年前六合彩刚风靡该乡时，乡民们的积蓄很是被扫荡了一番。所有人都知道这是赌博，但奇高的“回报率”却让人欲罢不能，人们总是幻想着自己是一夜暴富的那一位。久而久之，哪怕是曾经一夜暴富的彩民，也最终落得个血本无归，人们终于还是不再指望玩过大庄家。但六合彩似乎也有了莫名其妙的极具乡间特色的娱乐功能。一些电视节目，如央视的天气预报、动画片及美食节目，在乡间有极高的收视率。彩民们天天盯着这些节目，希望从节目细节中寻找到有关“特码”的“玄机”。一旦有所发现，就相互探讨，确定一个（或一串）最“准确”的数字下注。如某位彩民意外连续猜中两三期，他必定会成为乡间名人，一大堆粉丝跟着他下注。某种程度上，“运气”这个飘忽不定的东西，竟然在六合彩中具象化了。比如，家中有个老人80岁去世了，其子孙立马会联想到下一期的开码数字必定和8有关。果真中了，真是冥冥之中自有天意啊！

现如今，大部分乡民都将六合彩当作“小赌怡情”的节目，一周开奖三次，节奏刚好，算是日常生活中有了个共同话题，人们也有个“盼头”。但是，每年总还是有几个乡民因赌六合彩而倾家荡产的。

3. 赌场

乡间有两个大混混，都有黑道背景。一个大混混经营着大茶馆，不定期地在其茶馆组织超大规模的“局”，如50元或100元开和。还有一个则专门组织“八点场”，运用乡间所称的“龙虎斗”（老虎机）和“掐八点”（推牌九）组织赌博。

超大无比的麻将局，当然不会常年进行。一年也就那么三五次，每次个把星期。大混混每次“组局”时，都亲自上门邀请那些目标人物去他的茶馆玩玩。那些有点小钱、平常本来就喜欢打牌的中年男子，多半以为这么大的“人物”邀请，真是有面子。结果，一旦进了别人的“局子”，总得输个几万块钱，有时还欠一屁股赌债才算完。这个大混混也甚是大方，凡是向他借赌债的，要多少给多少，根本就不怕这些赌徒还不起或故意不还。

“八点场”也是一年组织几次，其特点是具有高度的流动性（却未必有隐蔽性，因为普通民众都知道），每天打一枪换一炮，或在这个混混自己家中，或在别人家中，或在山头野外搭棚。由于资金规模大、参与人数多、输赢变化快，甚是适合赌徒的需求。以“掐八点”为例，一个人坐庄、三个人摸牌，另有参与者可以在庄家之外的任一家下注。只要庄家愿意，下注人数不限。该乡的“八点场”几乎是赌徒们的狂欢，规模一般在几十上百人之间，有积极参与的，还有纯粹是看热闹的，每次赌资都有几十万之多。

## 二、乡村赌博的灰色产业链

在笔者调研的乡镇，赌博业有一个较长的产业链。在这个链条里面，处于高端的是两个大混混，他们在某种程度上制定了“消费”及服务标准，其组织性也较强；处于中端的是那些打中牌的茶馆及各个码庄，他们是乡村赌博业的中流砥柱，在为赌博去污名化、培养基本“赌徒群众”方面，起到了不可或缺的作用；处于低端的，则是那些数量不多的小茶馆，客观上为赌博生态的塑造提供了掩护。

两个大混混在组织赌场方面都可谓轻车熟路。他们风格有异，危害程度却差不多。组织大麻将局者，在乡里人的形象中是一个“乡绅”，从来都是客客气气的，组织的牌局也甚是“文明”，感觉就是去一个高档会所。笔者在调研期间，从未听说过其在乡间耍过什么黑招，所有人却都对其敬畏有加，谁都可以感受到其温婉笑容背后的杀气。只要是在乡间有点社会接触面的人，只要受其邀请，多少得给其“面子”。如果不去其赌场玩玩，甚至都觉得是在驳这个大混混的“面子”，就怕哪一天会被其下阴招。因此，乡里人明知其组织的是鸿门宴，却也得装得很高兴的样子前去“送钱”。

组织“八点场”的大混混，则风格迥然，其霸道、阴狠是写在脸上的，其血债累累也是众人皆知的。以至于，笔者的调研几乎不需要多“深入”，在乡里随便问几个人都可以说出其故事之一二。2016 年，一村民因欠了“八点场”的高利贷共 7 000 元，被几个混混拖至债主家中非法拘禁、暴打了一晚；第二天一早，此人被发现死在了自己家。乡间流行两种说法：一是说此人被逼无奈喝农药自杀而亡；还有一种说法是，此人即是被黑恶势力暴打致死。只不过，这个村民在乡间无至亲，唯一的一个智障女儿远嫁外省，根本就无力追究其死因。因此，此人相当于白死。2015 年一年即有两起恶性事件。一妇女也因欠了“八点场”的高利贷，被逼无奈躲在一个山头两天，最后在山上自杀身亡。乡政府为了安抚受害者家属，让其丈夫及小孩吃低保。在这起事件过后，又有一位乡民被高利贷所逼，自杀身亡。其家人将死者棺材拖至乡政府门口讨说法。派出所出面调解，让债主赔了 17 000 元，乡政府再“人道主义救助”了 4 万元，终于息事宁人。每次死一个人，乡间茶馆即被勒令停业整顿一周，乡里人早已见怪不怪，戏称是全乡所有赌徒为死去的赌徒默哀一周。

但就该乡的赌博业而言，“八点场”确实做得很是成功，几乎达到了企业化运作的水平。一个成功的“八点场”，需要符合几个要件：

（1）安全。就乡里人的认知而言，无论是赌场的组织者、提供场所者，还是参与者，都知道他们在从事赌博活动。因此，保证赌场安全，有效防止公安机关打击，是成功的前提。就安全要件而言，它包括几个方面：一是场所的安全。不在固定场所、固定时间开设赌场，可以大大增强隐蔽性。二是现场秩序。一个合格的赌场，既要在合适的地点安设明哨、暗哨以防范公安机关的打击，又要有足够的力量防止现场有人闹事。进过赌场的人都知道，赌徒们的心态大多不会好，输赢都会影响心情，相互之间很容易产生摩擦。因大打出手而惊动派出所的情况并不是没发生过。因此，防赌徒闹事和防警察出警一样重要。2013 年就出了一个意外：两位赌徒在“八点场”大打出手，结果还闹到了法院，当事者被判刑事拘留。幸亏相关部门没有进一步挖掘案中案，没有牵扯太多人，大混混算是虚惊了一场。

（2）组织。该乡的“八点场”之所以屹立多年而不倒，关键还在于这个大混混有一个成熟的运作团队，对组织赌场可谓驾轻就熟。其核心圈有五六名小混混，这些人负责赌场的设备、坐庄、放贷、安保、服务等，各司其职、各得其利。外围还网罗了不少协助者，如乡间的多名“摩的”司机，就兼职帮忙网罗赌徒，除了赚取正常车费，还可以向组织者讨些“抽红”。当然，那些愿意提供场所的居民，每晚可以“抽红”几千上万元，也是积极的合作者。

(3) 赌资。赌徒心态都是想用最少的钱去博取庄家的钱，因而身上都不会带很多现金。可正常情况下，多数赌徒肯定会血本无归。为了让赌局维持下去，提供资金周转就是必要的一环。而赌场上的周转资金，一般都是高利贷。在“八点场”上借钱，条件可谓苛刻：借 1 万，只能拿到 8 000 元赌资（2 000 元算是利息），且要求当晚还清；不能还清者，则每天再加 500 元利息，一月一结。提供高利贷既是活跃赌场的必要条件，又是混混们谋取利润的主要来源。通常情况下，这帮混混在组织赌场时分工合作，各司其职；在赌场关闭时，主要工作即变成收贷。回款差不多了，下一场赌局又可以开始了。

(4) 利润。赌场的利润主要源自两个方面：一是正常的赌博输赢（或“抽红”）；二是高利贷。组织者既可以自己坐庄，也可以不坐庄。如果是自己坐庄，则可以从赌桌上获利。赌场上总是有输有赢，但终归是庄家赢。这是因为，庄家可以通过各种手段“杀牛”（出老千），但赌徒却无游戏操控权。哪怕是从运气的角度说，由于庄家的资金雄厚，庄家可以坚持到他认为可以到此为止的时候，但赌徒却不可能。组织者也可以不坐庄，而是通过“抽红”来获利。客观上，这些大混混真正赚取的利润，主要源自高利贷。而放贷、收贷都需要一些技术。最关键的是，要了解每一个赌徒的家底。死赌烂赌者一般没什么家底，只能放个几千块钱，他通过打工就可以还清；而家里有一些生意，或子女、配偶可以依靠的，可以多放，反正跑得了和尚跑不了庙。收贷也很讲究，最好可以用平和的、商量的口气让赌徒按时还贷，如到了还贷时间就约赌徒去县城某个宾馆聚聚，直到他找遍自己的关系还清贷款为止。退而求其次，就骚扰其家人，时不时上门去催债，说一些狠话，直到其家人烦不胜烦，替他还了。再不济，就要点暴力，折磨其身体和意志，欠债总是要还的。当然，对那些实在无法还债的死赌烂赌者，狠狠地教训，让众人周知，也是可以的。2017 年春，一位赌徒被这个大混混的几个马仔挑断了脚筋，至今未能痊愈。甚至于，如上文所述，逼死人也是常有的事。

赌场之存在，是以休闲娱乐之茶馆为基础的。乡里赌场之盛、组织者之明目张胆，实则是因为他们找到了让赌博寄生的合适社会生态：

（1）以茶馆及六合彩之覆盖面，使得乡里人对赌博的接受度极高。尽管人们对赌场及茶馆之本质区别还是很清楚的，但在茶馆不劳而获的体验，与在赌场押注、在地下六合彩押“特码”企求一夜暴富的心态，并无本质区别。这也就可以理解，乡里只要开赌场，总是可以吸引众多乡民参与、观望。哪个人在赌场赢得多或买中了六合彩“特码”，立马会传遍全乡，羡慕者有之、求教者甚多。

（2）本质上，茶馆为赌场培育了基本的赌徒群体。赌场从不缺客源，茶馆的存在居功至伟。如果说茶馆是赌徒们日常生活的蓄水池，并让其保持了赌博习惯的话，那么，赌场就是泄洪区，积蓄日久的赌徒心态可以令赌徒从赌场中找到更大的刺激。久而久之，乡里的赌场看似是不定期的，但其实其开设时机非常有讲究。春夏秋冬，避开农忙，总要在每个季度的农闲时期找一个合适的时间开设一下，且每次就一个星期左右。

（3）茶馆培养了一种畸形的消费习惯。茶馆间的竞争甚是激烈。为了吸引顾客，各个茶馆绞尽脑汁扩展服务内容、提高服务质量。而今，大型一些的茶馆，其服务标准是：为打牌者及其家属免费提供午餐（午餐按照当地待客的最高标准定制）；免费提供茶水；车接车送；如有小孩，茶馆可负责照看。一些茶馆为了吸引顾客，甚至进门即发 5 元红包。久而久之，茶馆成了很多乡里人的第二家庭，茶馆承担了诸多家庭功能。比如，很多人快到午餐时分，就拖儿带女找个茶馆消费去了。不少在集镇带小孩上学的家长，根本不用自己做饭，小孩放学了直接到茶馆即可，生活甚是惬意。这种营销模式，和赌场如出一辙。那些“八点场”，对所有到来的赌徒，无论其是否参赌，都报销车费、进门即发 20 元（或一包烟）、赌场内好吃好喝招待。乡民们甚是享受茶馆及赌场制定的服务标准，以至于每个人都默认了“顾客就是上帝”的宗旨，在日常生活中越来越讲究。吃好、穿好、玩好，是很多乡里人的潜在意识。

## 三、赌博是乡村社会之癌

笔者所调研的这个乡镇，曾经是一个非常传统的农村。当地七八十岁的老人，仍然保持了农民本色，勤劳朴素且严于律己，基本上都是“活到老，干到老”，不愿意给后辈增加负担。绝大多数老人会自己安排好老年生活，包括准备好自己的后事。甚至于，相当一部分老人会根据自己的实际情况，以不给后辈“添麻烦”为原则，选择自杀身亡。老年人的高自杀率，或许是传统农民优良品质的表现，却也可以说是现代农民不负责任的结果。当地很早就实行了独生子女政策，导致第一代农民工在抚养、教育子女方面负担并不重；再加上老人仍秉持传统价值观，不用他们背负太多赡养老人的责任，造就了一个新旧交替的生活世界。

其核心是，当生活小康时、有足够的闲暇时间时，如何安置农民的生活？客观上，有效安置生活并不是一件简单的事。传统农村是一个物质匮乏的社会，绝大多数农民缺少闲暇时间；有那么一点闲暇时间，也是在节日的公共生活中度过。其结果是，赌博是少数有钱人的“特权”；少数无钱的“烂赌鬼”，也会招人唾弃，他们是乡村道德世界中的“败家子”“光棍”。在工业社会中，人们的时间为流水线所控制，闲暇（假日）本质上是为了更好地工作。因此，大部分在工厂打工的农民工，并不认为他们可以毫无顾忌地浪费时间、浪费金钱。恰恰是处于物质丰裕时代的已经返乡的第一代农民工，如何安置生活成了大问题。他们不再受流水线的控制，却早就被卷入了消费社会的逻辑之中；他们名义上已经返乡，却早就告别了脸朝黄土背朝天的景象；他们身在农村，心在花花世界。而在某种意义上，赌博具有麻醉精神生活的作用，它既可以有效地填充闲暇时间，又可以时不时地刺激已经毫无人生斗志的麻木神经。

于是，一大批人寄生于赌博场中：聪明者从中牟利，普通者及时行乐，失败者或妻离子散、家破人亡。它将社会中最赤裸裸的两极分化呈现于人们面前。以至于，乡民们竟然不自知地有了一种对权势的畏惧感。那个开茶馆的大混混，只要办喜事，乡民们便争先恐后地上礼；街上给乡民们打声招呼，乡民们也会觉得很有面子。另一个逼死多条人命的大混混，人们心里虽有怨言，但从不敢招惹，就怕哪一天被他报复。就在笔者下笔的前几天，他竟然得意扬扬地到各个茶馆“宣传”中央最新精神：“像我这样的（组织‘八点场’），是要被抓起来的；（我已经不干了）你们竟然还在明目张胆地开茶馆!”看来，就乡村社会而言，聪明者终归是聪明者，至少审时度势的能力要比一般人强。

事实上，赌博已在慢慢腐蚀当地政治社会生态，一种赌徒心态在乡村社会蔓延开来。农民幻想一夜暴富，早已习惯于及时行乐，不劳而获也是普遍的意识形态。出入茶馆的那些乡民，无论其实际消费能力有多少，消费支出的标准却不能下降：烟总是要抽好的（普通人都要抽 25 元/包的，稍微讲究一点的得抽 30 元/包的）；饭也要讲究（当地流行钵子菜，在茶馆一餐不少于 6 个钵子）。当地很早就与城市“同工同价”，如多年前建筑小工即达到 120 元/天，却经常招不到工，人们普遍认为干这种活不划算、没必要，还不如到茶馆打牌挣得多。

其结果是，人们对因赌而生的丑恶现象丧失了价值评判能力。哪怕是高利贷逼死人事件，乡里人也仅仅是唏嘘一番，甚至于无聊者还拿这种事当作谈资，调侃茶馆关门歇业是全乡为其志哀。至于茶馆赌博闹出的家庭纠纷，则数不胜数，人们早就习以为常。比如，2016 年发生了一件传遍全乡的丑闻：一位在家带小孩上学的奶奶，因天天在茶馆赌博，入不敷出，不仅私吞了在外打工的儿子儿媳妇寄回来的人情钱，还不断编排各种理由索要儿子儿媳妇的血汗钱。这一年，儿子儿媳妇在家的新房落成，乔迁之喜时，竟然没有一个亲戚朋友前来道喜。事情败露，儿媳妇气得当下即把招待客人的食物倒向鱼塘，第二天即返回广东。还有不少留守家中的中年妇女，打牌之豪气远超男子。有一个女子，曾在茶馆连续奋战五天五夜，这期间连脸都没洗一回。一年以后，她欠乡里的各个茶馆七八万，自觉无法再在乡里立足，竟然抛夫弃子，跟一位同样欠了不少赌债的单身汉到广东去做同命鸳鸯去了。只不过，刚刚传回的消息是，此女到了广东仍禀性不改，不仅不做事，反而仍是非常豪爽地买码、打牌，已欠十几万赌债，害惨了一同私奔的男子。

赌博也侵蚀了基层政府和执法机关的公信力。笔者在调研该乡的赌博时，意外发现早有乡民在当地网络论坛上举报该乡甚为繁荣的赌博业。每次当地政府都认真回复，如一个回复说，派出所经过暗访，这些茶馆基本上都是休闲娱乐性质的麻将馆，并无赌博发生云云。举报者、旁观者当然不服，一大堆抨击基层政府不作为的留言接踵而至。就笔者的调研而言，基层政府的反应符合一般逻辑，却未必是全部真相。

从公安机关办案的角度说，赌博认定有两个关键要件：（1）组织者是否以营利为目的；（2）数额是否巨大。两个要件的认定都存在一定的主观性和模糊性。就乡里的几种赌博形式来看，除了

“八点场”完全符合这两个要件（甚至还因涉黑原因而远超这两个要件），以及六合彩因“地下”之原因可以认定为赌博性质外，其他形式多少都存在点争议，也易于让人钻空子。比如，超大麻将局的组织者，就主观动机而言，确定无疑就是设置赌局。但是，其使用的赌博工具（麻将）是一种常见的娱乐工具；其活动也是在茶馆这个“正规”休闲场所进行；甚而为了规避法律风险，其借再多的钱出去也不收利息；其本人是乡里最大的混混，却从不对乡里人采用涉黑手段。说白了，这个赌局在形式上和那些普遍存在的打中牌的麻将馆并无区别。

而如果按是否“抽红”这种营利方式作为定性标准，则可能殃及一大批打 5 元麻将的茶馆。从主观动机看，绝大多数参与者，甚至于包括组织者，都无心从中获取“不正当”的利润，休闲娱乐的性质要明显得多。甚至于六合彩，它虽然是“地下”形式，但参与者甚众。久而久之，制裁那些大、小码庄是可以的，但基本上不可能追究买码者。

对赌博业的治理和打击是两码事。一般而言，打击是专门机关的职能，党委政府并不参与。因此，乡间赌博业的治理主体实际上是乡镇派出所。可是，如上所言，专门机关打击农村赌博行为，存在非常大的技术困难。最直接的是，派出所并无足够的警力处理如此之多的事务。甚至于，单单“八点场”和麻将局，派出所也没有足够的警力和能力进行打击。派出所能做的是，只能对那些茶馆进行阶段性排查，并时常告诫经营者不要越界，将其控制在法律许可的范围内。从公安机关的工作出发，这种做法无可厚非。但久而久之，一些有经营头脑的茶馆老板给派出所所长送点小礼，请其在必要的时候提前打声招呼，也是常有的事。类似“微腐败”，也没有不透风的墙，更增加了乡民们对基层政府的不信任。

如欲有效治理，则必定涉及乡村政治社会生态的总体改造。甚至于赌博不是治理的主要对象，农民的闲暇方式才是治理的主要内容。笔者调查的这个乡镇，几无公共娱乐活动。一年一两次的庙会，也仅仅是高龄老人的娱乐方式，中青年并不参与。而有钱有闲的恰恰是那些中年人，以及在家带小孩的年轻妇女。尽管现代社会的私人生活已经不适合公共权力干预，但提供公共文化产品却是现代国家的基本职能。闲暇并不完全属于私人事务，而是一项公共性极强的事务。乡间这几年兴起了广场舞、腰鼓队等娱乐方式，乡镇党委政府也针对大操大办等做了些许移风易俗的工作，但从治理赌博这个社会之癌的角度看，还差太远。

赌博是社会之癌，它与乡村衰败、道德滑坡、法治不彰、权力腐败等都有密切关系。赌博业或许是很多农村地区最大的第三产业，其参与者之多、利益相关者之众、产业链之长、创造的GDP之大，都是别的产业难以望其项背的。这增加了其治理难度。安置好农民的生活，让其有更为健康的公共文化生活，才是有效打击农村赌博的治本之道。

# 外国留学生妨碍公务，不能“批评教育”了事*

2019 年 7 月 9 日，福州，一名骑着电动车的外籍男子因违规载人，在路口被交警拦下，他竟 5 次推搡交警，暴力抗法，引发现场民众愤慨。

10 日，福州公安发布情况通报：该男子是福州某大学国际留学生，警方已对其交通违法行为进行处罚，经批评教育后，其已被学院带回。

该男子的粗暴行为在网络上引发激烈批评，同时，网友还普遍质疑“批评教育”的处罚太轻。

笔者认为，执法机关应充分理解人民群众的情绪。学生身份不应是“法外开恩”的理由，外国人身份更不是护身符。在全面依法治国深入推进的今天，尤其应该维护法律的严肃性。

当然，我们也理解一线执法的复杂性，希望在此事之后，执

---

* 本文最初发表于微信公众号“侠客岛”（2019－07－11）。

法机关能在类似事件中形成统一共识，并为一线执法人员提供操作指南。

## 一、问题

这几年，尤其是“一带一路”倡议推行后，中国高校越来越受到沿线国家学生的青睐，成为重要的留学目的地。

据笔者了解，“双一流”高校建设的一项重要指标是国际化，这导致各高校对招收留学生有极强的动力。其副作用之一就是，招收的留学生质量参差不齐，再加上文化和生活习惯的差异，不少留学生成了“问题学生”。

在笔者曾经工作过的高校，有那么几年一批留学生喜欢在校园里面飙车，激起师生的强烈愤慨；还有一些留学生喜欢夜间喝酒、吵闹，学校的相关管理机构对此也甚是无奈。

高校尚且如此，其他政府部门更是如此。对外国人的管理，涉及多个部门。以留学生管理为例，涉及部门包括：党口的外事，政府口的教育、公安、卫健委（高校附属医院）等。

不出问题，各司其职。一旦出点问题，哪怕是极小的问题，也很是伤脑筋。久而久之，各管理部门对外国人的管理，其实都秉着“多一事不如少一事”的态度。

客观而言，即便是执法机关，对外国人“和稀泥”式的执法思维也是根深蒂固。笔者的学生有一次和外国人在一个酒吧发生了肢体冲突，双方都叫了人，冲突过后也互不相让——拒绝调解。

派出所对此很是为难。如果真按相关法律法规处理，涉及面实在是广，得耗费大量警力，至少调查取证等工作得禁得起重重检查，还得通知大使馆之类的。

这名学生也甚是强悍，觉得自己占理，就是不让步。最后，派出所民警竟然抓住酒吧的一些不合规之处，让酒吧老板充当了“冤大头”，酒吧家具被破坏自认倒霉不说，还给冲突双方都做了“赔偿”！

说实话，这位在福州犯事的外国留学生，完全够得上妨碍公务罪了。按照这个罪名，怎么着都得拘留，完了还要遣送出境、报列不准入境。

毕竟，一些人连在网上骂警察都被处以行政拘留，何况是现场暴力抗法，还袭警?！然而，并没有采取行政拘留之类的处罚手段！也难怪网友会感到气愤，觉得在自己的国家反而还低人一等了。

并且，外国人的“超国民待遇”还真不是一件两件。比如外国人在中国丢了东西，公安机关破案真是神速。

曾记得，一个日本游客 2012 年在武汉丢了一辆自行车，结果武汉警方连夜把自行车还给了失主。这个 VIP 待遇，让笔者这个丢了不下 6 辆自行车的武汉市民感到甚是无语。

类似“超国民待遇”，我们还可以用“礼仪之邦”之类的理由来自我解嘲。但执法机关在对待违法外国人的处理上，还真谈不上是主观上有意给予其优待，而是由较为复杂的制度约束造成的。

## 二、逻辑

那么，外国人在执法机关面前的“超国民待遇”，其逻辑是什么呢？大致而言，主要体现在如下几个方面。

一是分散管理的制度约束。如上所述，对外国人的管理确实受制于“多头管理”的困境。每个管理部门都站在自己的立场，希望在最大程度上维护自己的利益。

比如，外国留学生犯法了，一线办案的公安机关显然希望以最简单高效的方式解决问题。毕竟，根据相关法律规定，公安机关在办理涉及外国人的案件时，得通知外国人所在国家的驻中国使馆，这意味着警力耗费是必然的，而这对于警力不足的公安机关而言，实在是“得不偿失”。

对于外事部门而言，一旦惊动了使馆，也算是多了一件事，虽然谈不上会对公安机关有什么意见，但总归也不是什么好事。

二是执法能力的欠缺。客观而言，绝大多数城市面对外国人的执法，都存在能力不足的问题。

街头执法本来就有风险。街头执法空间是开放的，再加上执法力量不足，稍有不慎就有可能现场失控。很多执法人员即便对本国民众的执法也都倾向于忍让。

一些民警的潜意识里或多或少还存在“友邦来人，非官即富”的观点，认为外国人“身份特殊”，再加上基层执法民警外语未普及、沟通不畅，难免会产生执法中的畏难情绪。

三是执法注意力分配的结果。警力不足是各地公安机关的普遍现状，执法力量的配置很容易受到决策者注意力配置的影响。

比如，同样是盗窃案，外国人的自行车被盗了，就不再是小案，而是一个能够彰显公安机关国际形象、显示其办案效率的机会，当然公安机关就会投入大量警力去办案。

笔者猜测，这位在现场被推搡而未还手的交警同志，他并不一定愿意“忍辱负重”。但对于他的领导而言，此事如果认真追究，怕是会陷入无尽的麻烦之中，还不如牺牲下属的尊严，“和稀泥”算了。

## 三、对策

从公安机关办案的内部视角看，针对外国人的“和稀泥”式的执法一直都有，可以说是有根深蒂固的制度根源。

只不过，过去自媒体监督并不够发达，客观上日常生活中的“和稀泥”式的执法也有一定的合理性，也极为常见，所以都糊弄过去了。但是，今天人们的法治意识已越来越强，这种差别化的执法方式怕是很难让群众信服。

如果说，最后调查还是觉得可以这么处理，那也说出个一二三来。拿“学生”身份当作批评教育的理由，怕是于情于理于法都说不过去。

不过，无论如何，今日之执法环境已经发生了很大改变。这些年来，公安机关非常努力地在提高自己的执法水平，在文明执法、严格执法上取得了很大进步，广大人民群众是认可的，也是支持的。

应该相信，人民群众永远站在惩恶扬善的一方，是公安机关的坚强后盾。福州街头那位暴力抗法的外国人，不就被群众围住了么？公安机关怎么还没底气？

客观上，中国会进一步开放，总归很多城市都会变成国际化城市。因此，各个政府部门，尤其是执法机关，应该加强自身的执法能力。外国人身份不是护身符，应该以平常心对待。

这一点，上海警察的表现应该点赞。网络上经常出现上海警察对外国人一视同仁的执法报道。前段时间 NBA 球星哈登被上海交警处罚了，这件事获得了群众的广泛赞扬，也得到了哈登本人的认可。

当今世界，人们或许对“友好”会有不同的解释，但严格执法能够获得人们的认可，也更有利于中外民众和睦相处。

# 女教师“绝笔信”事件：一条诡异的上访之路*

“当您看到这封求助信时，我和先生已经在准备离开这个世界了。”

2019年8月初，徐州丰县周楼小学教师李秀娟的一封“绝笔信”在全网热传。信中详述了她和丈夫因女儿眼睛意外致残一年来不断上访的种种遭遇。

最新消息显示，目前夫妻二人已被找到，没有生命危险。针对信中反映的问题，当地也已启动了调查程序。

涉事地丰县也很快发出一份通报，称“李秀娟在频繁赴各级相关单位反映问题过程中存在寻衅滋事行为，当地派出所在对李秀娟传唤、审查过程中，暂未发现有对其殴打、辱骂行为”；而今晨（2019年8月6日）李老师发出的第二封声明信则称，如有一句假话，其和丈夫自愿被开除教师队伍。

---

* 本文最初发表于微信公众号“侠客岛”（2019－08－06）。

看上去，事情真在不断“反转”，更多的细节还需要事实和证据的支撑。不过，真正引人深思的是，“李秀娟们”的上访之路为何如此诡异？

还得细细说来。

## 一、信访

不妨先看看作为本次事件重心的“信访制度”的基本属性。

信访首先是一项政治制度，是各级政府密切联系人民群众的方式。从根本上说，它是由党和国家的性质决定的，其在制度设置的一开始就包含了“伸冤”的功能——当法律、行政等手段无效时，信访可作为救济制度来化解社会矛盾。

说白了，信访制度是装载社会问题的“容器”，各种疑难杂症都容易在信访中体现出来。

笔者接触过的信访案例中，就有相当部分是极其复杂的问题。这些问题也许在法律上说得清楚，在行政上也可以得到处理，却不一定符合当事人所理解的“情理”——于是乎，兜兜转转，最终都会涌入信访渠道。

而在对相关案例的处理上，各级信访部门一般会坚持依法处理，但也总会在不同程度上兼顾“情理”。甚至在有些时候，“和稀泥”成了信访处置的核心原则——“摆平就是水平”，这话在基层一点不假。

李秀娟信中所反映的问题和丰县初步调查出的结果，其实不算特别复杂。

2018 年 3 月 12 日，丰县实验小学放学时，两名学生因排队打闹无意间将校服拉链甩到了李秀娟女儿梁某的左眼上，致使其视神经损伤（据李秀娟反映是“八级伤残”）。

按照李老师的说法，一年多来，学校一直未妥善处理孩子的伤残赔偿问题，“迫使”夫妇二人走上了上访之路；而据调查通报，自 2018 年 4 月起，李秀娟先后数十次到学校和各级教育、信访部门反映问题，其中十五次越级进京上访。

截至 2019 年 7 月，经教育局财审股、实验小学会计共同审核，李秀娟为梁某治疗共计花费 3 万余元（而李秀娟初始提出赔偿 36 万元）。

尽管事发过程并未全部还原，但有几个细节倒必须画下重点：

一是教育部门、信访部门、涉事学校等相关方面在当事双方间长期担任过“中间人角色”；二是校方只能作出“调解”，不能仲裁，因而面对可能出现的“缠访”，容易出现剧情“歪曲”；三是有关方面曾多次劝告李秀娟走司法途径解决问题，一直未能成功。

多数情况下出现类似事件，人们习惯于综合采用调解、司法、信访等措施予以解决。但目前的公开信息表明，李秀娟在一头扎进“信访”前，并未采用过调解、司法方面的救济措施（据其最新声明，其曾决定走司法途径，但律师暂不起诉）。

相比于可能耗时耗力、结果不确定的漫长司法程序，信访相对之下在施压上则“经济有效”，一般对上访人也只有好处，没有坏处。

这次事件的一大转折在于，2018 年 7 月，李秀娟带女儿去北京同仁医院就医，被告知其女儿视力基本为 0，无法治愈。其间，她去国家信访局上访，被丰县一位赵姓官员截访，劝其回家。

而正是这一次上访，触动了信访制度的基本矛盾——

信访是人民群众的基本权利，这没问题。不过，《信访条例》等相关法规，在保护信访人权利的同时，也对信访行为设置了“属地管理”“逐级上访”等基本规制。道理也很简单：在实践中，如果滥用信访权利，什么事无论大小都直接进京上访，势必危及信访秩序，从而堵塞信访渠道，甚至让一些原本正常的信访诉求也难以解决。

李秀娟的“越级上访”在这个意义上不可不谓“典型”，不仅冲击了信访秩序，给地方政府造成的压力也不小。

另外，在越级上访的过程中，李老师的信访诉求也并不集中。原本是孩子视力受损、解决赔偿问题，但她在国家信访局上访时，反映的主要问题却变成了“希望社会可以关注学生在校安全”。

换句话说，在漫长的上访过程中，矛头已经变化——从具体的纠纷、赔偿，转向了抽象的、针对地方政府的“抗争”。

## 二、维稳

可能李秀娟自己都没意识到，自从她有了赴京上访和越级上访的经历后，她就已经成了当地信访维稳的“目标人物”。

就我们在各地的调研实践来看，地方政府的信访维稳主要有两个做法。

第一个做法是普遍采用“包保责任制”。对重点稳控对象，县、乡、村三级都要成立责任组，责任到人，技术到位。

这也就可以解释，为什么李秀娟从北京回到原籍后，其一举一动皆被纳入稳控视野，包括出行记录都会被“预警”；教育局和学校作为责任单位也必须派人“监控”，等等。

这样就难怪，2019 年 3 月李老师买票赴京前夕，包保责任人员立马到家“做工作”。应该说，地方政府在这个时间“做起工作”不无紧迫，毕竟两会期间赴京上访算是重大事件——在大部分地区，出现一起，全年的信访工作就白搭。

也因为赴京上访和越级上访这类“威胁”，地方政府容易成为被无限“勒索”的对象。各地为求息事宁人，往往会“花钱买平安”——给上访者报销车费是底线，还要好吃好喝招待。

而地方政府一旦给了好处，“谋利型上访者”就会日益“得寸进尺”。笔者在各地调研都能遇上些以上访为业、从地方政府那里收取好处以维持生计的“专业人士”。

像李秀娟这样，在其女进行了相应手术后，要求学校出面协调解决医药费问题并多次上访，或许谈不上“上访专业户”，但也总不免带些“偏执”。

维稳过程中，如果碰上地方政府一直无动于衷的案例，那确实要追究相关部门的不作为；但如果地方政府做了工作，只是当事人始终未“见好就收”或是客观上还需要时间（比如走法律程序），那再去苛责政府就没道理了。

第二个做法是截访。在现有的普遍实践中，一旦信访人意外赴京上访，属地政府必须在规定时间内将其劝返接回原籍。

2008 年，面对愈发严峻的赴京上访大潮，中央有关部门作出了《关于加强对在京非正常上访行为依法处理工作和完善非正常上访人员劝返接回机制的实施意见》，各级地方政府也逐渐形成了一整套的截访机制。

其核心在于“属地管理、分级负责”。为维持信访秩序，各地都有苛刻的工作要求。比如一些基层政府规定，在接到接人通知后，要立即派人在 12 小时之内带车、带人、带经费到京，将上访人及时、安全接回。

因此，地方政府一般都按照“先规范行为，后解决问题”的原则，将非正常上访人员先劝返接回当地，再对其加大教育力度。

## 三、施策

通常来讲，绝大多数信访维稳都会综合施策——软的不行，就来硬的。

李秀娟是体制内人，按常理，当地政府会有很多办法来防止其滥用上访权利，比如说用单位的纪律加以约束。

但显然，常规约束手段没起到作用，以至于李老师在 2019

年3月全国两会期间再度“疑似赴京上访”。从维稳的“潜规则”看，这个时间去北京，一旦功成，地方政府吃不了兜着走。

但从信访人的角度看，其也能给出妥善的说辞——“赴京不一定上访”。比如李秀娟的公开说法就是，要带女儿去北京的医院看病——倒也是合理的理由。

应该说，在本次事件的前期处理中，当地政府和教育部门原本没太多可指摘之处。但是，关键的地方在于，或许为了“一劳永逸”渡过危机，他们在关键时刻使出了撒手锏——行政拘留。

根据丰县官方通报，此次拘留是因为前一次传唤过程中李老师拒不配合，之后认定其为“寻衅滋事”。其客观结果，肯定给李老师造成了极大的心理震撼。不过，这个心理震撼并没有让其退缩，反而激起了其“斗志”，更有理由指摘地方政府的“错处”。因此，在“绝笔信”的诉求中，也多出一条“请求追究暴力殴打我的派出所副所长罗烈的责任，哪怕是一个道歉”。

不过，在信访实践中，这样的诉求化解起来也并不简单。官方通报写道，“在传唤、审查过程中，未发现有对其殴打、辱骂行为”。现在派出所都应该有全程录像，联合调查组也拷走了视频，相信查起来不会太困难。究竟是“暴力殴打”还是“合理范围内的人身强制措施”，可以等待联合调查组的结论。

其实，回到事件的核心问题，就是李老师的孩子视力受损是否因为同学打闹导致——毕竟中间存在一个多月的时间差，事发当时老师检查过无碍，正常上学一个多月之后才出现状况。

医学上的后果究竟是因为什么原因造成的，需要很严谨的调查结论，这本身其实完全可以借助司法手段。这也就是为什么另外两名家长说只愿意承担医药费用、不认可其他赔偿诉求的逻辑，因为必须从医学和司法上证明孩子视力受损是因为那次意外事故，才谈得上责任。如果这个核心问题解决不了，就通过多次上访给政府施加压力，有理也会变成无理。

所以，即使是在正常情况下，李老师也应该先走司法途径。如果因为赔偿满足不了就走上访之路，怕是很难有结果。毕竟，一旦上访人的诉求超出事件本身范畴，不仅对解决问题无所助益，甚至反而相距更远，这种对抗又怎能不升级？

通常来讲，把事情如“绝笔信”一样“闹大”，结果无外乎两个：一是地方政府对此将承受巨大压力；二是信访人一般会获得舆论的支持。但也存在一个风险（恰如李秀娟事件），即更多的细节将公之于众，而这些细节不一定有利于上访者。

今天，我们正面临一个复杂社会。尽管信访能够有效化解社会矛盾，但其毕竟还存在缺陷。概言之，信访是一种极其廉价有效的制度，导致其制度门槛几乎为零，因此，在日常实践中，人们普遍有“信访不信法”的倾向。

并且，信访本质上是一项政治制度，是一项政治责任。结果是，信访虽然在制度上有终结制度，但在实践中是没有终结的——只要信访人有足够的耐心，就可以和地方政府扛到底，这也就衍生出了“人民内部矛盾人民币解决”的问题。

客观上，属地政府既是信访权利的回应者，又是信访秩序的维护者，面临着两难境地。我们希望，地方政府不应受“闹大”的影响破坏信访秩序，应在积极回应上访者合理诉求的同时，促使社会矛盾合情合理合法化解。

# 超载的悲剧*

2019 年 10 月 24 日，牵动人心的无锡桥面侧翻事故出了初步调查结果。

交通运输部这么说："该桥梁体完整，未见折断，未见跨中和墩顶严重横向开裂现象，设计符合设计期相关规范要求，该事故原因初步分析为半挂牵引车严重超载导致桥梁发生侧翻。"

2012 年，哈尔滨市三环路高架桥因货车超载垮塌；2015 年，粤赣高速广东河源城南出口匝道桥垮塌；2019 年，除了无锡这个事故，江苏高邮一座水泥桥也被压垮塌……

回顾以往新闻，因为货车超载引发的事故屡见不鲜。超载因何成为城市治理的痼疾？又为什么"治超"治来治去，顶风作案仍屡禁不止？

---

* 本文最初发表于微信公众号"侠客岛"（2019－10－24）。

## 一、治超

近年来，中国的城市化进程明显加快，路桥等配套基础设施也随之大量建立起来。交通日益发达的同时，治超也成为城市治理的一道重要关卡。

就笔者的调研经验看，尽管近年来各个城市都花了大力气治超，但收效却谈不上乐观。怎么讲？治超是一个在技术层面存在诸多难题的治理领域，指望旦夕功成似乎不太靠谱。

就拿治超过程中格外倚重的检查站来说，在限高架、以车追车的老方法被淘汰后，唯一有望做到全面管控的检查站的地位骤然抬升。

但也有个问题：超载车辆惯于见缝插针，往往在晚上或者执法力量的空隙时段顶风上路。

像最近的无锡事故发生时间就在傍晚，合理的推断是：相关车辆赶在交警交班的时间节点“捡漏儿”上了高架；而一旦上路，超载车辆就算是“安全”了。

有朋友问，临时检查站不是也设立过不少吗？从执法机关的内部视角看，临时检查站的设立只能是流动性的，而如今超载车辆“过人”的情报服务，使其在相当程度上可以规避临时检查。

比如一些运输车队有自己的“呼叫系统”：执法机关的调度细节，运输企业摸得门儿清；甚至有些公司还专门派人蹲守在交警、运管的办公地点，随时监测其活动轨迹。

而随着城市建设成本越来越高，这几年，检查站这样的执法基础设施也难以得到保障——大多数城市在开展市政建设时，可能会想到为治安、消防、商业网点配齐设施，却越来越少顾及治超的需要。

近年来，高架的引桥和闸道更是成了“圈内”人尽皆知的治超盲点——这些地方的市政设施基本都是在最近十来年建设完成，“零治超设施”促使高架自然而然地成为超载车辆的聚集地。

因此，面对车辆超限超载所致的事故，除去对运管、交警部门问责，各地政府是否为执法提供了配套条件也是不容忽视的考量因素。

## 二、统筹

治超成为城市治理痼疾的另一原因在于，它是一个典型的综合性治理命题。

简单来说，治超涉及两方面的治理事务：

一是治理“超重”，主要由交通局的道路运输管理部门负责。我们都知道，每一条城市道路都有承重限度，其上也有显著标志，如果车辆的载重量超过了道路的承重量，那就不被允许上路。

二是治理“超载”，由公安交警部门负责。每辆货车都有载重量，实际载重量超过了限制载重量，就是超载。

也就是说，治超在实践中存在相当的职能交叉问题：交警和运管都可以管，但未必都管，也未必都管得过来。

交警因为可以管车，在末端执法上有优势，理论上可以随时拦车检查、查扣车辆。但对于交警而言，源头管理是极难实现的。

与此同时，运管部门的优势在于，它有源头管理的手段，比如货车需办理道路运输许可、运输和物流企业要办理营业执照。但其在末端执法上则不免陷于窘境，面对超载货车的不配合、冲卡，往往要无奈摊手。

就过往经验来看，每个城市的治超工作都需由政府统筹安排，一般会成立一个治超领导小组，由市长或主管副市长任组长，政府秘书长或副秘书长任办公室主任，运管和交警等部门是成员单位。

该小组每年部署工作计划，各部门间开展联合执法活动，由此实现执法力量的综合。

只不过，和其他领域的治理难点一样，这种运动式的治理方式对处理个别临时性或重大事务颇有成效，但对常规事务的处理却不见得有用。

无锡事故发生后，苏州、常州等地的治理车辆超限超载工作领导小组办公室相继发布《关于进一步加强超限超载查处工作的紧急通知》，进一步加大"百吨王"车辆查处力度，加强对普通公路收费站超限超载车辆查处工作等。这些都属于可以预见的措施。

但要实现真正意义上的对治超事务的统筹治理，怕是还有更多长线工作要做。

## 三、行业

要想根治超限超载，除了整合末端执法力量，更要兼顾作为源头治理本质的“行业管理”。

在货运行业，超载200%～300%甚至成了潜规则。为何？说到底还是物流行业的竞争无序。

各个城市为了便于源头管理，对物流企业基本上都有一些资质要求，比如注册资本、货车数量等。但对物流企业来说，为了最大限度压低成本，就必然不会将太多资金用于购置货车等固定资产。

再加上司机本质上是一个难以监管的“自由职业”，很难按照企业化手段管理，由此，司机以自有货车挂靠公司就成了行业中的普遍现象。

这一方面提升了行业利润的分配难度和竞争程度：物流企业为了争夺市场份额拼命降低成本，成本压力最终也只能转移给司机。另一方面，运管部门的监管难度也因之增加——毕竟相关部门很难标准化管理司机和“百吨王”。

结果是，治超治来治去，超限超载仍屡禁不止。

正是因为货运和物流行业的这些特殊性，运管等相关部门若要彻底实现治超，最好的办法就是建立全链条监管。

首先要从根本上加大源头治理。比如，针对渣土车治超，要先实现对工地的有效管理；而要对载有钢管钢卷的“百吨王”治超，前提则是对钢材市场和货场的逐一监管。

无锡翻桥事故发生后，不少企业也迅疾“自查”。比如，江苏永钢声明目前正在装货车辆需统一重新调整装货吨位；江苏徐钢则推最严“新政”：凡进厂货运车辆，如有超载，一律拒收并不予结账。

其次，过程管理水平的提升也迫在眉睫。总体上看，现在大多数城市的治超管理还是比较粗糙的，有的还停留在拦车检查的阶段。如是执法方式，难免会留下相当大的“游击空间”。

如果要解决这些问题，非得是在执法方式上“脱胎换骨”。比如，中部地区某市这些年就基本实现了对渣土车的监管，城管部门花大力气建立了大数据平台，给每一辆货车安装上 GPS，从而减少对路面执法的需求。

最后，就行业管理层面而言，其核心不在于堵，而在于疏导和调节。

本质上，超载无非出于利益，是不平等的行业利润分配所致。行业主管部门应客观核算利润分配，尤其是保障司机的合理利润，防止恶性竞争。

每一次事故都是鲜血甚至生命换来的教训。2012 年哈尔滨市三环路群力高架桥洪湖路上行匝道垮塌发生后，部分城市一改此前的“独柱墩桥梁”盛行之风，开始探求抗倾覆稳定性更高的桥梁设计方案。

类似事故也始终在警醒我们：在交通安全这一“生死系之”的命题上，所有“负重”都必须牢牢承住。

# 这年头，黑恶势力也“进化”了*

中央开展扫黑除恶专项行动以来，全国各地的成果还是相当显著的。不过，据笔者在全国各地基层的调研经历而言，黑恶势力也在不断“与时俱进”。要打赢这场长期艰苦的持久战，还得下相当一番功夫。

## 一、“转型”

比如，在对黑社会性质组织犯罪的打击方面，我国目前已有较为完善的法律依据。《刑法》第 294 条，对“组织、领导、参加黑社会性质组织罪”，就有非常详细的界定。客观讲，对黑社会性质组织犯罪打击的适用法律要求也比较高。

随着法治建设的逐步深入，黑社会性质组织自身也有越来越强的“法律意识”，其组织行为也越来越隐蔽。很多具有明显黑社会性质组织的犯罪集团，其运作方式在这几年有了很大的改

* 本文最初发表于微信公众号“侠客岛”（2019－04－11）。

变，组织方式朝两极化方向变化。

一方面，一些犯罪集团热衷于企业化运作，强化“正规化”建设，对集团成员的纪律约束有所加强。它们已经基本上不运用明显的暴力、威胁手段，人们很难辨别出其在行为特征上与一般企业的区别。

而另一方面，一部分犯罪集团，则通过弱化组织化程度，“化整为零”，从而实现法律规避。这些集团哪怕是要组织实施聚众斗殴等“低级”的犯罪行为，也是以临时雇佣的方式在社会上招募“马仔”。

我们的社会文明了，而黑社会也随之“文明”了起来。那些曾经混社会的“企业家”，现在都对打打杀杀嗤之以鼻，觉得那是“没文化”“不懂事”。

笔者就曾访谈过一位已经成功“转型”的“企业老板”。他自称“就喜欢和文化人打交道”，在讲述完年轻时的“奋斗史”后，还开玩笑称能否请笔者给他写一本书。以满头刀疤为明证的年轻时打打杀杀的日子早就过去了，“政府也不允许”；哪怕是他这样的“混混”头子，也得转型做“文明人”，否则就会被时代淘汰。

话又说回来，黑恶势力的根本倚仗，还是暴力、威胁等手段。这些老板不去做，自然有“员工”或者“伢儿”去做。一些“聪明”的领导者，一方面加强核心成员的“正规化建设”，一方面又倾向于把低级混混置于“临时工”的地位，双管齐下，降低其组织风险。

现在，就连“伢儿们”也懂得分寸了。在一次田野调查中，笔者碰到几个“管理员”收沿街摊贩的“卫生费”。这些“伢儿们”收费时也“讲规矩”：拿了摊主的小吃，还要付钱；一个摊主说当天没法交费，“伢儿们”也不着急，说“明天是截止日期，否则滚蛋”一句时，竟显得风轻云淡。

简单说来，“组织、领导、参加黑社会性质组织罪”是一项较为成熟的罪名，其认定条件也较为严格。但任何法律实践都遵循“控制辩证法”。应对治理者的决策，被治理者也学会“适者生存”。

换言之，法律要求越高、越严格，惩罚的标准越明确，打击的精准度越高，但那些有心的犯罪分子则可以将之视为一份可供操作的“避罪指南”。

比如，很多黑社会性质组织的主要经济来源是从事黄赌毒等产业。如今在很多地方，连“开赌场”都变得隐蔽了不少。小区里的会所，乡间的“茶馆”，都成了赌场的外衣。赌博方式就用普通的打麻将的形式，只不过是50元、100元一局的“大牌”而已。

一些在乡间“做局”的黑社会头目，也极会“算计”，最大限度地规避了公安机关的打击。在熟人社会中，他们以“给点面子”为由怂恿赌徒参与；收债时也犯不着鱼死网破，而是派几个“小混混”到赌徒家里“坐坐”，或者在街上碰到了“接到”县城宾馆去“玩玩”，不拿到钱就不让回家。

## 二、难题

黑恶势力如此“与时俱进”，自然给扫黑除恶专项斗争的法律实践造成不小挑战。

一方面，它加大了警力消耗。哪怕是一起案件，也得费极多的警力——要梳理犯罪集团的内部组织结构、主要经济活动、系列犯罪行为，建立完整的证据链，每个方面都要有极为专业的技术，还得附加以大量的基层基础工作。

然而，专门机关的力量又十分有限。笔者在基层公安机关调研时发现，大多数地方的破案率其实都在 20%以内。为了保障大案、要案的侦办，就得让一些普通案件延后。一些民警直白地说，连他们自己和家属的手机被盗了，够得上立案条件，都不会去立案，因为“立了案也没有警力去侦破”。

中央提出扫黑除恶专项斗争后，各级机关都成立了扫黑办，抽调专门的警力从事扫黑工作。

笔者遇过的一个市级公安机关，扫黑专班从各个县级公安机关抽调了 100 多警力，都是基层骨干。哪怕如此，也无法应对庞大的侦办工作量。这也给基层公安工作带来了压力：毕竟，每个县级公安机关也有打击任务，还不能放掉常规性的警务工作。

另一方面，很多黑社会性质组织其实已经通过“转型”变灰、变白了。因此，在相关黑恶案件中，“恶势力”要比“黑势力”多得多——它们够不上黑社会性质组织罪的要件，却又被老百姓深恶痛绝；无论其犯罪的动机、犯罪行为方式还是犯罪后果，都不亚于黑社会性质组织犯罪。

我们注意到，在最新发布的 4 个《意见》① 中，就有对于

---

① 即《关于办理恶势力刑事案件若干问题的意见》《关于办理“套路贷”刑事案件若干问题的意见》《关于办理黑恶势力刑事案件中财产处置若干问题的意见》《关于办理实施“软暴力”的刑事案件若干问题的意见》。

"恶势力"的详细界定。简单来说，"恶势力"就是那些暂时还够不上"黑社会"标准，但是"经常纠集在一起"，"在一定区域或者行业内多次实施违法犯罪活动"，"为非作恶，欺压百姓"。最后这8个字，可以看作是对"恶势力"的重要界定标准。

## 三、标准

应该说，最高人民法院、最高人民检察院、公安部、司法部这回印发的4个《意见》，回应了专门机关在扫黑除恶专项斗争中对"宽严相济"的法律需求。

一方面，"恶势力"必得等同于其他一般犯罪分子，必须严惩。事实上，更能威胁人民群众安全的可能不是黑社会性质组织，而是分布甚广、无处不在的"恶势力"。

最近几年，笔者身边就遇到过亲人遭受"恶势力"不同程度滋扰、威胁的情况，有一位几乎被逼自杀。如同4个《意见》所提及的，"恶势力"的确够不上黑社会性质组织犯罪要件，但这些犯罪分子沆瀣一气，为祸乡里，且借用熟人社会网络，更容易给群众造成恐慌，影响人们的日常生活秩序。

从源头看，此前"恶势力"之所以能横行乡里，恰恰是因为他们躲避了法律制裁——并不是公安机关不作为，而是他们钻了法律的空子。公安机关采取的措施，对这些人而言只能算是伤及皮毛而已。

一些"恶势力"，甚至还将受到专门机关的打击视为"资本”，被惩罚之后，嚣张更胜从前。毕竟，就黑恶势力的组织文化而言，“争勇斗狠”是获得群体认同的重要途径。而为了减少这种“逆向激励”，提高惩罚力度、增加犯罪成本就成了关键。我们看到，此次的《意见》中，对于认定后的“恶势力”应该采取何种惩罚措施，有非常详细的规定。

另一方面，“恶势力”不能和黑社会性质组织犯罪作完全等价的处理。此次的《关于办理恶势力刑事案件若干问题的意见》就在这个层面上，用 1 600 余字的篇幅详尽规范了“恶势力”、“恶势力犯罪集团”的认定标准；更明确的是，对首要分子、重要成员和主犯，“从重从严”，而对“仅因临时雇佣或被雇佣、利用或被利用以及受蒙蔽参与少量恶势力违法犯罪活动的，一般不应认定为恶势力成员”。

这并非“轻轻放过”。如前所述，很多“恶势力”的成员其实就是专司“争勇斗狠”的“临时工”。他们虽为“恶势力”干活，但他们的确拿的是“工钱”，并没有获得多大利益，甚至对每次集体行动的背后组织意图也不清楚。这些没有组织身份的“小混混”当然不能和首要分子混为一谈，如何规训与惩罚，需要酌情、慎重考虑。

## 四、扫灰

其实，笔者一直有一个观点：“要扫黑，先扫灰”。

法治社会的建设是一项长期任务。就目前而言，基层社会还存在大量灰色空间，充满着各种“讨价还价”的过程，黑恶势力尚有较为深厚的生存土壤。

例如，在对城中村改造的调研中，笔者曾和房地产公司的项目负责人有过深入交流。谈起“暴力拆迁”，该负责人坦言，对开发商而言，拆迁的“意外”本来就计算在成本之内；项目想要顺利实施，请一个“有实力”的拆迁公司至关重要。

在此过程中，碰到“钉子户”，“血酬定律”对拆迁方和被拆迁方都是适合的：“钉子户”当然可以通过抗拆获得额外利益，但肯定要付出“血的代价”；拆迁公司如果下决心“拔钉子”，也做好了“送几个人进去”的准备。

这么说来，在灰色利益的争夺过程中，黑恶势力有其市场空间。争勇斗狠，本来就是“议价筹码”；在“普通违法犯罪分子—恶势力—黑社会性质组织”之间，在“软暴力—暴力”之间，也存在复杂的谱系。

在此意义上，要防止黑恶势力死灰复燃，从根本上说，要挤压其生存空间，尤其是那些灰色的利益空间。同时，因为恶势力更具隐蔽性，“软暴力”在其中更易无死角切入、侵蚀社会秩序，故要在扫黑除恶专项斗争中“打早打小”，就得第一时间掐断恶势力脉搏，还社会以安全，还基层以清明。

这是一道大题，也是一道长期大题。

# 还有规则，值得敬畏*

笔者从小生活在小山村。20 世纪八九十年代，山村虽小，却活力十足，人与人之间冲突不断，却也祥和热闹。比如，东家的牛吃了西家的庄稼，西家或指桑骂槐、或上门讨说法，东家或忍气吞声、或上门道歉，都是常有的事。

小时候，笔者有一次放牛不小心，让牛把邻居家田里的青苗给吃了个光光。幼小的笔者因常见邻里纠纷，觉得此事怕是瞒不住，也不敢给两家制造矛盾，就主动跟母亲说了这事，并请求母亲主动赔偿。母亲竟然未责怪笔者一句话，二话不说就从家里装了一袋谷子到邻居家登门道歉。事后，母亲说，邻居阿婆很是客气，还表扬了笔者几句。

## 一

此事虽已过 20 多年，却仍常在笔者的脑子里回荡。想来，

---

* 本文最初发表于微信公众号“侠客岛”（2018 - 09 - 21）。

母亲、邻居阿婆，还有笔者用情至深的那头小黄牛，均可谓少年笔者的人生导师。他们教会了笔者：山村虽小，亦有社会规则。人与人之间有点磕磕碰碰在所难免，但遵守底线，相互忍让，社会就会祥和一些。

想来，今日之国人，无论是农村人，还是城里人，都应该有过笔者所经历的社会教育。尽管曾经生活过的小山村早已人去村空，但笔者深知，乡亲们在城市里生活，人生地不熟，对规则更是敬畏。

笔者这些年在各地农村调研，发现绝大多数村庄虽难有过去的热闹祥和，却仍不失力量——讲规矩、好面子，还是多数乡民的社会价值追求。

这也就可以理解，面对高铁上的“霸座男”“霸座女”，国人为何几乎同仇敌忾。或许，每个人心里都在发颤：我们共同敬畏的道德观念和规则意识，在某些人心中怎么说没就没了呢？以至于，哪怕是自己的同胞在异国他乡遭遇了不公对待，多数国人仍然不原谅其“不讲规则”的表现，将其归入“撒泼耍赖”者之列。

问题出在哪里？

## 二

社会学家滕尼斯在面对工业化社会的来临时，曾忧心于人类社会的未来：在工业社会，每个人都是一个独立的个体，人们之间机械地组合在一起，过去人们长期相处所形成的家族、村落等共同体消失了，公共规则亦随之远去，社会如何可能？

毫无疑问，当前“撒泼耍赖”者泛滥，或是与共同体解体有密切关系。

笔者相信，如果“霸座男”“霸座女”曾经生活在农村，定是受过类似笔者经历过的村庄共同体的教育；如果他们一直在城市长大，亦受过街坊邻居和单位小区的熟人社会教育。假设高铁车厢是一个熟人社会，他们不仅会当即受到严厉批评，也会因此背负“无赖”的身份符号而一辈子抬不起头来。基于这一潜在的规则约束，人们的社会行为多少都会有所收敛。

可惜，中国正在经历世所罕见的大规模的城市化进程，人们生活在一个陌生人社会里。哪怕是同一个小区，人们之间也互不相熟，亦不信任。一丁点的问题，也会带来共同体危机。

比如，笔者就有一个朋友，正烦恼于一件“小事”：他的邻居养了一只大狗，这只大狗天天趴在走廊上乘凉，见到他家的小孩就汪汪几声，每次小孩都被吓得大哭。朋友好心和狗主人商量：能否把狗拴着，或牵到房间里。狗主人回答：“我家狗狗很乖，不会伤人的。”朋友无奈，向小区物业投诉，物业工作人员上门做工作，无效。打市长热线，警察上门，仍无效。朋友的妻子实在郁闷，觉得倒霉碰到了这样的邻居，正和朋友吵着要换个小区住。

滕尼斯的忧心是有道理的。不能说国人没有道德观，亦不能说国人没有规则意识。而是说，任何社会道德和规则意识，其力量都源自共同体内部的集体意识。如果没有共同体的约束，所谓的道德和规则，就是廉价的话语而已。

事实上，共同体的消失并不是问题，很多社会学者都在呼唤“城市文明”。城市意味着什么呢？城市往往意味着巨大的人口规模、社会的异质性和高人口密度，催生了一种特殊的都市生活模式以及异于乡村的都市人格。理想的都市人格是理性：虽冷漠、疏离，却独立而相互依赖。因此，一个真正具有都市人格的市民，不一定讲面子，却一定是讲规则的。

就人格特质而言，在公共场合“撒泼耍赖”者，其实是一个未能真正完成社会化的“巨婴”。难怪有网友评论说，“霸座女”虽 32 岁了，但只是个“未成年人”：遇到一些不顺心的事，只会“我不听，我不听，我不听”，结果越是这样，越找不到台阶下。

在现代社会里，社会规则或公共道德更需要自律。可惜的是，对很多人而言，自律过于奢侈。导致的结果是，法律和执法者就被推到了前台。问题是，法律可靠吗？

## 三

笔者这几年一直在做街头问题的调查研究，时常碰到街头冲突。国人常常看见的是“城管打人”“警察打人”的镜像，笔者却常看到这些镜像的“前戏”：自称是“弱势群体”的人，面对执法者，毫无敬畏之心；一些有心人，还故意挑衅执法者。

就笔者的研究来看，一旦执法对象以“我是老百姓我怕谁”“我没偷没抢，犯什么法了”“我是弱势群体，政府得照顾我”等理由来与执法者周旋，一线执法人员多半是没辙的。要是碰到会闹的，抓到了执法者的瑕疵，多半也会得到好处的。

事情的吊诡之处就在于，这个社会里面，声音越大的，越会闹的，就越是能够以“人民的名义”发声。而我们是人民政府，人民警察、人民城管等街头执法者，哪怕面对的是破坏公共秩序的无赖泼皮，也得为这些“人民”服务。

只是，利益已然高度分化的今天，政府和执法者要“和稀泥”也越来越难了。几年前，只要有人高喊一声“警察/城管打人了”，人们多半会同情“弱者”，谴责执法者，网络舆论也会天然依靠直觉站在“弱者”一方，给执法者和执法部门施压。但这种同情如果不是建立在事实的基础上，就会经常出现舆论热点“反转”。网络舆论能逞一时口快，但破坏规则者逍遥法外或者从轻发落带来的后果只能让整个社会承担。

所以，现在很多人猛然发现，执法者长期以来的“软弱”、不敢理直气壮地执法，已经严重影响了普通人的生活。某种程度上，正是执法者对违法者、破坏规则行为的纵容，导致那些脱离了共同体束缚的“边缘人”毫无公共精神，对社会规则亦无敬畏之心，再加上利益诱惑，公共秩序的破坏就更是在所难免。就像邻居家养狗不讲公德的这种“小事”，都要警察反复上门“做工作”，陌生人社会里的公共规则怎么会在短期内建立起来呢？

所以，只要事实清楚、论据扎实，法律和规则执行者就应该强硬起来。罚一次，让破坏规则者记住教训，比背一万次的社会道德准则都要起作用。

# 如何破解“政府在做，群众在看”的现象？*

疫情期间，一位“汉骂”的武汉阿姨火了。

在流传的视频中，她没怎么动粗口，而是用了“沆瀣一气”“一丘之貉”“拾人牙慧”等一堆成语来吐槽社区工作不到位、超市推不合理的团购套餐等问题。

很巧，昨天（2020 年 2 月 23 日）下午，在武汉的笔者就去了被骂的一家中百超市探访。果然，笔者看到：有个套餐袋内，放了两桶方便面、一盒速冻汤圆，还搭了两包盐。这是干吗，泡面和汤圆为啥要用这么多盐？

全城社区封闭之下，武汉居民的生活物资保障究竟怎么样了？

* 本文最初发表于微信公众号“侠客岛”（2020－02－24）。

# 一

2020 年 2 月 16 日，湖北省人民政府发布了《关于进一步强化新冠肺炎疫情防控的通告》，要求城乡所有村组、社区、居民点实行 24 小时最严格的封闭式管理。

从这天开始，武汉市和其他各个城市居民的生活物资保障问题就成了疫情防控的重要工作内容。从目前情况来看，物资保障并不容易。

市民买菜这个问题，看似事不太大，却是一个系统工程。俗话说，“民以食为天”，居民生活保障说到底是政府的职责。

这其中，“菜篮子”市长负责制是实行已久的保障机制。此前，各地通过实施“菜篮子”工程，建立了物资供应、储备、配送等全链条闭环体系。

问题在于，平常越是有效的体系，在疫情防控期间就越可能面临巨大挑战，因为将其转换成“战时”状态的成本也是巨大的。

比如说，尽管各个城市都说生活物资储备充足，但从物资的丰富性、新鲜度来看，要说和平时一样，怕不现实。

从生产和供应环节看，各大城市为了保障城市供应，都在市郊或别的地方建立蔬菜生产基地，平时给农业生产企业一定的补贴，以备不时之需。

然而，这种物资储备的数量怕是有限的。至少，武汉市或湖北省的任何一个城市，不太可能有足够多的物资储备来应对如此之大的疫情防控需要。

这些年来，因为物流发达，全国的生活物资供应市场其实一体化了。在武汉也是，绝大多数生活物资都来自全国各地；尤其是大型超市，生鲜蔬菜几乎都是来自武汉之外的地方。

然而，这次疫情防控有一个非常突出的特征就是，各地都在通过交通管制来实现“外防输出（入）、内防扩散”的防控目标。虽说物流系统总体畅通，但效率确实大打折扣。

出城、进城都要检测，这就增加了大量的时间成本。更麻烦的是，很多地方为了防控，所有去过湖北疫区的司机，回到原地都得隔离 14 天，导致那些小物流公司根本就没办法运行——几乎没有司机愿意跑湖北。

更大的麻烦是，每个城市的物资供应其实都有“最后一公里”问题。这个问题，在城市的日常运转中，根本就没有纳入政府视野，因为这纯粹属于市场调节的问题。

哪个地方有了新小区，自然就有规模不等的大中小型超市入驻。哪怕是刚开盘的小区，有眼光的个体户也会开一些微型的生鲜超市来满足居民的需要。

而客观上，超市的布点，比方说，“1 公里”“3 公里”等生活圈的概念，肯定是综合了人口、交通、区位等因素而考虑的。而封闭式管理措施，相当于打破了日常的生活圈概念，超市的服务能力必定会受到严重影响。

一句话，“菜篮子”问题，在平时是政府职能，在“战时”更是政府天职。平时，政府做好宏观调控就行了，具体由市场调节。战时，市场失灵，政府就得发挥作用。

## 二

平心而论，武汉等城市在保障物资供应方面是花了很大精力的，现在也基本上达到了目标；但在破解物资配送“最后一公里”问题上，却始终难有根本改善。

一是效率问题。生鲜蔬菜保鲜期一般是一个星期左右；去掉路上的两三天时间，留给接收方的只有三四天时间。如果要保质保量，当然不能停留，最好是菜一到，立马就分出去。这其实要求有非常高的配送效率。

二是公平问题。一方面，捐赠物资如果没给一线，捐助方往往有意见，搞不好就是舆论事件；另一方面，即便捐助方同意给普通群众，但到底给谁，也面临问题。如果不是给一线，给哪个小区似乎都不合适。

“最后一公里”问题，政府做不好、不好做，原因何在？

最核心的原因在于，物资供应的单一性和市民需求的多元性之间存在巨大矛盾。

大型商超的服务一直是以零售作为主要经营模式的。群众逛超市，自己选择自己喜欢的商品，由此实现了供需匹配。但是，自从小区实行封闭式管理，超市停止了零售服务后，这种匹配方式就不存在了，转而实行团购。

问题就来了：一方面，市民需求如何统一？简单说来，小区居民间必须解决信息不对称的问题，且还要有组织合作能力，否则就没法“团”起来。另一方面，超市的服务能力有限，表现出来就是，只有交通比较便利的、团购量达到一定规模的，才能配送。

现如今，最大的麻烦其实不是别的，是群众本来就是分散的。在一些商品楼小区，因为有业主委员会，也有物业公司，居民之间的自助能力是比较强的，团购数量自然就比较大，大型商超也愿意配送。在这些小区，社区主要就是起协调作用。

但现实是，根据调查，武汉市还有 1/3 的老旧小区没有业委会，也没有物业，都是政府托底。这些小区的居住人口也是老年人居多，其中不少还是独居老人和低收入群体，根本就没有自助能力。

在实行封闭式管理以后，这些小区居民的生活物资，大型商超不可能配送。自然，他们的物资保障只能依靠社区居委会来解决。笔者采访过几个街道社区干部，他们都反映，当前最艰难的工作就是保障居民生活。

每天，社区干部先统计各家的需求，然后排队去大型商超买回来，再一家一家分发。这种工作看似不起眼，但工作量巨大。从物资配送的角度看，社区干部其实不怕数量大，就怕诉求太多。

比如，老旧小区的居民有不少低收入群体，都希望买到比较便宜的生活物资，但从超市买，几乎没有便宜货。有些居民，如果有买烟的需求，那也得帮忙买回来。有些老年居民，既不用手机，也没有银行卡，连现金都没有，社区也只能先垫着。

所以，社区工作者忙得团团转，差不多就是市民的“保姆”了，这是疫情中社区的真实写照。

## 三

但站在市民的立场，感受其实是分裂的。

对于一些居民而言，因为住在高档小区，有品牌物业服务，可以对接大型商超，“买菜难”对于他们其实一直不是问题，甚至，价格也不见得贵——大体上跟往年春节期间的价格持平。

但对于老旧小区的居民而言，“买菜难”是真问题。没有物业，或者说物业没能力服务，只能依靠有限的几个社区工作者，服务自然不可能好。

只不过，有一个感受也许是共同的，就是都对社区不满。高档小区的业主们，可以站在高处教训社区工作者：什么事都是业主自己干，你们到底在忙什么呢？老旧小区的居民，则也会抱怨：为人民服务，怎么不尽心尽力，总是不合我们的意？

说到底，要解决这个问题，单单靠政府和市场恐怕都不行，还得靠社会。

这次疫情防控暴露出的一大问题是，应急社会建设存在极大的短板。几乎所有城市的疫情防控工作，都存在“政府在做，群众在看”的景象。是这届群众不行吗？肯定不是。

关键在于，疫情防控组织和动员群众的环节做得还不够。我们的社区工作，长期忙于事务，平常和一个个具体的人没多少联系，关键时刻难以发挥作用。

目前，社区干部的一大部分工作还是在忙于填各种表格、应付上级检查、解决媒体反映的问题，就没有多少时间来好好组织和动员群众。

各级防疫指挥部也没有统一的志愿者招募和指挥平台，有些群众想发挥作用，往往也不得其门而入。

这就难怪，大家都有时间在网上骂战，评论政府和社区这也不对、那也不对，却没有机会去积极参与。甚至，物业、业委会和社区在同一个群里面还相互骂。

大战当前，本应和衷共济，如果只顾指着鼻子互相掐，那真是太遗憾了。

# 二

# 基层腐败，怎么治

# 警惕基层灰色利益链的形成*

## 一、灰色利益链

现代社会的一个特征是变化越来越快。社会结构及其中的利益格局的变化是这样，基层的国家权力运作也如此。总体而言，中国社会仍是明显的金字塔形或倒丁字形结构，这意味着，存在一个巨大的底层社会，缺乏中间阶层。

在这个背景下，近年来国家试图改变这一状况，鼓励市场和资本发挥作用，培育中间阶层。而恰恰在这个过程中，社会结构进一步变化，导致了基层国家权力运作上的一个变化，具有新特征的权力失控被召唤出来。

简单描述一下就是：在大量的国家资源往基层输送过程中，基层社会的资本流动越来越活跃，地方资源资本化的趋势越来越明显，

---

* 本文最初发表于微信公众号“侠客岛”（2018－02－19）。

那些或明或暗支配资源的“强人”和“狠人”获得了迅速崛起的机会，基层因此形成了一批食利阶层，并催生了灰色利益链条。

近来的基层治理失序、权力失控，主要表现在渐渐形成了庞大的“灰色社会”，其成员主要包括半正式的行政人员、赢利型的基层领导人、不法商人、“混混”等。他们既非传统的保护地方利益的精英，又非维护国家利益的体制精英，而是寻求个人利益最大化的“地方豪强”。

在地方资源资本化的过程中，“地方豪强”采取各种手段承包工程项目，积极承接国家向地方的利益输送。他们往往通过各种巧妙手段攫取公共利益，强占他人权益，隐蔽地控制地方社会。而一些享有资源和地缘优势的地方成为资本的宠儿，不法官员从中寻租。基层官员为了自身利益，也倾向于默许甚至借助“地方豪强”的力量，采用非正式的手段治理社会，为了实现政绩，甚至不惜执法犯法。

应该说，当前有一些基层官员已经异化为“厂商”性质，有强烈的逐利动机。“地方豪强”与不法官员这两个食利阶层有明显的合流趋势：或者豪强慢慢“政治化”，成为基层行政中的新代理人；或者基层官员“去政治化”，成为灰色利益链条中的一环。他们构成稳固的利益联盟，是灰色利益链条的两个主体。

比如，在房屋拆迁的过程中，催生了很多依靠巨额补偿和地租收入而不事生产的寄生群体。不能得到公正补偿的人，则不停上访，他们成为“新弱势群体”。在维稳的名义下，食利阶层为了维护自身利益，有时通过正式或非正式权力打压“新弱势群体”的利益诉求，有时容许将部分利益分配给他们，“新弱势群体”也成为灰色利益链条中的一环。

## 二、基层权力清单

基层权力本身既要在国家行政体系中安全运转，又要尽可能地创造政绩，还要满足“新食利阶层”和“新弱势群体”的利益诉求。由此，基层权力被网罗进了一个更为庞大的权力和利益相互交错的结构中，这一结构决定了基层权力出现失控现象的基本逻辑。

近年来，中央政府加大了对基层政权的监控，在一些地方行政事务上有意规避基层政权的参与，对于财政、土管、公安等重要的行政事务实行垂直管理，对于交通、医疗、教育、水利等基础设施建设资金也实行专项管理，这使基层政权失去了重要的治理资源。为了维持运作，基层政权必须花费大量的精力向上争取项目，向外招商引资，而无动力搞好群众工作，只能启用运动式的治理方式，大量采用非正式行政手段来弥补常规治理工作的不足。

与压力型体制共生的是锦标赛体制。在自上而下的考核体系中，既有严格监控基层政权行为的指标，比如维稳、计生等一票否决事项；又有鼓励基层政权发挥自主性的指标，比如 GDP。各地在确保不出现一票否决的情况下，在竞争性指标上展开竞赛，竞赛的优胜者即可在政绩考核中占优。基层官员的逐利行为并不仅仅是为了获得经济利益，更重要的是在锦标赛体制中占据主动。

在应对压力型体制和锦标赛体制的过程中，基层社会逐渐形成了一个权力的利益网络。

以基层权力为中心的利益网络，丰富了基层的权力清单。由于上级政府加大了对基层权力的监控，基层政权的正式权力有所弱化，基层直接汲取社会资源的权力也渐被剥夺。但是，大规模的财政转移支付及主动的招商引资，又强化了基层的隐性权力，它们掌握着大量的国家政策信息，还部分掌握了分配国家资源的权力，让它们拥有了“选择性政策执行”的权力，有更大的空间进行弹性行政，为基层食利阶层提供利益输送。

因此，一旦这个网络被蜕变的基层官员用于谋取私利，财政转移支付将成为主要的利益输送方，外来资本与地方资源的结合是另一个重要的利益输送渠道，而承接这些利益的往往是“灰色社会”的成员，蜕变的基层官员则成为利益输送方和利益承接者之间的“经纪人”。

蜕变的基层权力掌握了大量的权力和信息资源，是实现外来项目落户的理想中介者，也是可能的寻租者，只不过，通过与“地方豪强”的联盟，一些寻租活动变得隐蔽化。基层权力由于与“地方豪强”之间形成了灰色利益链条，就很容易在市场行为中偏向于“地方豪强”而损害普通民众的权益，“地方豪强”也情愿协助基层权力以“摆平”不稳定因素。

## 三、代理人体制

既要尽可能创造政绩，又要控制社会矛盾，不至于因维稳不力而受到问责，在新的社会结构和利益格局下，基层权力的运作也随之发生了变化。

在国家政权体系中，基层行政具有运动式治理的特征：一段时间内集中绝大部分行政力量完成某一件重要工作，其他工作则放置一边，其表现是基层权力得耗费大量的行政力量完成各种“整治”和中心工作，对一些不甚重要的（但对民众而言却有可能是必需的）行政事务应付了事。

为了安全起见，基层官员在一线行政中创造出大量的非正式行政手段，雇一些非正式工作人员辅助行政，尽量通过柔性管理的手段达到效果；一旦出现行政瑕疵，也可以找到替罪羊。历次的基层权力失控事件几乎都有类似的特征，行政过错由“临时工”担责，联防队员和城管（协管）一线执法几乎常规化。

为了弥补基层行政力量的不足，“地方豪强”被纳入基层权力的运作过程中，比如，吸纳他们成为人大代表、政协委员，支持引导他们成为自治组织的领导人。这样就可以充分利用一些“地方豪强”所具有的“强”和“狠”的特点，完成行政事务：他们所具有的经济和社会资源，有利于基层在短期内完成上级指派的刚性任务；一些“狠”的豪强，有利于有效制衡部分“新弱势群体”。

这事实上构建了一种新代理人体制。与传统的代理人体制根本不同的是，新代理人体制主要是依靠灰色利益链条连接起来的，代理人经常在基层权力和民众之间寻租，不再受意识形态、法律和地方性规范的规制，那些黑白两道通吃的“地方豪强”逐渐成为一些基层官员的宠儿。

总体上看，这种新代理人体制是短视的，是适应当前基层社会利益格局变化的产物，而非有效控制食利阶层崛起的方法。“地方豪强”和非正式行政制造了基层治理中的非正式权力。基层官员很少使用正式权力侵害民众权益，却有可能默许、怂恿非正式权力侵害民众权益。基层权力侵犯民众权益的行为，主要就是有意利用非正式行政手段却无法对其有效约束的结果。

由于这些行政技术具有普遍性，就导致某些地方在某个时刻发生严重事件，基层权力失控现象在所难免。

## 四、警惕基层权力蜕变

蜕变基层权力的短视的行政方式，进一步壮大了基层社会的食利阶层，也进一步彰显其逐利性质，它们共同导致基层社会结构的断裂，也让普通民众和一些真正的弱势群体权益受损，激起了社会矛盾。而为了维稳，某些基层官员又进一步依赖于代理人及非正式行政手段控制基层，最终使得基层权力失控，基层陷入了一个怪圈：短视的基层行政方式→基层社会食利阶层壮大→基层社会矛盾加剧→进一步采用短视的基层行政方式。

由于基层权力伤害普通民众权益的恶性事件经常发生，官民对立情绪难以化解，这反过来强化了压力型体制。

一旦维稳成为一票否决的考核事项，基层权力就得想尽办法延缓社会矛盾的爆发，却因此进一步固化了基层权力的利益网络，加剧了社会结构的紧张。这意味着，基层食利阶层更难受到控制，普通民众的权益更容易受到侵害。

总而言之，灰色利益链条的存在，表明近些年来一些基层权力的基础在发生微妙的变化，一些基层官员发生蜕变，部分基层权力不再依靠强有力的国家正式权力以及大多数群众的支持，而是依靠非正式权力及少数“地方豪强”的辅助。隐性权力越是壮大，正式权力愈是无法发挥有效作用。这一行政方式，将不可避免地损害权力的合法性，必须引起我们足够的警惕。

# 如何破解砂石盗采的灰色利益链？*

2018年11月，央视记者暗访“河南平顶山鲁山县非法采砂”一事，再度将近年来屡禁不绝的非法采砂问题带入公众视野。

记者走访的系列遭遇让人震惊：面对大规模的夜间非法采砂现象，当地执法人员视而不见，并以“平整河床”强行回应；监控拍摄到货车运砂，河务局值班记录却显示空白；更有甚者，拨通举报电话，等来的回复竟来自砂场老板本人。

事发后，平顶山市纪委监委进驻鲁山县，对8个标段的违法采砂问题从招投标开始调查。截至本文成文，已对负有责任的5名县级干部完善执纪问责相关文书，对负有主体责任的河务、环保、林业和国土等多个部门的28名公职人员启动问责程序，留置1人，2人主动到公安机关说明问题。

唏嘘之余，不免使人想问：类似砂石盗采问题为何在基层一

---

* 本文最初发表于微信公众号“侠客岛”（2018-11-14）。

再出现？

## 一、砂石盗采

砂石盗采，来龙去脉若何？

首先，砂石是最基本的建筑材料。得益于近些年房地产市场的迅猛发展和各项基础设施建设的全面展开，砂石价格不断上涨。且在相当意义上，砂石开采属劳动密集型产业，主要成本是用工成本，因而尽管市场中建筑材料的价格有升有降，砂石行当利润在总体上却有稳定保障。

不过，这一看似简单的产业，真正要操作起来却并不容易。具体而言，砂石从开采到运输再到建筑工地，是一条极长的产业链，涉及几个关键环节的配合。

仅是开采环节，即需要有国土部门的采矿权、环保部门的环境影响评价、安监部门的安全生产许可、市场监督部门的行政许可。如果涉及建设用地和农用地，还要办理其他相关手续。

而运输环节，则牵涉城市管理和交通部门有关大货车的道路运输管理规定。此外，要真正进入施工现场，还需要与相关的建设企业建立稳定的合作关系。可以这么说，如果真正依法依规，一个合法的采石或采砂场是不容易办起来的。

在某个地域范围内，真正符合相关部门规定的砂石场其实不多；而建筑方却往往希望就地取材，以在最大程度上节省成本。由此，就市场供求关系而言，砂石市场的供不应求就“自然而然”地成为常见现象。

而此后出现的一个更为普遍的现象便是：哪个地方在搞大开发，附近就会同步出现非法采砂。

在环保意识逐渐增强的今天，绝大多数地方政府和老百姓是不支持这一产业的存在的。

以笔者调研过的一个南方农村采石场为例，该采石场地处村镇公路一侧，每次“放炮”都让人胆战心惊，人命事故亦有多起。更激起民愤的是，通村公路每每修好，不到两年就被运石货车压得“体无完肤”。直到近来的扫黑除恶专项斗争，幕后老板被捕，事情才算了结。

## 二、灰色利益

单纯的不法分子肆意妄为已不能概括频频勾连成“普遍”的“个案”。砂石盗采不断，在本质上更是“灰色利益”对“基层治理能力”的挑战。

基层社会的小砂石场，如果只是单纯的“个体户”，如自己买一台旧机器在河道上抽沙、用自己的小货车运输，主要满足当地老百姓自建房、修小道等需求，倒也可在一定程度上获得理解。

而一旦地方上有较大的基础设施项目，一些嗅觉灵敏的利益群体就会想尽办法扩大规模，甚至通过多种办法形成利益联盟——基层灰色利益链条便由此成形。

一个“理想型”的大规模砂石盗采场，最好有如下几种类型的合伙人：

1. 合法商人。这一部分人有管理经验和市场渠道，是利润的可靠保证。

2. 地方团伙。这一势力本身就有动力介入以便分得一杯羹。更重要的是，砂石盗采要排除各种干扰，少不得他们的“保护”。

3. 村干部。欲从村集体或农民手中获取经营权，且减少群众上访，少不得村干部的协调。

如此“若隐若现”的基层灰色利益链如何化“非法”于无形？真正的问题存在于两点：

一是“灰色利益链”有延伸到执法部门内部的可能。绝大多数行政执法队伍都有大量的协管人员。一个有心机的利益团伙要获取“内线”，某种程度上可谓易如反掌。

二是日常监管易失效。砂石盗采的监管牵涉多个部门，一旦内部体制不顺，日常监管自然无力拆招。

比如说属地管理。客观上，乡镇政府作为属地管理单位，在日常监管上具有优势。但与此同时，其又受制于基层社会的“熟人社会”性质，以及乡镇政府执法权的缺失。

笔者调研时就遇过这样一个案例：某乡镇干部半夜接到举报，连夜赶到盗采现场，把盗采者抓了个正着，然而盗采者人多势众，竟然对乡镇干部理都不理，直接开着大货车扬长而去，只留一脸无奈和愕然的乡镇干部在现场。

再说部门执法，砂石盗采涉及国土、安监、农业、水务、交管等多部门执法，尤其需要公安机关的执法保障。但现实是，绝大多数地方的部门执法有分裂态势，联合执法往往反应迟钝，而单部门执法力度又几乎无效。监管效力低下，也就见怪不怪。

## 三、解决之道

在如是的“灰色空间”里，事情的吊诡处往往在于：越是遵纪守法或只敢稍做越轨行为的人，越不懂其中奥妙；而违法越多、和执法部门打交道越多，就越是清楚基层行政的软肋所在。

换言之，基层行政力量的增加，并不必然带来违法行为的减少；恰恰相反，基层监管力量投入得越多，违法活动就越是可能猖獗，而违法活动的猖獗反过来又迫使基层政府增强监管力量。由此，基层行政陷入了“内卷化”的恶性循环之中。

笔者调查鲁山县的相关报道线索，发现鲁山县砂石盗采治理的相关部门、河务管理局等在过去两年是做了一些工作的，如组织了多次联合执法活动、加强日常监管、安装摄像头……只是，只要基层行政缝隙仍然存在，这些做法便只能起一时的作用，并无可能治本。

简单说来，砂石盗采一旦建立起庞大的灰色利益链，就已经演变成了一个综合性的社会治理问题，单个部门的专业性监管并不能奏效。要想解决，根本上还是要从理顺基层治理机制入手，有针对性地清理灰色利益的滋生土壤。

这方面，笔者曾经实地调研的北京市某区经验就很值得借鉴。该区区委、区政府总结过去多年砂石盗采的治理经验教训，构建了一套行之有效的治理机制：

一是建立问题清单。相关部门做了大量调查取证工作，建立了全区所有砂石盗采点的台账。

二是建立权责清单。所谓“街乡吹哨、部门报到”，即赋予乡镇政府执法召集权，一旦发现问题，有权按照权责清单召集相关执法部门联合执法。

三是建立执法效果清单。乡镇一旦确定联合执法，即向县政府汇报，各部门在半小时内到达砂石盗采现场联合执法。事后，牵头部门对执法情况进行处理，相关部门亦于一周内获知自己的履职情况。

效果立竿见影：仅仅是2017年年初的几个月间，全区的砂石盗采问题即被有效治理。到笔者调研时，再无一起发生。

其实，10月24日，鲁山县政府已经发布了《关于对县域内砂石资源实行全面禁采的通告》，先于央视报道几天。这说明，地方党委政府已下定决心彻底清除砂石盗采这一灰色利益空间，包括结合正在推动的扫黑除恶专项斗争来实现这一目标。

殷鉴不远。11月12日，鲁山县的上级，也就是平顶山市委，刚刚召开了市委专题学习会。学什么？学习中办对秦岭别墅拆除事件的通报。该市市委书记专门提到：

“当前我们正在彻底整治鲁山河道采砂问题，中央的通报给我们上了一堂严肃深刻的政治、思想、责任、作风、纪律的教育课。我们要深刻认识到，这不仅仅是环境保护问题，更是严肃的政治问题，必须把全面加强党的政治建设摆在首位，把讲政治作为各项工作的生命线，始终同以习近平同志为核心的党中央保持高度一致。”

“不仅仅是环境保护问题，更是严肃的政治问题”，这个定位很准了。更重要的是举一反三——说到底，真正的解决之道在于，通过问题治理来完善基层治理机制，提升基层治理能力，也就是只有把基层行政的缝隙补上，灰色才真正有被祛除的可能。

办法总比问题多。笔者在调研中听到基层干部一句颇具意味的话：基层只考虑机制的问题，不考虑体制的问题。的确，有作为的基层政府、基层干部，不应把基层问题简单推给“体制”，坐等上级用体制改革来“消除”问题；而应发挥主观能动性，在不改变体制的情况下，通过机制创新切实“解决”问题。

这正是“顶层设计”不可或缺的“基层探索”配方。

# 塌方式“微腐败”如何产生？*

基层执法人员为不法分子充当“保护伞”，搞钱权交易，相信大家都听过、见过。不过，你们听说过一起事件“撂倒”122名公职人员吗？

黑龙江哈尔滨就发生了这么一起事件。在哈尔滨，大货车给人的印象常是肆无忌惮地疯狂违章——超载、超速、超限、闯红灯，甚至造成交通事故致行人死亡。而这些“疯狂大货车”之所以如此肆无忌惮，就是因为有基层执法人员做“保护伞”。

哈尔滨纪委、监委发布的通报中，就公布了122名充当“保护伞”的领导干部、公职人员的查处情况。

从已有信息来看，绝大多数涉案人员的涉案金额并不多，每次受贿一般为500～1 000元不等，是典型的“微腐败”。与那些典型的“巨贪”相比，“微腐败”更难查处。

---

* 本文最初发表于微信公众号“侠客岛”（2018－07－02）。

在从严治党和反腐败已经形成高压态势的情况下，仍然发生如此大规模的腐败现象，一方面说明反腐败斗争永远在路上，另一方面也说明，与那些典型的“巨贪”相比，“微腐败”可能更为复杂、更难查处。

为什么会产生“微腐败”？如何透视和遏制这种现象？笔者对此做过长期调研，发现“微腐败”有其独特的发生机制，亟须引起重视。以下是笔者的专文分析。

## 一、特点

从特征上来说，“微腐败”一般发生在群众身边，与日常生活密切相关，涉案金额少，具有一定的隐蔽性。也正是因为如此，其常常表现为不合理、不合法的行为，介于非法与违法之间。

总的来看，大致有三个特点：

（1）灰色利益大量存在。一般来说，基层社会存在大量灰色利益。之所以说是灰色，是因为尽管某些行为受到法律的明令禁止，但因为它们更加符合民众普遍认可的情理，所以它们常常在事实上获得法律的豁免。比如，街头的摊贩、“黑车”、小广告等，虽然违反相关法规，但是因为涉及一些人的生计和生活方便，还是广泛存在。

（2）执法力量严重不足。一线执法力量不足是基层治理的普遍状况，无论是公安部门，还是城管、环保、文化等行政执法部门，莫不如此。这就形成了一种现象：灰色利益广泛存在，违法违规现象甚为普遍，但街头执法力量却几乎不可能完全控制灰色领域。这也反过来为灰色领域制造了生存空间。

（3）大量启用自由裁量权和半正式行政手段。灰色领域的违法行为在情节认定、处罚力度等方面，都要依靠一线执法人员的主观经验判断，存在较大的自由裁量空间；并且，因为执法人员不够，这些领域需要聘用大量辅助人员。由此导致的结果是，街头执法过程很难受到有效规制。

## 二、发展

从调研来看，“疯狂大货车”这一领域，就是典型的牵扯大量灰色利益的例子。

首先，从这个行业看，其主要利润来源于超载。说白了，在当前的行业生态下，货车司机如果完全按照相关法规行事，几乎是不可能获得合理利润的。

以渣土运输为例，相关部门为了加强对这一行业的管理，不仅对渣土车辆、司机设有严格的标准，对其运输时间、路线也有严格规定。然而，在绝大多数运输公司都达不到标准的情况下，交警也就只能默认超载、超速、不按规定时间和路线行驶等现象的存在。某种程度上，对于大多数从业人员而言，交警罚款是其合理“成本”。能够躲过处罚，或者说少罚一点，就是赚了。

其次，就交警执法而言，尽管经过多年的正规化建设，极大地压缩了执法不规范的行为，但是，街头执法仍大量依赖于自由裁量权和协警。尤其是对普遍存在违法违规行为的“疯狂大货车”而言，交警执法力量更是显得严重不足。

笔者在实地调研时发现：一方面，有一些利益群体的确会通过各种手段（包括寻找内线）获得执法信息，从而躲避打击；另一方面，交警（包括城管等相关执法人员）也普遍面临抗法风险，因严格执法而被当场拖拽、集体围攻以及事后报复的现象并不鲜见。

久而久之，在“疯狂大货车”的执法过程中，交警和司机之间很容易形成默契——这种默契并不一定以“微腐败”的形式出现，而是以“相互妥协、各让一步”的方式呈现，如：交警可以在自由裁量权的范围内，对于违法司机给予最低处罚；对于已经处罚过的司机，如再次抓到，可以酌情处理。

客观而言，灰色领域的存在有其必然性。随着社会转型的加快，政府很难对那些新出现的领域及时规制，容易为一些利益群体“钻空子”。不过，我们需要警惕的是：基层治理本身具有多任务性，也有多重目标，需要协调各方面的利益。为了提高治理绩效，政府也会主动创造灰色领域。

比如，各个城市的重点市政工程，一般都需要赶工期，这就很容易造成噪声、渣土处理不当等违规违法现象，涉及环保、城建、城管等各个部门。然而，在具体执法中，相关部门为照顾重点工程，网开一面也是常有之事。

## 三、环节

简言之，在一个常态社会，尤其是处于剧烈变迁中的基层社会，灰色领域是很难清除的；而灰色领域的存在，也为“微腐败”提供了社会基础。但是，需要明确的是，灰色领域并不必然带来“微腐败”；其发生，还需建立在公权力与私人利益的交换条件——灰色利益链条上。

具体说来，灰色利益链条建构有几个环节：

（1）灰色利益的组织。从事实上来说，灰色利益领域是一个高度竞争、极易形成垄断的领域。比如土石方工程和渣土运输，由于管理难度大，且牵扯到的利益群体较多，很容易为团伙介入。从管理有效的角度说，开发商、承建商乃至于正规的运输公司和司机，并不一定完全排斥灰色利益群体的介入，因为一旦灰色利益被组织起来，甚至形成垄断，就会形成相对稳定的分配秩序。

（2）灰色利益的经营。虽然灰色领域的从业者组织起来后，可以形成相对稳定的内部秩序，但是如需获得稳定的利益来源，还需建立稳定的外部经营环境。

如上文所述，灰色领域的存在有客观条件，执法部门在实际执法过程中也并非以完全清除灰色利益为目标。因此，一个“聪明”的经营者，并不一定要以建立“保护伞”的形式来垄断利益；只要充分了解政策，合理分析执法逻辑，尽可能掌握执法信息，即可经营好灰色利益。事实上，大量的灰色利益并不需要侵蚀公权力，而是以“合情合理不合法”的形式存在的。

（3）灰色利益的交换。事实上，这并不容易，尤其是有组织的交换，其技术要求极高。首先，灰色利益的组织者必须保证内部秩序稳定，否则就不可能集体行动；其次，执法部门内部亦需形成一个暂时的利益联盟，这需要多方面的条件，哪怕是有一个关键人物不愿意，联盟就可能解体；再次，利益输送需要有合适的中介，既为经营者信任，亦可部分代理公权。

（4）灰色利益的潜规则化。通常而言，为那些“合情合理不合法”的灰色利益提供空间，可谓基层社会中广受认可的潜规则；但是，建立灰色利益输送的潜规则，则需要一系列的举措。惯用的办法是，将社会中广受认可的情理和“政治正确”话语相结合。

在哈尔滨交警系统性腐败案件中，显然形成了一个完整的灰色利益链，以至于形成了一种“微腐败”的亚文化。其表现是，灰色利益链条中的所有人员都将“微腐败”行为视作一种合理现象。公职人员将微小的受贿行为视为一种“合情合理”的潜规则。

比如，涉案交警大队副大队长以保护“重点工程”的名义，合理化要求下属对有关大货车放行；而执勤民警，一方面是在执行上级指令，另一方面也将灰色利益正常化，很容易将小型受贿当作对“疯狂大货车”的“照顾”。货车司机则根据“行业规则”，通过成本收益计算，将行贿视作一种“合算”的行为。

## 四、治理

在所有的系统性、“塌方式”的腐败案件中，几乎都存在一种广受认可的、将腐败行为合理化的亚文化。哈尔滨交警腐败案件的启示意义在于，“微腐败”亚文化有更为深厚的社会基础，查处也更为困难。

有效治理“微腐败”，其根本在于极大压缩灰色利益空间，包括社会法治化、行业规范化、基层治理现代化等，但做到这一点需要较长时间。最直接的办法是要斩断灰色利益链条，而斩断这一链条的最关键的有效措施是规范公权力。

就笔者的调研看，街头执法的规范化程度已经越来越高。严格执行相关规定，系统性“微腐败”几乎是不可能产生的。哈尔滨市交警大队之所以出现系统性腐败，既是因为一线执法的自由裁量权未受到有效约束，从而为一线民警的“微腐败”行为提供了空间；同时也源于一线民警明显受到腐败亚文化的影响。

但更根本的还在于，执法规范未严格遵守，级别较高的民警滥用职权，随意行使自由裁量权，改变外勤民警的处置意见，违规进入执法系统，从而进一步扩大了“微腐败”的影响范围。

不可否认，基层“微腐败”的成因较为复杂，更与当下中国处于社会转型期的国情分不开。不过，调研也显示，要想从源头上遏制和约束“微腐败”，也并非不可能。如何在短期和长期的发展间求得平衡，如何从制度上斩断灰色利益链条，需要每一个环节的执政决心和意志。

# 如何破解“一换就乱”顽疾？*

2018 年，不少地方基层进行了换届选举。

选举，是中国乡村民主生活的主要形式之一。不过，或多或少地，大家也听说过村级选举中的乱象，比如“贿选”等。笔者在长期基层调研中见过不少这样“一选就乱”的现象，就连很多基层党委政府都如临大敌，生怕出事。

按说，“选贤任能”，是中国从古至今政治传统中非常重要的一环，也是政治制度孜孜以求的目标之一。但是，为什么在现代社会的条件下，“选好人”依然困难？甚至于，一些基层干部会觉得，只要选举不出事就万事大吉，根本不论选出来的是什么样的干部？

这是非常值得关注的现象。

---

* 本文最初发表于微信公众号“侠客岛”（2018－10－19）。

## 一、乱象

选举乱象，最典型、最为民众熟知也痛恨的，恐怕非“贿选”莫属。

就笔者长期调研经验看，但凡有利益聚集的村庄，选举时都难逃“贿选”的诱惑与魔咒。毕竟，在很多经济发达的农村，“村干部”这一身份本身就意味着市场机会，是“有产者”利益争夺的空间；哪怕是普通村庄，由于掌握上级惠农政策的知情权以及部分集体经济分配权，“村干部”也一直被视为“不错”的职业。

因此，“贿选”这一毒瘤，有从东部经济发达地区向中西部农村扩散的趋势。只不过，在经济较为落后的地区，其形式多在人情往来的掩盖下出现，如以办喜事的形式公开“搭长棚”请村民吃饭，借走亲访友之名变相送礼吃请，等等。

在一些地方，“贿选”的程度令人瞠目结舌。在媒体报道和公开通报的案例中，一个村庄动用高达千万元金额“贿选”，大家可能见过。但在最近的调研中，笔者发现，居然有的村竞选双方还组建了自己的“参谋集团”，精确计算己方和对方的票数。

这就很耐人寻味了。不仅如此，在很多地方，“贿选”已经在候选人和村民之间形成了某种“高度默契”。简单来说，就是在候选人看来，如果选前不“走动走动”“意思意思”，便很难表达自己的参选意愿；在村民看来，选举阶段也是村干部和群众走得最近的一次。

令人惊叹的是，一些地方由于对“贿选”习以为常，还形成了某种高度“市场化”的约定俗成。村民为了不得罪人，不论是哪位候选人的贿金，都照收不误。但选举结果出来后，不论哪方落选，村民都会将贿金如数还给落败方——看上去非常具有“契约精神”：都没选上，怎么好意思还拿对方的好处呢？

而对于那些没有像上述这样形成约定俗成规则的地方来说，候选人一旦落选，便意味着巨大的损失——不仅没选上，钱还花出去不少。因此，接下来常见的现象则是落选的一方心有不甘，不停举报胜选方“贿选”，虽然他们自己也不干净。

## 二、隐患

基层选举乱象虽然以“贿选”为主要表现形式，但其实并不局限于此。真正的问题在于，“异化”了的选举，本身在撕裂村庄并埋下治理隐患。

在目前通行的海选制度设计下，候选人会铆足了劲儿“组团竞争”（拉帮结派，共享票源）。那些没有组团的个人候选者，则相当于被剥夺了竞争的机会。显而易见，这种做法不仅增强了选举的激烈程度，客观上也制造了村庄的政治派系。其结果就是，无论哪个派系竞选成功，日后的施政过程都不会一帆风顺。

于是，很多村就形成了这样一种恶性循环：村干部刚当选的半年到一年时间，忙于权力交接、应付败选方的上访举报；一年半载后，好不容易摆平各种关系，却又面临“反对派”的不合作；双方纠缠一段时间后，差不多就该准备下一轮选举了。

在调研中，笔者发现，村干部更替频繁的村庄，往往也是所谓的“问题村”“乱村”。一些本来治理不错的“好村”，也常因村庄选举中的派系竞争而变“烂”。

比如，华北某县组织部门提供的数据显示，该县大概15%的村是“软弱涣散村”，1/3的村的村级组织“存在各种问题”，真正的“好村”占比还不到10%。根据摸底，当地2018年下半年的换届选举，几乎有1/3的村庄选举会“出事”！为此，该县委组织部和乡镇党委政府都甚是烦恼，提前半年就在做各种预案。

怎么办？人们往往把矛头指向“村干部任期太短”这一制度设计，认为这是弊病之源。这有一定的道理，但不是问题的全部根源。真正的问题在于，某种程度上，村庄选举制度本身缺乏村庄整合的制度设计。只要选举乱象不除，村庄治理就不可能理顺。

## 三、治理

需要明确的是，选举乱象只是刺激了村庄治理的溃败。把村庄治理乱象归咎于此，并不公道。

早在村民自治制度实施以前，各地就多多少少存在各种“问题村”了。尤其是20世纪90年代，一些地区的干部普遍霸道，甚至出现了“恶人治村”的现象。但是，这些村干部并不是村民选举上去的。1998 年《村民委员会组织法》出台后的一些年，村庄治理也未因选举而受到多大影响。

从全国的情况看，选举乱象以及伴随而来的村级治理问题，也就是十年前的事。个中缘由，恐怕要归咎于以下几点：

首先，当村干部有了动力。最近十余年来，村干部的待遇得到了保障，“资源下乡”亦成一股洪流。随着国家加快农村建设，留在农村的能人、富人，瞅准了当村干部可以带来更多的市场机会，包括拓展人脉、承包工程、代理公共服务等。这使当村干部变成了一件既有面子又有实惠的好事。

其次，村庄共同体解体在加剧。进入 21 世纪以后，由于人口外流，现代性进村加速原子化，伴随各项拆迁等事务，农村以史无前例的速度解体。与此同时，村民相互之间的联系纽带越来越弱，亦无对未来的长远期待，其社会行为就容易表现出极强的功利性，村庄整合由此变得艰难。

我们看到，很多地区竞选双方做出一些不当行为——诸如写大字报、互相诬告陷害等有悖底线的事——就是上述趋势的典型表现之一。因选举亲人反目、友变敌的事，也不在少数。可见，以“竞争”和“制造分类”为主要特征的选举，某种程度上也加剧了传统村庄共同体的解体，将人性中的恶劣面刺激出来，却未能予以有效制约。

再次，“激进民主观”的影响。实事求是地讲，目前恐怕还找不到一种比村民自治制度更合适的村庄治理制度。但是，村民自治有很多种实现形式，并不一定要经过自下而上的选举，尤其不一定非要通过海选制度来实现。

要知道，《村民委员会组织法》颁布20年来，其基本导向是不断扩大村民民主权利，为此甚至有意无意地忽视了村庄治理的有效性。在“激进民主观”的主导下，党领导下的群众路线是否有效、是否与基层政权有效衔接，也被置之一旁，“唯民主论”了。甚至，在相当长的时期内，理论界和实践界还在争论“两委关系”问题，即争论在村级治理中到底是支部书记还是村主任应该是“一把手”。其结果是，组织部门通过鼓励村支书和主任“一肩挑”、村两委委员交叉任职等制度设计，来加强党的领导。

由此，受制于选举制度和“唯选举论”，本来应当作为村级治理重要整合力量的基层党委政府无法有效发挥作用。在调研中，笔者发现，基层党委政府面对村支书和主任互不买账的局面时，几乎无计可施，很难通过类似于过去“整队”的办法来整合村庄，除非村干部违纪违法。

那么，究竟有没有比较好的途径解决这一问题呢？

从调研经验看，其实最关键的还是加强党的领导。村组织换届选举，说到底是选优配强村级带头人队伍的工作。关键是：在村级换届选举工作中，如何实现党的领导？

在我们看来，村民自治制度的背景下，必须坚持三大原则：

(1) 依法。党的领导不能违背《村民委员会组织法》。相反，它应该成为《村民委员会组织法》有效实施的保障。笔者在华北某县调研时发现，当地的“贿选”早已公开化、白热化，如在选举期间候选人公开“搭长棚”请客吃饭，村民要足足吃一个月！但是，当地相关部门从未处理过“贿选”问题。究其原因，是“贿选”在法律上很难认定，且具有隐蔽性——贿选者正是钻了这方面法律的空子。而在另一些地方，正是上级党组织介入选举后，根据当地实情使“贿选”的认定标准可操作化、可量化，才真正遏制了这一不良风气。

(2) 组织工作。有了选举并不意味着有了一切，“选举”并不必然导致“善治”。说到底，组织工作是关乎人的工作，党组织不仅要善于发现合适的人选，还要让其有正确的责任意识。成功的组织工作，组织的意图和群众的意愿之间必定是高度契合的。组织不干预选举，但并不意味着组织不应该有意图。“选举”是形式，“选贤任能”才是真正应当在基层治理中达到的目标。

过去一些年，人们对组织工作存在误解，认为党委政府介入选举违背了依法原则。事实上，上级党组织做好候选人的思想工作，做好群众工作，在此前提下，让群众根据自己的意愿选出自己的带头人，恰恰是高质量地实现群众民主权利的表现。群众路线是一种“逆向民主参与”，组织工作恰恰可以有效衔接群众路线与选举制度。

(3) 党建。在大多数地区，党组织换届按照“两推一选”的办法进行：既要征求群众意见，又要结合上级党组织的意图。并且，上级党组织可以在支委中指定支部书记。因此，基层党委政府对村党支部的领导是没有多大问题的。

然而，基层党支部在村庄治理中难以发挥“战斗堡垒”作用，却是存在多年的现实问题。其主要原因就在于，在很多时候，村党支部及其带头人很难团结村民，尤其是在村主任较为强势的情况下，村党支部甚至可能被“架空”。

十八大以来，各地都明确了村党支部在村两委中的领导地位，并通过切实措施强化村支书的领导地位。比如，乡镇党委政府布置工作一般只通知村支书，再由村支书召集村“两委”委员商量。又如，将“四议两公开”写入《村民委员会组织法》，所有重大村务决策均需村党支部会提议、村“两委”会商议、党员大会审议、村民代表会议或村民会议决议——这在事实上明确了村党支部的领导地位。

但仅有制度还不够，关键还是做人的实际工作。村级组织的战斗力，村级治理的有效性，都离不开基层党委政府耐心细致的农村工作。当前比较麻烦的是，很多地方的基层党委政府的工作重心并不在农村，并不了解农村情况。一些乡镇领导只认识村支书，连村主任都认不全。当基层党委政府不了解村庄实情时，也就谈不上做组织工作和党建工作了。

故而，治理不佳表现在选举乱象，根子却在基层党委政府。笔者在此假设：当乡镇党委政府的主要领导都熟悉各村的所有干部及其后备人选，知道他们的家庭情况、生计来源、思想状况时，各级党委政府恐怕就不会为“一选就乱”的问题烦恼了。

# 操场埋尸 16 年，谁在合谋？*

光天化日，朗朗乾坤，恐怕就连最富有想象力的人，面对湖南怀化“操场埋尸案”这样的新闻，也会慨叹一句：竟有如此恶劣之事！

是的，在一座中学的操场跑道下，挖出 16 年前遇害的尸骸，这样的事，无论如何都显得魔幻了些。

## 一、白骨

按照当地官方通报，这起案件是 2019 年 4 月扫黑除恶专项斗争中发现的线索。嫌疑人杜某涉黑涉恶团伙被打掉，之后其供认，2003 年 1 月将邓某杀害，埋尸于新晃某中学操场内。

警方按照他的供述将跑道挖开，果然发现了尸骸，现在正进行 DNA 比对——16 年过去，这已经是一起“白骨案”。

---

* 本文最初发表于微信公众号“侠客岛”（2019－06－22）。

除了杀人案件本身的恶劣性质，此案吸引关注之处还在于，它属于典型的“善恶分明”范畴——

根据媒体和受害人家属的信息披露，疑似受害人（因为目前DNA比对还在进行当中）邓世平生前为该校教师，因负责学校工程质量管理工作，与该校时任校长黄炳松的外甥、承包学校跑道工程的杜少平发生冲突，认为工程出现偷工减料、虚报工程款等问题，拒绝签字且提出异议，最终于2003年1月22日失联。

一个正直的人，因为与自己的上司及其利益相关的亲属发生冲突，这原本没什么。发生冲突之后，涉黑涉恶的校长亲属居然涉嫌将其杀害，已经够残忍了；杀人藏尸、掩盖痕迹、阻挠受害人家属调查，这一系列的恶劣行径，居然和那具尸骸一样，被掩盖了16年！

这才是最匪夷所思的地方。

也难怪这所学校的学生在网站上发帖，说当年每天上学跑步经过那片跑道，现在想来都“后背发冷”“毛骨悚然”。

## 二、灰化

说起来，杀人案嫌疑人杜少平，属于笔者此前在《县域黑社会的生存之道》中分析过的、典型“地方权力精英网络”中的那一类涉黑涉恶分子。

首先，他们的集团生存底色是“灰色”的，混杂了“白”和“黑”。

“白”的就是可以明面上看到的。比如，此案中，按疑似受害人邓世平家属的说法，当年新晃一中后山体育工地 400 米跑道工程，原承包合同金额为 80 万元，但包工头和自己的校长舅舅私自更改合同，工程还未完工，就已付工程款 140 多万元。

“黑”的则如澎湃新闻披露的，杜少平在当地是个“恶”人，招募了一群“小弟”，只要能挣钱，高利贷、涉黄都敢搞，也因为聚众斗殴等被判过刑。

也就是说，此人是典型的小县城里的黑恶势力，涉及的都是灰色利益较多的产业，休闲娱乐、高利贷就不说了，工程和客运更是容易垄断的产业。

其次，这一集团具备相对强的组织能力。

笔者以前说过，一个管理得当的黑社会团伙，马仔们犯事一定不会供出其小头目，而小头目犯事也不会供出老大，老大被抓进去了一般也会尽力保护其“保护伞”。

有经验的团伙成员都知道，供出其同伙很难减轻其刑罚，严守秘密却会得到“组织”的奖励：不仅其家人会受到团伙的优待，出来后本人也会受到重用。而老大们之所以不会供出其背后的“保护伞”，主要是基于维护团伙的生存网络考虑。

这个集团能在当地逍遥至少 16 年、保守秘密 16 年，跟这种组织能力分不开。

而这一次，信息显示，杜少平被抓之后，是相关涉案人员为了获得从轻发落，透露出了信息，才使案件得以披露。合理推断是，杜少平当初“合理”分配了灰色利益，不仅掌握权力的校长舅舅黄炳松获得了好处，他的“小弟”们也得到了“封口费”。这种变化，我们后面再细说。

最重要的一点则是，这种县域基层的黑恶势力，嵌入了“地方权力精英网络”。

## 三、照拂

如笔者在旧文中说的那样：“一个县域社会有几十万人口，但真正有权有势的或许只是几百个人。这几百个人里面大概有两三百个科级及以上干部，然后有几十个较有影响的各行各业的老板，再有就是几个有头有脸的江湖人士。这几百人实际上构成了一个熟人社会网络，相互之间即便不熟悉，也大致了解各自的底细。身处网络中的一个人，如果碰到什么事需要找到网络内的任何一个人，一定可以不费力地找到对方。”

按邓世平家人在网上的举报材料的说法，黄炳松担任新晃一中校领导十多年，在当地的社会关系网甚是复杂，多名亲戚任当地重要部门领导，其中包括政法委、政协办等部门。甚至于，在被害人家属多年举报的情况下，仍然得不到立案；当地的检察院工作人员甚至说：“你们在新晃县可能找不到证据。”

举报工程偷工减料，举报信却能辗转落到被举报人手里；受害人家属能通过走访、回忆，近乎精准地推断出此案的真实面貌和藏尸地点，怀化市派出的警察却在长达一年多的时间内“扫清外围”，连嫌疑人本人都没有问讯过。

挺可怕的是吧？

这不仅是“保护伞”的问题了，这是一张保护网。在这张以熟人社会为基础的权力网络内，相关人员因为面子、姻亲、权力和利益关系，为着“不给自己惹麻烦”“不去招惹狠人”或者是“以后自己还用得着这些资源”等动机，相互掩护、互为帮助，却没有人去认真考虑下事情本身的本质——

那是一起杀人案。

这些人当年的所作所为，用“为虎作伥”“助纣为虐”等词来形容，文气了一些；用大白话说，就是毫无廉耻、良心大大地坏掉了。

现在，这个案子已经举国关注，当地市委市政府也“高度重视”，相信挖出几个相关的关系人、责任人不是什么难事。

但过去十几年内，这个地方的县域权力是被这么一群人主宰着，经济社会环境如何，政风社风如何，可想而知。

说实话，这些年间，或许那个校长、那个凶手晚上偶尔会做噩梦。但那些曾给他们提供帮助的人，看到地下的尸骸，你们会否在今后的人生中，夜里偶尔惊醒？

如果有，说明你们还有救。

## 四、涤荡

有人说，这起骇人听闻的案件再次证明，中央决定在全国扫黑除恶是多么必要。

是的，如果不是扫黑除恶，像操场埋尸、孙小果等陈年旧案不会被翻出来为大众所知。这些案件也揭起了地方权力结构的面纱一角，让人们看到现实严酷的一面。

无疑，如同正风反腐对党内政治生态的涤荡净化作用一样，扫黑除恶对于净化和稳定社会秩序也是一件大好事。毕竟，扫黑除恶本就是一种基层社会秩序的“清理”机制。

前面说过，许多基层黑恶势力都嵌入地方权力精英网络，又有暴力、组织为其利益保驾护航。

在此意义上，黑恶势力最可怕的，其实不仅在于灰色利益的攫取，甚至不仅在于其暴力行为；更关键的危害在于，它侵蚀了基层政治和社会秩序，让基层社会“灰化”了。

试想，这些为非作歹、无法无天的人，可能夜里是赌徒、杀手、绑匪，白天又是企业家、慈善家，他们的座上宾、亲朋好友可能是官员、警察，这还怎么整？用电影里的台词说：还有王法吗？

这种灰色秩序一旦形成，就可以自我循环，成为权钱勾结的平台；久而久之，基层社会的运行就不再遵循公正原则，而是按照弱肉强食的丛林法则进行。

回想一下，中央下发扫黑除恶专项斗争的通知时，专门就提过，尤其要针对这种黑恶势力对基层政权的侵蚀。

这样的案件也更让我们警醒。坦白讲，党内反腐，有中央的决心和群众的监督，腐败现象相对不容易“遁形”；但这些软的硬的黑恶势力，也许改头换面，也许低调避风头，又或者现在打掉一批、扫除一批，但只要灰色利益的空间仍在，他们就还会如野草一样，“春风吹又生”。

笔者当年在县里面调研时，公安局的内部人士就说，完全将黑恶势力根除，困难重重，因为他们赖以生存的网络很难清除，需要非常艰苦的努力、高超的博弈技巧。

在这个意义上，像反腐一样，扫黑除恶也得有“永远在路上”的决心，做好长期性和艰巨性的准备。而这场斗争要持续有效进行下去，还需要注重常规治理机制建设，培育整体法治环境，尤其要注重“群众路线”。

试想，如果都像北京处理朝阳群众举报涉毒案件那样有效率，邓世平也不至于在冰冷的地下等上迟到 16 年的正义！

# 黑恶势力的“保护伞”是如何运作的？*

最近有个新闻，让人感觉有点活久见。

据黑龙江省纪委监委2019年7月2日消息，哈尔滨市呼兰区委原副书记、政府原区长于传勇涉嫌严重违纪违法，并为黑社会充当“保护伞”，正接受纪律审查和监察调查。

这算什么大事吗？自从扫黑除恶专项斗争开始以来，我们“大风大浪”见多了，一个区长不算什么。可问题是——

官方通报显示，6月10日以来，呼兰区已有14名领导干部连续被查，他们全都涉嫌为黑社会充当“保护伞”。其中包括区委原书记、区政府原区长、区政协原主席、副区长、区内一些局“一把手”等人。

结合以前披露的典型案例，我们可以看到，黑恶势力一打就是一个集团，其“保护伞”一般也是一打一大片。

黑恶势力集团化不难理解。可为什么“保护伞”也会有这样

---

* 本文最初发表于微信公众号“侠客岛”（2019-07-05）。

的集团性？“保护伞”究竟是如何出现和运作的？

## 一、关键

以前，人们习惯将涉黑“保护伞”当成“个人”行为。多年来的反腐斗争也都聚焦于个人，尤其是关键群体的反腐。

其实，现在的黑恶势力“保护伞”，某种程度上更多是“制度性产物”。

反腐败理论里，有一个普遍认可的公式：腐败行为＝腐败动机×腐败条件。

这里的腐败条件，就是我们常说的“制度漏洞”。为了堵住原有的制度漏洞，人们会设计出更加复杂、更具制衡性的制度。

制度更完善了，怎么还会有“保护伞”呢？

这是因为，单个官员的可操作空间少了，但并不可能完全杜绝这个空间。行政是多个主体、多个体系联动的结果，再怎么弥合行政缝隙，行政环节之间总是要有人去扣上的。一旦有人抓住关键点，攻入行政环节，就有可能破除其完整性。

结果就是，个体的“微腐败”是止住了，但很可能是以集体性的“微腐败”为代价。

比方说，过去在交警执法过程中，执法过程差不多是“一手交罚款、一手交罚单”这么个过程。但罚多少、怎么个罚法，可以商量。这就滋生了很多腐败。随着制度和技术的更加完善，一线交警执法可操作的空间很小。结果就是，违规者就会从其他的更高环节去攻入。

比如，2019 年 6 月，黑龙江伊春市就发生了一起“一人违法，全家被抓”的事。6 月 10 日，伊春森工集团原党群工作部部长、工会副主席殷广慧酒后驾车，被交警发现；在派出所时，他打电话给在铁力市人大担任主任的妻子王君华，王又给铁力市公安局局长张某打电话，请托出面帮忙。

这期间，殷广慧在铁力市妇幼保健计划生育服务中心工作的女儿和在铁力林业局纪委工作的女婿又赶到现场，阻碍干警执法。后来，公安局局长张某赶到派出所，在没有对殷进行酒精检测的情况下，让殷离开派出所等候处理。

6 月 27 日，经群众举报，伊春市纪委监委对上述 5 人进行了严肃处理，有的人还被刑拘。——就这么一件小事，就揪出来一家子违纪违法，非常讽刺。

这说明，过去的“微腐败”多，风险分散，腐败分子之间也许不需要合作；现在腐败的数量可能相对少了，但风险集中的程度也提高了。

## 二、基础

正常情况下，有决策权的官员要“议价”，尤其是要向社会汲取资源，需要三个条件。这三个条件，也是“保护伞”运作良久的基础。

首先，必须在内部形成稳定的利益共同体。

在县及县以下的政治社会场域中，利益共同体有复杂的内涵。人们很容易在同事关系、业务关系、人情关系和市场关系中建立勾连，人们就容易借助这些复杂的网络关系不断积累各自的社会资本。

北京高院近日发布的扫黑除恶典型案例中，第一例发生在房山区琉璃河镇五间房村。该村原村党支部书记、村委会主任陈海涛在2004年至2017年间，先后纠集无业人员10余人，进行聚众斗殴、串通投标、强迫交易等20余起违法犯罪活动。

他们逐渐形成以陈海涛为组织者、领导者的黑社会性质组织，长期把持基层政权，对妨碍其利益和违背其意愿的群众蓄意滋事，随意殴打，致使部分群众不敢举报、控告。2019年5月，这位“保护伞”被判处有期徒刑25年。

其次，议价对象必须有足够的实力。

说白了，议价对象的实力取决于其内部组织能力和利益连接能力。一个内部组织松散又容易出幺蛾子的组织，具有一定地位的官员怕是不屑于与之打交道，因为风险太大。

笔者曾对房地产市场做过一些调研。过去，小开发商很多，暴力拆迁也很多，出事也特别多。如今，政府对开发商的资质和实力特别重视。问题是，灰色利益在这个领域并未消失。

政府需要开发，进行城市升级，并解决社会问题——千万不要因为开发而制造社会矛盾、给政府找麻烦；开发商则要项目和利益。

开发商坦言，在开发过程中不可能不遇到阻力，面对“钉子户”，“以暴制暴”“以黑治黑”是常见的操作办法。但没有相关部门的默契配合，怕是做不成；一旦出事，总要有人承担责任的。有实力的开发商当然会自己消化，即便是出了大问题，最好也是自己担着。

反过来说，一个会做的领导，当然也要为开发商提供条件，协调各个部门推进项目进展。

最后，要有足够多的隐蔽机制。

比如说，查酒驾后给 5 分钟时间打电话，就是一个隐蔽机制。这个做法，很难说是腐败，甚至也可以说是一个说得过去的“人性化操作”。

再如，拆迁队搞强拆时，公安局延时出警，这也是一个极其隐蔽的机制。它可能不符合 110 接处警规范（5 分钟内到达现场），但这毕竟只是一个内部规范，没有太多的约束力，而且这一做法对房地产商很关键。

## 三、强化

概言之，“保护伞”的运作，其实有足够的“制度基础”。

一个掌握实权的领导，在一个地方经营时间足够长，就一定可以构筑自己的“关系网”。这个“关系网”，既包括地方治理体系形成的“官官相护”，也包括地方相对封闭和发达的熟人社会网络。

客观上，我国的干部制度是“下管两级”，这意味着，绝大多数基层官员其实一辈子就待在一个地方，流动性小，必定形成熟人关系；并且，我国的治理体系具有鲜明的“分口管理”的特征，一个主要领导分管一个领域，这个领域往往业务相近，也是相互配合的关系。

于是乎，分管领导也是实权领导——他可以增强部门协同，提高行政效率，但这也意味着，只要他有意运作，就可以在自己的分管领域建立一个小圈子。

问题是，基层治理其实是存在大量灰色地带的，靠制度解决不了，得依靠官员的主观能动性。

如此一来，基层官场和地方市场之间，就存在一个广阔的“议价空间”。当一个没有私心的官员去议价时，他可能是一个敢于担当的好官员；但当一个有私心的官员去议价时，哪怕是有公共利益的保护，他也很容易在有意无意间成为“保护伞”。

因此，“保护伞”的级别和规模，同黑恶势力的组织程度，往往相辅相成。

通常情况下，黑恶势力垄断的领域越多，组织能力越强，“保护伞”就越大，“保护伞”内部的组织能力也越强。

一旦一个地方的政治社会生态灰化，就会形成恶性循环。某种意义上，这种地方其实已经很难自我清理。因此，多数涉及面广的“保护伞”，都是在中央督导组的督导之下遭受打击的。

例如，2019 年 4 月，引发社会高度关注的云南昆明“孙小果案”，就是中央扫黑除恶第 20 督导组下沉至昆明督导期间打掉的。该案时间跨度长、案情离奇，这让我们不得不猜想，其背后的“关系网”和“保护伞”会不会也是集团性的？

# 能人与村霸*

2019年3月27日，微博认证为“国家柔道队队员”的马端斌在其个人实名认证微博发布了一则题为《柔道世界冠军实名举报两任村支书：贪腐上千万、勾结地痞殴打村民》的微博，引发了全网关注。

没看错，一位为国摘金夺银的柔道运动员，依凭名人效应，举报了自己家乡的村支书。

马端斌实名举报后，辽宁省本溪市桓仁满族自治县委在第一时间组织了调查组，进驻其所在的桦树甸子村核实情况。

“冠军举报”吸睛之余，当前村庄乱象及治理路径也重回台面，引人深思。

## 一、能人

国家队运动员举报家乡村支书，为何？

---

* 本文最初发表于微信公众号“侠客岛”（2019－03－29）。

据马端斌在微博中的自述，其举报对象为桦树甸子村两任村支书刘忠军、刘忠和，事关兄弟二人“贪腐上千万元、勾结地痞流氓欺压村民”。

马端斌还在微博中具体陈述了六点，主要涉及村民集体经营的五味子加工厂收益被刘氏兄弟侵占、刘氏兄弟设立的加工基地无合法手续、打白条790余万元顶账、套取国家扶贫基金1 000多万元等。

“两任村支书的所作所为引发众怒，但是大家都敢怒不敢言。提反对意见的村民，有的被镰刀砍伤、有的牙齿被打掉，有村民养殖的蜜蜂被毒死，有村民的水稻被毁坏。”

笔者详考了一番刘氏兄弟“称霸史”，没想到，综合不同消息源，被举报的村支书刘忠军竟一度是当地党委政府树立的“能人治村”的典型。

2008年9月，桓仁县委组织部长在其撰写的文章中谈到：

“新一届党支部（2004年换届，刘忠军任书记）上任后，调整思路、解放思想、因地制宜、大胆创新，充分发挥支部和党员的战斗堡垒作用和先锋模范作用，在短短的三年时间带领全村一跃成为全镇先进村和农民人均收入最高的村。2006年12月，村党支部换届，广大党员、群众说：‘这帮人不用换，要让他们继续干，我们举双手拥护’。”

2014年，刘忠军因打白条顶账的事情被村民举报下了台。当时的举报者称其是被组织劝退辞职，刘本人则回应称是因为“心灰意冷”。但就事件处理的结果来看，刘忠军显然被“保留了颜面”：事涉 700 多万元的白条，仅仅是受到“警告”处分，村支书的职务也是以被劝辞职的方式卸任。这说明，当地党委政府仍认为他是“功可抵过”。

非常耐人寻味的是，刘忠军下台后，其胞弟刘忠和很快在 2016 年又通过“正常的组织程序”担任了村支书。举报人说，刘忠军在此事上着力不小，还亲自向关系好的村民“买票”，拉亲弟弟“上位”。

刘氏兄弟在举报者眼中俨然是“村霸”，但在当地党委政府（也许包括部分村民）眼里，却是个“能人”——客观上讲还是为村庄发展着力不小的人。

两面形象如此悬殊，可能吗？事实上，在农村地区，村干部的这种双面性是较为普遍的现象。

人们对村干部有诸多浪漫想象：或者将村干部想象成农民的当家人，觉得村干部会事事为村民着想；或者将村干部想象成食利者，认为当村干部本质上还是为牟利；或者把村干部想象成“干部”一环，以为他们会唯地方党委政府马首是瞻。

但绝大多数农村的村干部本质上就是一个不脱产的平凡干部——在村民和基层党委政府的夹缝中工作，多面性便自然而然成了常态。

在这个意义上，桦树甸子村的刘氏兄弟并未跳出一般的村干部类型。

## 二、治理

但村干部的不同面向，在不同的村庄结构和治理情境中，却会有不同的表现。“能人”和“村霸”间的一步之遥，往往已埋下了伏笔，就等着具体事件的触发。

就已有的信息判断，桦树甸子村的两任村支书很可能没有他们自述的那么“干净”，尤其是涉及如此巨大的灰色利益，违规现象是难免的。

但不能忽略的是，举报者的举报也有夸大之词，这些夸大或是因不了解政策信息，或是因夹杂了私人恩怨（譬如马端斌的介入也离不了马家与村支书的私人恩怨）——看似鸡零狗碎、无从辨析的事态，确实又是绝大多数村庄治理的“日常”。

“日常”由何构成?

首先是村庄分裂。

马端斌的老家桦树甸子村是个典型的“原子化”村庄。这种类型的村庄特点是：杂姓，村民居住分散，没有持续稳定建立在血缘或地缘关系基础上的村民集团（但不排除通过姻亲、朋友等建立的临时性集团）。

在这种结构下，村民之间合作和竞争很容易受到个别事件的影响。从举报信的内容看，桦树甸子村的村庄结构极其分散，干群矛盾本质上还是邻里纠纷的延伸，且是个别纠纷制造出来的。

这次因为马端斌的出头，很多和刘氏兄弟有积怨的村民都聚到了一起；相应地，支持村支书一方的村民也逐渐聚集起来。在调查组进驻村庄后，马端斌的最新爆料称，有部分党代表和村民代表正在进行集体签名，为村支书说话请愿。

原子化村庄很容易因为个别事件撬动村庄力量的合纵连横。马端斌举报本身也是很大的村庄事件，必定进一步制造村庄分裂。这对村庄的稳定而言，的确是一个挑战。在这个意义上，过去多年村民举报，但地方党委政府以“长治久安”为考虑审慎处理，是有一定道理的。

没想到的是，由于村庄斗争太过激烈，且“名人村民”主动将村庄内部矛盾溢出村庄，地方党委政府就被迫介入调处。

其次是能人治村。

桦树甸子村是五味子专业村，经济条件不错，政府投入也不少。该村的发展和前任书记刘忠军的个人能力也有密切关系：刘忠军 2004 年任村党支部书记后，带领村民做大五味子产业，让村庄成了名副其实的产业富民村。

但能人治村也是把双刃剑，要获得比较好的效果，笔者觉得至少得做到两点：

一是无私。理论上，村干部身份具有公共性，对其应有“无私”的内在要求。但实践中，村干部往往脱不了趋利性。地方政府支持能人治村无非是想要“先富带动后富”，然而在具体的村庄情景中，那些“后富”群众容易把“先富”归因于村干部权力，以及对集体资源、政策优势和市场机会的优先占有。

二是公正。传统村落容易产生家长式的领导人，虽然霸道，却是村庄道义的代表。但在原子化村庄，村落共同体解体了，村庄道义的人格化象征也随之退场，当然也就无从指望村干部有足够的公正性。

## 三、公司化

再回到桦树甸子村这次事件中看，探讨该村的村庄治理，必然要留意到它以五味子产业为代表的、“村庄公司化”的发展路径。

这一模式的基本特点是，通过能人招商引资，利用集体土地等资源、国家产业扶持资金加持，打造产业基地，带动村民参与产业发展。

而它的麻烦则在于，很容易造成公私不分，制造广泛的灰色利益——能人既是村级组织带头人，又是合作社的领导人，个人也是“大户”，国家的产业扶持资金到底是落入了村集体手中还是落在能人身上，说不清。

村庄公司化近乎是国家政策生生塑造出来的“体制”，主要政策目标当然是为了村庄发展，但客观结果却先是“垒大户”。

笔者调研过几个村庄公司化的示范村，几乎都存在类似桦树甸子村的情况：村庄发展的同时，内部的经济社会分层加大了，干群矛盾激烈了；更多的情况下，村庄没发展，但“大户”倒是垒出来了。

比如很多农村地区的专业合作社，都是“大户”开的私人企业，但有了合作社的名义，就容易享受国家财政的各项涉农补贴。

就像某村的村支书在地方政府支持下组建了一个合作社，自己占 90％的股份，其他几个村干部占极小股份，且没有一个普通村民入股。但就是这个合作社，以村集体的名义将村庄特色产业注册了地理商标，并成功打开了市场，收获效益。笔者调研时，几乎所有村民都认为合作社是村集体的，村支书却坦言这就是他自己的。可以想见，这个村如果进一步发展，将来的村庄矛盾不可避免。

桦树甸子村五味子基地想必也不外乎上述情形。两任村支书之所以能够富裕，也是获得了不少地方政府的支持。因此，村民所指控的“贪污”，在客观上还真不一定是事实。村支书有可能是以“合法”的形式获得政策支持，只不过并未惠及普通农民而已。

“冠军举报”的同一天，中央扫黑除恶第二轮、第三轮督导工作动员培训班在北京召开。其中梳理的黑恶势力若干表现中，有两项与“乱村”相关：一是把持基层政权，操纵破坏基层换届选举，垄断农村资源，侵吞集体资产；一是利用家族、宗族势力横行乡里，称霸一方。

如果马端斌举报属实，村支书种种行径必是农村黑恶势力无疑，尤当打击。

但实际情况远比想象要复杂。能人和村霸的“一步之遥”，本就有着共同的生存土壤。要扫黑，少不得先扫“灰”。

# 从曹园到袁府：深宅大院里的秘密*

继黑龙江的“曹园”后，河北邯郸的“袁府”又成了当代乡村“宫殿巨制”的代表。

网传这一建于农田间的“府邸”宫殿林立、亭台楼阁俱全，人工湖、戏园、别墅、招待厅纷纷布局其中，别有洞天。

2019 年 4 月 18 日，邯郸市调查组公布初步调查情况，深宅大院确属违法占地，不过听上去人家不是私宅，而是由百余间养老用房构成的“中式仿古养老院”。

笔者也研究了一番内情，毕竟历史不远，土豪院落总让人浮想联翩。

绝非是可一“惊”而过的话题。

## 一、大院

笔者此前在北方农村调研，很是惊讶于一个现象：很多村庄

* 本文最初发表于微信公众号“侠客岛”（2019－04－20）。

深宅大院林立，一家比一家高，后期房屋永远要比前期房屋高一截。

“高大，家徒四壁”，这是普通农家的普遍状况——一些农家常年省吃俭用，连电灯都舍不得用，就是为了建一个像样的楼房。

为了啥？北方村庄如此盛产“高楼大厦”，自有其内在的社会机制。简单点解释：一个带门楼的房子，是家庭立足于村庄的基本条件；尤其为即将结婚的孩子准备好“华丽”居所，极具“立门户”的社会意义。

房子的第一要求：高大——最好是能“压死”邻居、撑起面子的那种。很多村庄的民间纠纷，也正是源自邻居之间的楼房竞争。一争高下的原因倒不是城里人所说的什么“采光权”之类，而是谁也不想成为在房子上“被压得喘不过气来”的那一个。

曲周县寺头后街村的“袁府”，就是一座寻常百姓家不可企及的“华丽宫殿”。当地流传的“袁府”这个词，也很有隐喻意味。一方面，它显然有点乡土味，符合北方农民对自己院落的称谓；另一方面，也难免勾起人们的一些历史想象，比如，封建社会时期“地主大院”的往昔。

据 4 月 18 日邯郸市调查组发布的初步调查情况，“袁府”违法占地 54.23 亩。规模之大，实在是超出了人们的想象，也难怪会在冀南一带远近闻名：它得“压死”多少乡亲。

不过，值得留意的是，“袁府”的主人、网传历时数年“打造皇宫”的袁平年，一度是以“乡贤”的形象出现的。

一方面，乡亲们敬重他。当地媒体报道，这个大院在当地语境里，是以复兴宗族文化的名义建造的：“袁平年先生为体现袁氏宗族精神，亲自参与宗祠设计并与当地村民介绍此举意义，希望村民给予支持，放弃耕地，转变理念，着眼新发展，找到新路径，参与到建设中来。”

这么说来，“袁府”实在是袁府主人乃至于袁氏家族扬眉吐气之举；但对别的村民而言，却无异于赤裸裸的社会竞争。

另一方面，地方政府将其奉为座上宾。

曲周县是一个普通农业县，经济条件并不好。而公开报道显示，袁平年20世纪80年代下海搞建筑工程起家，2010年左右去广西玉林市进行房地产开发，成立广西洪源房地产开发有限公司。作为一个成功的企业家，他当然是地方政府的座上客。

当地媒体称，“在商业上的成功之后，袁平年先生不忘带动家乡经济建设，以投资人的身份在邯郸当地入股多家公司，并积极扶持相关企业发展”。由此也可见，地方政府和袁平年的关系不是一般的深。

## 二、疑问

“袁府”曝光后，看客们会有两个疑问：

其一，“袁府”存不存在偷梁换柱、搞私人会所的问题？

黑龙江的“曹园”殷鉴不远，又来一个“袁府”，这一质疑也有其必要性。从已经透露的信息看，如此看法亦非空穴来风。

在地方叙事里面，“袁府”本来就是“祠堂”，可不是什么养老项目，这或许也是“相关村民接受放弃农田的安排”的缘由。

而从这回县政府的回应看，该项目性质则几经变更。据曲周县相关说明，袁府最早以种植项目立项，使用第四疃镇寺头后街村、杏园村土地 102.69 亩；2017 年 7 月，经当事人赵京申请，又将其中 54.23 亩土地用于建设“曲周县桂昌养老中心项目”。操作连连，不让人怀疑才怪。

其二，当地的政商关系正常与否？

网络上刚出现对“袁府”的质疑，曲周县方面便在极短的时间内作出回应、为“袁府”站台。譬如，“经查阅《曲周县土地利用总体规划图（2010—2020 年）》，该宗地符合土地利用总体规划。该项目已经曲周县民政局批准，该宗占地已经省政府批复同意转征收。因此，曲周县桂昌养老院项目不是袁平年违法占地，该项目也不是占用基本农田，更不存在历时 7 年、现有建筑面积 5 万平方米的情况”。

可惜的是，从邯郸市的最新回应看，这个站台实在是站不住脚。这回邯郸市的通报指出，养老项目“袁府”存在未批先建、违法占地、违规建设问题，上述 54.23 亩的违法占地中包括坑塘水面 30.94 亩、建筑物 12.54 亩、绿化用地 10.75 亩。曲周县方面是真不知，还是故意装不知，给人无限遐想。

最新信息表明，“袁府”里一些违规使用的建设用地未经过招拍挂程序即被圈进了该项目里，而仿古建筑群被国土部门发现后虽收归了国有，却也不影响“袁府”自身的整体格局。这是在保驾护航？

## 三、折腾

说实话，我们不愿以最坏的心理揣度类似“袁府”这样的事。然而，基层社会实在是禁不起各种折腾了。

熟悉基层的人都会感叹：现如今，村庄基本上失去了社会整合的能力。过去，哪怕是村民之间竞争激烈，但总要讲点地方性规范。比如，房子建得再高大，总得顾及邻居的感受；一家建房，邻居瞧着有意见，总还可以让村干部来协调。而今却动不动就要上访，甚至诉诸法律。

这就出现了一个奇特的现象：过去几十年，国家“送法下乡”效果不彰；而今，老百姓竟然主动“迎法下乡”了。法律当然可以对事情作出裁决，却未必能调节社会关系。

如果“袁府”仅仅是一个“纯粹”的养老院，估计人们不会有任何反应。但从地方情景看，该项目显然未脱于当地社会竞争的逻辑。普通村民之间的竞争，大家还可以“忍受”；但一个外出乡贤，回到家乡使出“杀招”，谁受得了？

多年前，笔者在北方某村调研，该镇的首富在村里建了一幢巨型楼房；因为信佛，主人还在楼顶建了一个佛堂，供起佛像，村民都可以前去烧香祭拜。这真是让村民又爱又恨——几个村的村民之间有矛盾，都可以找这位首富调解，他也乐意；但这个压倒一切的房子，却是一种威严的象征，让人喘不过气。

另外，类似事件也再度牵出了“资本下乡”的老话题。在笔者看来，农村虽大有商机，却未必适合工商资本大规模进入。

毕竟，农业是一个利润极低的行业，工商资本要在其中赚钱，更是难上加难。过去一些年，很多地方政府通过各类补贴鼓励工商资本下乡，同时还积极帮忙流转土地，甚至不惜以政府的声誉做担保。末了，工商资本亏本了、跑了，甚至部分村庄还沦为资本任性胡来的乐园。老百姓不干了，当地还得自行收拾烂摊子。

哪怕“袁府”真是个养老项目，但按这种投资法，资金回报率实在是低——企业家当然可以做慈善，但是这种做法么？企业当然也可以通过政府的各类补贴来减少压力，但对地方政府而言，这么投入又是为了啥呢？

“袁府”的问题，显然不仅仅是一个“项目”合不合规那么简单。更重要的是，它折射出了世道人心。

人们需要一个相对温和的生活环境，让社会竞争少一些，尤其要避免非常态的政商关系进一步撕裂基层社会。

# “微腐败”，怎么治？*

2018年12月13日的中央政治局会议作出重要判断：“反腐败斗争取得压倒性胜利。”要巩固胜利成果，严和恒不可或缺。保持惩治腐败的高压震慑，整治群众身边腐败和作风问题，十分重要。

在基层治理中，“微腐败”问题该如何解决？治理“微腐败”，重点在防治而非惩罚。让基层执纪融入基层治理体系之中是一个很好的办法。

## 一、一个经验：补上制度漏洞

笔者在山东临朐县调研时发现，根据县纪委（监察委）提供的数据，县级纪检监察机构所办的案件几乎都是农村“微腐败”案件——犯案人员职务不高，涉案金额亦不大，但群众反应却不

* 本文最初发表于微信公众号“学习小组”（2018-12-15）。

算小。这些农村“微腐败”案件，80%都与农村“三资”（集体资金、资产、资源）管理混乱有关。每到村级组织换届选举时，举报信数量总会急剧升高。有些举报虽属捕风捉影，却也为办案提供了线索，很多案子都是由于反复举报，引起纪检监察机构注意而调查核实的。

这给当地纪检监察机构的主要负责人一个启示：基层执纪的主要工作其实不是“办案”，而是防治“微腐败”。只要把基层治理中的一些制度漏洞堵上了，纪检工作就好做了。

因此，临朐县的纪检监察机构做了一项看似细小却极其重要的工作：全面梳理有关“三资”管理的制度文件，整合经管、农业、水利、林业、财政等各涉农部门，借助审计力量开展了为期三年的集体“三资”清查工作，把“三资”管理纳为乡镇执纪工作重点。结果，送到县纪检监察机构的信访件大量减少；清查行动的第二年，正值村级组织换届选举年，信访件亦无任何反弹。

党的十八大以来，纪检监察力量不断向基层延伸。尤其是《监察法》颁布后，村干部（非党员）也被纳入了监察对象范畴。这给基层纪检监察机构提供了一个新挑战：基层执纪如何开展？临朐县的做法或许提供了一个启示：基层执纪是基层治理现代化的一个重要抓手。一方面，基层执纪要服务于基层治理现代化，在基层工作中完善开展；另一方面，也要发挥纪检监察机构的独特优势，为基层治理现代化注入强大动力。

## 二、“微腐败”为何多“窝案”？

笔者这几年调研的深切体会是，全国各地的基层社会资源流量不断增加，很多村庄都成了资源密集型村庄，但基层治理的体制机制却极为粗糙。结果是，国家投入了不少治理资源，却未转化为治理能力；更常见的现象是，资源流量越大，基层治理生态越不正常，村庄治理越是混乱。

最为典型的便是，国家的惠农资金一度被基层的蛀虫所侵蚀，吃拿卡要、优亲厚友、雁过拔毛的现象甚是普遍。前些年，很多地方的农村低保一度蜕变为人情保、关系保，稍微好一点也是维稳保、治理保；而退耕还林、粮食综合补贴、危房改造等惠农资金，出现的问题亦不少见。

这些“微腐败”现象确实足够“微小”的，犯案者基本上都是村干部，顶多是乡镇普通干部；犯案金额也不算多。有些案件甚至也情有可原。比如，前些年村庄治理资源普遍匮乏，村干部的工资不高，连村级组织的运转也成问题，村干部打上国家惠农资金的主意几乎是一种“本能”——有些是用于“补贴”村干部的工资去了，有些则是挪用到其他村务开支去了。但是，一旦这种“本能”成了常态，就难免出现几个真正的蛀虫。而某个村干部（哪怕是村支书）要单独犯案，几乎不可能。因此，这些“微腐败”案件，一查基本上都是“窝案”，村两委班子几乎都会连锅端。可见，“微腐败”虽小，影响却不一定小。

过去多年，各个主管部门为了提高惠农资金使用瞄准率，并不是没下功夫。事实上，每项惠农资金的使用都设计了较为完善的制度体系。但一旦实施起来，几乎都会在基层出现政策梗阻。

其中的重要原因便是，各项惠农政策的执行在基层缺乏足够的政策监督力量。乡镇党委政府作为一级政权组织，当然有权也有责任监督各项惠农资金安全落实，但如果深入基层政权内部就会知道，真正负责这些巨额惠农资金安全的，也就是经管站、民政所等各个环节的一两个工作人员。并且，这些工作人员并非专职的“监督员”，还要承担其他工作；即便是专职的工作人员，通常一个工作人员也要面对十几个村、几千户农户，如何监管？

在一些农村“微腐败”案件中，很多乡镇干部因“失职”而受到牵连，领了个纪律处分。他们着实有点委屈：比如粮食综合补贴，通常在补贴统计发放工作过程中时间紧、任务重，只能让村干部拿报表，工作人员做形式审查就上报了，根本就不可能有时间和精力下去一一核查。某种意义上，只要村干部联手做手脚套取补贴（如多报一些亩数），乡镇干部基本上是不可能发觉的。久而久之，基层政权对各项惠农资金疏于监管，也就成了实情。

## 三、完善规则，对人监管

要解决这一问题，首先要进一步完善惠农政策，尤其是完善其在执行过程中的规则体系。

一般在政策的长期执行过程中，政策主管部门及各地方政府会摸索出较为完善的执行体系。比如，农村低保问题，在上海等发达地区，现在主要依靠数据比对的方法瞄准低保户，避免了基层干部从中做手脚。而大部分中西部地区则是通过“四议两公开”制度建设，对申请、评议、审核和审批程序严格把关。相对而言，这种方法成本更高。

无论是何种惠农资金，最终都要落实到基层，更离不开村干部的协助。所以，可以从监督政策执行者的角度来完善涉农资金的使用规则。只要实现了“对人”监督，也就意味着同时实现了“对事”监督。

## 四、基层执纪重点在“防”

基层执纪的重点的确是防治而非惩罚。诸多基层执纪人员都反复强调，在基层执纪过程中，保护干部比办案重要得多。而最好的保护措施，便是营造符合基层工作规律的合规环境。

在决策环节建立较高的规则意识。比如，领导班子在决策过程中，谨慎一些的“一把手”大多会与纪委书记事先沟通，保证决策合规；一旦有违规矩，纪委书记多半不会同意，其他参与决策的领导也会表现得较为谨慎。

在执行环节，则要适当营造敢作为的规则环境。当前，基层纪检监察工作最常用的执纪方法是“四种形态”，通过约谈方式将违纪风险化解；哪怕是出现了问题，也倾向于采用纪律轻处分。这符合基层工作规律。毕竟，基层工作环境异常复杂；尤其是要有所作为，完全合规几乎不可能。笔者在某区城管局跟踪调研多年，发现但凡是有一定职务的执法人员，几乎都背了几个纪律处分，以至于城管大队内部都盛行一个笑话：中队长不背 2 个处分，就不能提拔为副大队长；大队长要带头背处分。这是因为，城管执法是一项高风险的工作，合规性成本太高，几乎不可能达到。纪检监察机构知道，一线执法人员相当不容易，纪律虽要，但也要讲究情理，不能让做事的人流血流汗又流泪。

## 五、让执纪融入治理体系

当前，强化监督执纪向基层延伸的主要工作，是要让基层执纪融入基层治理体系之中。

一方面，要利用纪检监察职能，完善基层监督体系。当前的基层治理并不缺乏规则，各个部门、各个事项的制度供给是够的；关键在于，很多监督制度分散、不接地气而无法落实。而纪检监察的专业性使得这些监督制度有被激活的可能。

比如，浙江宁海市纪检监察机构推出的“宁海 36 条”，里面的绝大多数内容并非发明，而是在“36 条”出台之前即已存在。但是，这些内容原来弥散于政府涉农的各种政策文件之中，缺少有效的整合与梳理。因此，从形式上看，“36 条”的制度创新主要体现在对既有条例规章和制度的整合。经过整合的制度嵌入了基层治理体系中，好用且实用，能够发挥重要作用。

另一方面，要通过基层执纪的“清理”工作，塑造一种规范化的基层治理生态。纪检监察机构是一把利剑，它在解决积重难返的基层治理痼疾方面具有天然优势。很多地方的纪检监察工作也在有计划地开展各项专项行动，而每一项专项行动的开展，都意味着清理掉一些基层治理痼疾。

武汉郊区的汪集街道纪工委，虽专职人员只有 2 人，却把纪检监察工作做得有声有色。最为关键的因素是，纪工委抓住了基层治理的核心环节，主动将村干部（尤其是村里的主要干部）的人和事抓起来，一手抓村干部的工作作风，一手抓村级财务，把过去混乱的村级治理规范起来。为了强化村级财务监督，街道纪工委和经管站甚至自主创新了村级财务的“银行直达”制度，规定 1 000 元以上的村务开支都需通过银行转账进行。这一制度创新极其简单，却极为有效，它意味着每一笔账即便没有票据，也有据可查，村干部“微腐败”的空间急剧压缩。这项制度坚持后，村级治理的规范化程度迅速提高，村干部的作风也明显好转。

# 基层减负，怎么减

# 基层负担从何而来？*

基层负重难行？问题出在哪里？

## 一、起因

2019 年是“基层减负年”。不过，从治理体系中的每一个工作者角度说，无论是基层、中层还是高层，都容易从自己的角度出发解决问题，而没有看到整个体系，因而总会“越减越多”。

实际上，“基层减负”绝不只是一个技术问题。

基层负担重，某种意义上是我们国家治理转型到了这个阶段必然产生的一个结果：不光是基层负担重，而是整个治理体系都在超负荷运转。

* 本文最初发表于微信公众号“侠客岛”（2019－07－02）。2019 年 6 月 21 日，“侠客岛”在武汉组织了一场线下沙龙，邀请笔者做演讲，本文由演讲稿整理摘编而成。

甚至可以说，在走向现代化的过程中，治理体系里没有哪一个角落可以逃脱“转型”中的负重。

比如，就连中小学老师、幼儿园老师，隔三岔五都有教育部门来检查你安全、食品卫生做得怎么样；又比如，从层级上看，站在领导角度提“基层减负”，结果这边一发话，下面负担又加重了，形成了一个很悖论的循环。

基层“负重”，源头在哪儿？

一方面是刚才讲的，我们到了现在这个阶段，逃不掉；另一方面，则是我们主动给自己加压造成的。说白一点，有时候是自己折腾自己造成的。

很多基层干部觉得负担重，其实不是因为我们做的事多了，而是因为我们做的实事太少；换言之，就是有些工作方向“脱实向虚”，虚的工作太多，大家获得不了自我实现的感觉。

这本质上还是形式主义和官僚主义的老问题。假设说我们这个体系真能让我们每一个基层干部去做很多实事，其实大家都无怨无悔。

拿扶贫来说，刚开始搞精准扶贫的时候，基层干部都是“轰轰烈烈”去扶贫。笔者印象很深的，是有一个非常有激情的干部，来自河南，当时已经 40 多岁，他说有生之年能够碰到这么一件他觉得“非常伟大”的事很不容易。

但后来他发现，当地的“精准扶贫”做到后面，很多时候是在做一些形式主义的工作。比如，非要反复地去填数字报表，反复地跑到农户家里面记农户一年的收入是多少，核对数据后还要一次次地签字。

他感慨，到最后，所有工作都变成了这种为了应付检查，满足上级对于“好数据”的需要而做的一些文字类工作，真正实际的扶贫工作反而做得少。

不客气地讲，这样做下来，扶贫干部自己都觉得心酸。本来觉得是为百姓服务，最后发现做了也白做，做得越多百姓越不满意，自己也获得不了荣誉感。这是很悲哀的，也浪费了资源和精力。

一种好的治理机制，一定是能去激发群众的积极性，同时还没有自己给自己增加麻烦。因此，当政府想“做好事”的时候，希望增加给基层的投入的时候，一定要考虑基层群众能不能积极参与进来，能不能产生内生的动力，这很重要。

## 二、治理

我们今天讲的“治理”，实际上是“治国理政”的意思。学术界又容易望文生义，把它变成西方的一些政治治理理念。

那么，治理中的“中国特色”表现在什么地方？

应该说，党建引领基层治理是一个最重要的表现。从笔者自己的研究来讲，没有任何力量能够代替党的作用。恰恰是中国共产党的领导，才是基层治理中非常重要的压舱石。实际上，过去大家就忽略了我们治理体系中的这一优势。

我们的社会现在从某种意义上来讲，没有党组织就很难运转，不仅仅是出于政府需要，而是社会运行本身就严重有赖于党的组织和领导。拿笔者研究的“村民自治”来说，普通地区一般有15%左右的村是“瘫痪村”——这些村纯粹靠自治选不出村主任；即使选出来，这些村也是一团糟。

大家以前总想象说，美国的政策特别先进，所有的工作标准化、流程化。但我们跟他们完全不一样。我们的政府是无限责任公司，他们是有限责任公司；他们政府不想管的，我们不可以不管。

纽约街头到处都是流浪汉。他们可以不管，像咱们武汉市却不能不管。每年冬天的时候，我们民政局工作人员都会到每个桥洞里去看，不能让一个流浪汉冻死。所有社会问题都是如此。

因此，治理体系越是先进、效率越高，就意味着你要吸纳越多的能去担负的事务。做基层治理，确实也只有我们中国共产党可以做得好。我们要敢想敢干，要把全世界最先进的东西先拿过来，敢于去试去做，这是我们的优势。

真正的问题是，现实实践往往跟好的理念有距离。

## 三、矛盾

理解当前的基层负担重问题，还需厘清一个逻辑：

治理体系跟治理能力，实际上是一对矛盾结合体。

我们通常的想象是：治理体系越先进，治理能力会越强；反过来讲，就是治理能力越强，这个体系也越先进。

但在笔者看来，有可能在某些条件下，现实并不如我们所想象的那样。这二者间往往没有先进与落后的因果关系，只有适合与不适合。对于国家和各个层级而言，要想提高治理能力，就要看你想要什么维度，也要看你选择什么样的治理体系。

一个好的体系，应该让每一个层级、每一个位置发挥自己的功能，这样才能形成较强的治理能力。假设说一个决策者，站在自己的高位上，非要把这个地方所有的事情都搞清楚，那不现实。即便能实现这一点，也得有一个前提，就是治理能力达到了相当高的水平。

治理能力里面，最核心的是国家的“基础能力”。“基础”是什么？是要把这个社会上的所有信息，包括人口、资源、经济在内的各种信息准确掌握，并由此直接去解决问题。但今天要做到这一点还往往很难。

还是拿精准扶贫来讲。“精准”这个词很好。但是实际上，我们现在是用计算机的技术去做算盘时代的事情。农村社会基本上还属于算盘时代，如果非要拿计算机去套，不一定很好用。

就好比说，农民收入到底有多少？你搞不清楚，你去问农民，他自己都说不清楚。他可能收入会变、支出会变，他可能手里没有现金，但是不影响他的生活，这跟城里人很清楚自己的银行账户变动是完全不一样的。这么基础的数据如果没法完全“精确”，你甚至都不知道应该收多少税。

这就是一个非常大的问题了——连最基础的人口信息都没有完全掌握。因此，在我们的治理能力还没有达到现代国家的水平，基本的认证能力都没有完善的时候，如果非要用非常先进的技术手段去治理这个社会，那一定是会出现矛盾的。

有个词叫作“反向适配”。本来，有什么问题，就该找一个什么样的治理体系去解决它；而不是反过来，不是先有一个体系，然后为了让这个体系变得好看、变得能够证明它有效果，反而失去了效率。这是一个非常大的误区。

“反向适配”同时会制造一种潜在倾向，就是可以一竿子插到最底下，仿佛所有地方的毛细组织如何运行都一清二楚就是最理想的状态。但实际上，没有任何一个时代、任何一个国家能做到这一点。这是因为，实际运行的复杂体系，从来都是按标准在运行的，从来都是通过分权、分层次、分部门，然后构成一个复杂体系，相互关联，互相配合，集中和分散需要有相对动态的平衡。

这是规律。不是每一个干部都是铁人，相信通过主观意志和奋斗就可以把所有问题都解决好。如果秉持这种思路，一旦大规模延续到基层，很多东西很可能超出实际情况，造成基层干部非得做一些表面功夫。

《人民日报》也批评过很多这类现象，什么“今晚打电话，明天上午就要对方提供全县的某个数据”，让人家根本没有时间去调研，只能“被逼造假”。

治理的大忌在于，千万不要主观意图很明确地去“激进创新”。要正视现实，把现有的东西整一整，理一理资源，对症下药，用结合实际的方法解决问题，这样可能更好一点。

## 四、平衡

最后再说说形式主义到底是怎么来的。

实际上就是一个词——合规性证明。你做不做事不要紧，按上级要求的规定，证明给他看，证明完了就可以了。

笔者前段时间在宁波调研，跟当地一个安监所所长聊。他说刚刚打印了 2018 年收到的文件，一共有 98 个。这 98 个文件都是大事儿，一年内，要是每一个文件都去认真执行，意味着每三天就要完成一件大事。

但他们所就只有两个人，你说怎么弄？

因此，他总结出了一套规律：这个文件要是上级只发文、什么话都不说，那看个标题就完了，内容不用看；要是上级发了文，同时打电话告知你，就得看一下内容有没有跟自己工作特别相关的；要是上级又发了文件，又给你打电话强调说到时候我们要来检查，那你就要仔仔细细地全部执行。

所以，现在基层负担重的一个非常重要的问题，就是我们的“合规性成本”在急剧上升，也就是说要证明“合规”越来越费劲了，不是填表就是留痕，不是拍照就是录像。

如果干部都一门心思求合规，谁还有时间和精力去做实事？因为合规就意味着考核，考核的内容就是合不合规，这是风向标和指挥棒，不是实绩考核，而是合规考核。

其实，核心还是在于，我们国家治理能力若能达到一定程度，这个体系可能就有效；要是我们能力还提不上，再漂亮、再先进的体系，也没办法。

问题怎么解决？单单依靠反官僚主义、反形式主义，可能还不够。要治这个病，只有通过调整体系里的前后左右关系——横向、纵向、条块，得系统性调整，重新达到平衡。

进一步说，要回归常识，尊重人性，不能让每一个工作者变成非人性的工作机器——这是接下来治理现代化必须要达到的目标。

# 基层督查检查考核泛滥，谁之过？*

2018年10月，中共中央办公厅印发《关于统筹规范督查检查考核工作的通知》，对一段时间以来基层反应强烈的上级督查检查考核过多过滥的问题进行规范治理。其中特别规定，对县乡村和厂矿企业学校的督查检查考核事项要减少50%以上。

应该说，中央的通知是及时的，亦点中了基层的痛点。不过，在实际工作中，兼顾上级权威与基层自主性、政策的统一性和灵活性，并非易事。平心而论，当前形式主义、官僚主义问题突出，导致基层苦不堪言的问题，既不能简单归咎于上级决策的"不接地气"，亦不能简单理解为基层工作的教条僵化，而是政府间上下级关系的失衡，责、权、利不对等的结果，是国家治理体系和治理能力不足的表现。

---

* 本文最初发表于微信公众号"侠客岛"（2018-10-14）。

## 一、“压力型体制”的形成

任何一个行政体系，督查检查考核系统都是必需的，这是上级能够“控制”下级的前提。大致而言，上下级政府间围绕着目标设置、检查考核、激励分配及剩余分配形成不同的互动模式。

20 世纪 90 年代，一种以目标管理为核心特征的基层“压力型体制”逐渐形成。其核心特征是，上级政府对经济社会发展的各项目标任务进行“数字化”管理，并建立各个指标体系，层层分解，层层加压。由于目标任务“可视化”，亦是可计算的、可比较的，使得所有基层政府都围绕着 GDP、计划生育率等指挥棒展开竞争，“压力型体制”亦是一种“锦标赛体制”。

应该说，过去我国的基层治理之所以有活力，基层政府普遍积极行政，基层在“赶超型”国家发展战略中发挥了基础作用，恰恰源自这一体制在特定的历史条件下发挥了一定的积极作用。

第一，这一体制是在中央向地方“放权”的过程中塑造出来的。20 世纪八九十年代，我国的央地关系呈现出中央放权、地方分权的趋势。从控制权的分配上看，中央除了掌握国防、外交、宏观调控等必要的权力，经济发展和社会事务等各项权力大都下放给了地方。

这一趋势亦传导到地方各层级政府关系之中，这使得在控制权的分配上，上级政府往往只掌握目标设定权以及辅以其中的检查考核权，将激励分配权和剩余控制权都让渡给基层，基层因此获得了极大的自主性。但因为上级政府往往“只要结果，不要过程”，在诸多时候，还默认基层政府为达到目标而不择手段——这也就可以解释，为何 20 世纪 90 年代末全国的乡镇政府在税费征收、计划生育等“国策”执行过程中，都不同程度地存在权力滥用等情况。

第二，这一体制是在“监控型国家”远未建立起来的时候塑造出来的。在当时的技术条件下，央地之间、地方各层级政府之间的信息不对称是普遍存在的事实，上级政府非常清楚它不可能有效监控基层政府行为。哪怕是掌握了检查考核权，因行使这一权力需要高度有效的信息渠道，上级政府对问责机制的启用也极为慎重。多数情况下，上下级政府只是将检查和“迎检”的游戏当作上级控制权的“展台”，并不真正激活检查考核权。只有在有确切的证据的情况下（如媒体曝光、群众反复上访告状），问责机制才会启动。

## 二、“压力型体制”的弊病

这么说来，上下级政府间的“默契”，是国家治理能力有限情况下的必然产物。

一位乡镇党委书记给笔者讲过一个故事，很能说明这个道理。他在担任党委书记的时候，上级相关部门布置过一个任务：3 个月之内要种 40 亩地的树。他就将这个任务分配给分管副镇长去办理，并指示财政所给予足够的经费支持。过了3个月，这位副镇长汇报说任务已经完成了；这位党委书记表达了赞许之意，说那就写个报告向上汇报吧，这事就算结束了。

事实上，这位乡镇党委书记说，他百分之百确定不可能完成任务，因为其辖区就不可能找到40亩荒地；这就意味着，乡镇财政足额拨付的经费，这位分管副镇长肯定从中贪污了一部分。但他作为一个有经验的党委书记，不可能捅破这层纸。因为一捅破会有无尽的麻烦：第一，如何向上级交代？其实，上级或许也清楚这个任务因各地情况不一，不可能都完成。但如果自己主动承认完成不了，上级政府如秉持实事求是的精神，就得下来调研、重新安排指标，费时又费力；如果不实事求是，那就问责了事——但上级又如何向更上一级交代呢？第二，让下属怎么干？

副镇长在接下这个任务的时候，很清楚是不可能完成任务的。但他还是接下了，某种程度上是为领导分忧——真出了问题，他得担责。因此，哪怕是副镇长真贪污了种树款，也是一种"激励分配"。

很显然，"压力型体制"和"锦标赛体制"虽调动了地方的积极性，但也是有限度的。其最大的弊病是，基层政府"不作为""乱作为"的可能性大大增加。在当时的技术条件下，上级政府为了约束基层政府，只能通过一些"简单、粗暴"（却也有效）的办法来补救。比如，"一票否决"就是这种性质的制度设计。把税费征收、计划生育、安全生产等中心工作列为"一票否决"事项，传递的政策信号是这些事项不可糊弄，必须保质保量完成。在这个意义上，基层政府为了完成中心工作，可谓不遗余力；但对类似种树这样的“软指标”糊弄糊弄，亦再正常不过。

## 三、检查考核权实质化后的问题

农村税费改革后，基层政府行为普遍出现了从“积极行政”向“消极行政”的转向。这与农村税费改革和免税政策的实施，以及农村计划生育转型，导致基层治理告别了“赶超”时代有关，更与最近十余年来央地关系的变化有关。

与 20 世纪八九十年代的地方分权趋势不同，最近十余年间，中央和省级政府通过垂直化管理执法、市场监管等部门，开始了一场新的集权化转变。这在某种程度上重塑了基层治理：由于上级掌握了财政和行政权力，基层政府的自主性大大下降，基层政府更是围绕着上级的指挥棒转，上下级政府间的博弈空间大为缩减。

这在控制权的分配上体现尤甚：上级政府不仅继续掌握着目标设置权，还在相当程度上掌握着激励分配权，基层的剩余控制权也被有效制约。而最为突出的表现是，依赖于纪委监察和政府督查力量的持续强化，检查考核权具有了实质意义。

应该说，检查考核权的实质化，是国家治理能力提升的表现。客观上，检查考核之所以起作用，而不是像 20 世纪八九十年代一样沦为“游戏”，是国家基础能力提升的结果。

比如，在精准扶贫的过程中，基层对这一领域的形式主义、官僚主义问题反应最为激烈。但如果跳开扶贫工作本身，可以看见精准扶贫很可能为国家治理现代化提供了契机。如果不是扶贫系统及各级党委政府绞尽脑汁要精准识别贫困、精准施策、精准脱贫，或许类似大数据核查系统这样的治理技术不会产生那么快。正因为有了这个系统，连带着低保政策实施、“微腐败”治理等基层治理实践也变得高效而规范起来。

反过来说，今天基层督查检查考核之所以过多过滥，恰恰是国家治理能力不足所致。其中的关键是：当中央和上级政府的控制权急剧增强，而国家基础能力又未同步提高时，上级对下级控制权的实现必然依赖于可视化的“痕迹管理”，而无法依靠实绩评价。

同样以精准扶贫为例。大数据核查系统是可以排除一些明显有房有车有存款的假贫困户，但绝大多数农民的收入和支出过程都没有“留痕”，很多非正规经济亦未“数据化”时，“精准”从何而来？为了接近“精准”目标，只能依靠扶贫干部反复“算账”。高度精准的系统以秒为单位计算出的扶贫问题，基层就得以天、月为单位，再加上人海战术来回应计算机提出的问题。

久而久之，真正一线的扶贫工作倒是不重要了，重要的是“算账”，让系统有效运作。可见，这几年尽管国家基础能力提升了不少，但远未到可以精确计算的时代。当前基层之所以受困于形式主义和官僚主义，根源在于我们在用计算机的方式来治理算盘时代的社会。

## 四、上下责、权、利的不对等

基层治理其实是有规律可循的。基本原理是：上下级政府间需要在责、权、利上形成相对的平衡关系。而这种平衡关系，除了受国家治理能力和社会本身的“可视化”水平的影响，最直接的还是与控制权的分配有关。

当前，一种以行政理性化和技术治理为特征的“集权”正在开展，上级政府部门通过项目制、问责制、目标考核制、办事留痕等技术手段，将基层政府行为纳入“制度的笼子”里。而同时，在基层，过去经过长期实践已经适应了的数据化管理领域（如 GDP），不再是衡量基层治理绩效的主导要素；而一些未能高度数据化管理的工作，如党建、环保、维稳等，渐渐成了基层治理的重要任务。

这就意味着，一方面，集权化使得上级政府，尤其是那些垂直化管理等部门，获得了对基层政府的部分“控制权”，使得它们普遍以强化“属地责任”的名义将部门责任转嫁给基层政府；另一方面，随着国家治理转型，一些“软指标”渐渐“硬指标化”，且又苦于无法有效“智能计算”，就只能依赖于传统的督查检查考核等方式来获取信息。

在这个意义上，上级部门和基层政府间的责、权、利不对等，在治理任务急剧加重等情况下，加剧了形式主义和官僚主义的问题。

比如，各地这几年对环保和安全生产问题愈来愈重视，而环保部门和安监部门又是垂直管理部门。导致的结果是，环保和安监等部门借着中央对相关议题高度重视的“势”，不断强调基层政府对相关问题的“属地责任”，动不动就启动问责机制。问题是，基层政府无法有效行使属地管理的权力，因为相关的执法权只有部门，准确地说只有拥有执法资格的少量执法队员才能行使；更麻烦的是，部门垂直化管理同时意味着部门分割，执法权的分散必然造成执法效率的低下。

这便是基层普遍存在的“条块分割”导致的责、权、利不对等的问题。在基层治理中，基层政府抱怨执法权不在身上，根本就不可能有效治理；部门则抱怨，基层政府有属地责任，如果平常管理得好，哪至于到执法这一步？

基层政府还抱怨，“上面千条线，下面一根针”，现在哪个部门都以属地管理的名义要求基层履职，但也要有那么多人啊——大多数地方的基层政府工作人员，能够应付上级的各项文字材料就不错了，哪还有时间和精力来落实各个事项？于是，相当部分地区的基层政府以村委会规范化的名义，将村干部纳入基层行政体系，一些基层治理事务让村干部去完成算了——很不幸，连村级组织也受困于上级督查检查考核。

## 五、治本之策

从中央发文的思路来看，中央显然认识到形式主义、官僚主义的问题表现在基层，根子在上面。短期内，通过规范、压缩上级督查检查考核是有效的。但是，就国家治理现代化的进程看，这一措施或许也只能起到治标的作用。欲有效解决这一问题，还得依赖于国家能力的提升及基层治理体制机制的创新。

2018年暑期，笔者在北京平谷区调研，其“街乡吹哨、部门报到”的经验对解决基层督查检查考核过多过滥的问题有所启示。其基本做法是，在区域治理范围内，不仅保证基层政府对部门的控制权，还赋予街道办事处和乡镇政府部门考核权和召集权。这样，面对一些需要部门协调及条块合作的治理痼疾，街乡可以“吹哨”召集各职能部门现场“报到”，参与联合执法。运用这一机制，平谷区猖獗多年的盗采砂石、盗挖黄金等问题得到了有效控制。而部门因参与了治理过程，且治理目标亦“可见”，也就不存在随意启动督查检查考核工作的问题，更不用启动问责机制。

解决基层督查检查考核过多过滥的问题，需要有耐心、有定力。

一是要从提高国家基础能力入手，积小胜为大胜。千万不要小看了类似“街乡吹哨、部门报到”以及大数据核查系统这样的基层探索，它们是在一点一滴地提高基层治理能力。

二是要适当给基层治理减负。一个地方、一个时期，都只能有一个中心工作，其他工作要围绕中心工作开展。我们正处于全面建成小康社会的关键时期，同时进行三大攻坚战，时间紧、任务重是真的；但基层工作也要讲究张弛有度、有所侧重，抓住主要矛盾，才能避免“眉毛胡子一把抓”。在这个意义上，笔者还是建议各个地方政府可否做一个调查：基层干部“5＋2”“白＋黑”的情况是否普遍？如果普遍，还要轮番督查检查考核，有必要么？实际上，基层干不干活、干活怎么样，最“可视化”的指标是时间，而不是各种台账。

# 讲真话的乡村女教师：基层形式主义何时休？*

2019年10月，湖南永顺县乡村语文教师李田田在自媒体上推送文章《一群正被毁掉的乡村孩子》，质疑学校频繁迎检、教师忙于“扶贫”耽误课程等形式主义现象。

因为文章引发了相当关注，当地教体局深夜约见，让李老师备受压力；而目前，在媒体深度跟进、州委领导亲自介入后，李田田的实话得到了印证，“惊吓”也得以解除。

虽然事情已经告一段落，但它所反映出的基层现实倒也格外“真实”。

## 一、“忍”术

李老师文中有不少心痛无奈之语：“开学以来，学校几乎每

---

* 本文最初发表于微信公众号“侠客岛”（2019－10－20）。

周都有检查，隔两天，我们就要带学生大扫除。停课扫地是常有的事，我的语文课已停滞不前。老师得走访扶贫，我身上就有五户贫困户，得时常与他们联系。这不，本周末老师们又要下队走访，算老百姓收入，搜集整理信息，填写各种资料。有几次，检查应急，我们老师不得不停课去政府加班，让教室空堂，我们把那 400 多个学生置于何地？把教育置于何地？”

唏嘘之余，笔者发现这篇文章所揭示的种种，在各个贫困地区实在是再普遍不过。客观上讲，农村中小学历来是形式主义的重灾区，这不仅是因为学校管理本身就陷入了形式主义的魔咒，还因为教育系统作为各农村地区最庞大的事业单位群体，需要深度介入当地的中心工作，自然容易受到官僚主义和形式主义的影响。比如李老师文章中写到的脱贫工作，这些年来，脱贫攻坚成了贫困地区“压倒一切”的中心工作。而具体到教育系统呢，它本身就面临着与其业务相关的政治压力，如控辍保学等工作直接关系到脱贫验收，各学校都得花大精力监控留守儿童、贫困家庭儿童等重点群体。再加上，在一些深度贫困地区，由于贫困人口众多，扶贫任务重，凡是公职人员都有帮扶任务。像李田田这样工作才几年的年轻老师，也有 5 个对口帮扶对象。

在这种情况下，业务单位聚焦主业，其实是不容易做到的。像笔者调研过的一些贫困村里，扶贫工作队有公检法的，有医院的，有学校的。

这些单位本身业务就比较繁忙，还要承担繁重的脱贫攻坚任务，要说对本职工作没有影响，怕是自欺欺人了。李田田老师说，她的学校最近几年都是忙于迎检、做材料、入户，乃至于影响了教学进度，可谓一点都不夸张。

只不过，贫困地区的脱贫攻坚工作具有较强的政治性，从党性、责任和担当的角度看，各单位和党员干部配合中心工作，是不能讨价还价的。笔者在和扶贫干部交流过程中，发现大部分扶贫干部首先都对脱贫攻坚工作有较强的认同，认为参与其中的确是党员干部应尽的责任。其次，他们也觉得这是“分内之事”，即便另有专业职责，扶贫也算是“临时分派”或组织交办的“其他事项”，这在业务工作上也是说得过去的。再次，基层的朋友虽对扶贫工作的形式主义深有体悟、多少都有怨言，但理性分析，觉得这也难免；况且只要脱贫摘帽，事情就完了，也就“忍”了。所以说，扶贫干部一般是不会公开抱怨甚至反抗的。按照李老师在文中所言，她算是“忍”了很长时间，私下应该是表达过不少意见的，以至于还有同事劝解和开导她要有“政治觉悟”。但不管怎样，她的这篇文章终归算是“意外”——

也许是她入职时间不长，平常又喜欢自己写点东西，对有些事情不吐不快。但对于大多数扶贫干部而言，他们却早已习惯扶贫工作中现有的“工作伦理”。

## 二、由来

本质上讲，扶贫干部们的“焦灼”现状，和“集中力量办大事”的机制有关。

而如何保证集中力量办大事？主要依靠党政统合机制。一直以来，扶贫工作作为一项“业务”，是扶贫办和乡村干部的工作，和其他干部是关系不大的；然而，一旦把脱贫视作国家和地方经济社会发展的核心指标，且赋予时间压力（即在有限时间内完成任务），扶贫工作就会从众多的“业务”中独立出来，成为远超其他业务的“重点工作”。在特定的地区和特定的时间节点，“重点工作”还会进一步提升，成为“一把手工程”，再进阶为“压倒一切的中心工作”。李老师文章里说，开学以来每个星期都要迎接检查（县检、州检、省检、国检），还要频繁入户做材料，出了错还要追责——

这应该是当地的脱贫攻坚工作到了最关键的时刻，要接受第三方评估和摘帽检查。

鉴于脱贫摘帽的重要性，各地基本上都是抱着不能出一点错的心态在做准备工作的。而在“非常态”工作压力之下，形式主义也由此产生：反复检查，反复查找漏洞，反复动员，反复加压，总之是要尽最大限度保证“万无一失”。问题在于，“百密一疏”总是在所难免，只要认真，总能挑到“漏洞”。笔者就观察过不少贫困地区的迎检工作，基础工作不可谓不扎实，检查准备也不可谓不认真，但极少有不出纰漏的。

如果碰到一位理性一点的上级领导，还能够得到理解；但要是碰到“不讲情面”的领导，就会本能地怀疑下级工作不扎实，进而要求整改。

在李田田老师的事情上，笔者是支持这位年轻老师的；而对于当地政府和教育主管部门的行为，笔者却也不无同情性的理解。从县领导的角度说，全县干部、群众辛辛苦苦脱贫攻坚了好几年，好不容易到了要成功的时候，若突然因为一篇反映形式主义的文章而被否定了成绩，怕是有点冤枉。

对于当地教体局来说，就更承担不起这种责任了。合理推论，局里领导肯定是接到了县相关领导的指示，需要妥善处理李老师反映的问题。但谁都明白，且不论李老师反映的问题多半是事实，即便和事实有出入，也谈不上是什么错误。

要正儿八经地采用制度手段去处理，还真不好弄。于是，教体局采用了一种“非正式”的治理策略：让李田田的亲戚去做工作，并以关心的名义沟通。只不过这种柔性方法操作得并不成熟——要求李田田连夜冒雨进城，还找到其宿舍要求其签字，传递的怕是相反的意思。这么说来，这个事情倒也很难说该由谁来承担责任。脱贫攻坚中的形式主义问题，有其深刻的制度根源；只要是压倒一切的中心工作，就隐藏着诸多的政治信息，不能用简单的行政理性去理解。

## 三、形式

为了完成中心工作，地方党委政府会集中调配资源，领导注意力也多集中于此，工作要求和考核权重都会迅速提高，而由此而生的形式主义通常表现在两个方面：

一是重点工作的容错空间小，基层必须采取措施“避责”，把工作做扎实更是最好的“避责”。

但在实践中，怎么样才算是“工作扎实”，就很难讲了。有些地方工作确实很扎实，但不一定对得上上级的指标体系；更要命的是，“意外”又总是难免。“避责”的关键慢慢就变成了：一旦有“意外”事故，或上级“意外”发现纰漏后，马上采取措施合理解释（最好的办法是，什么事都“留痕”，让上级有据可查）。李田田老师反映形式主义问题后，有关领导拿一个县里出示的解释文本让其签字，就是出于“避责”和“自保”的考虑，万不得已的时候对上级和公众有个交代：你看看，连李老师都承认了，她说的有点片面。

二是重点工作的“重要性”，上级往往只能通过提高要求和领导重视来体现。

平心而论，在一般贫困地区，在如此之大的扶贫资源投入下，按期脱贫怕是问题不大。然而，要把脱贫的成绩真正体现出来，怎么弄呢？只能用标准数字、文字、图片、实地“盆景”来展示。基层不断做形式主义工作，一方面是要把实事呈现出来，另一方面，至少表明一种态度。否则，连形式都不做，怎么能说是重视？

长此以往，上级和基层就陷入了一个极其吊诡的境地：领导越是重视，越是下基层调研、检查，基层就得做越多的形式主义工作来回应上级。

近年来，为了解决基层官僚主义和形式主义问题，很多事无巨细的措施也都一一落地，但从基层的反映看，效果尚不明显。

比如“四不两直”调研（“四不”：不发通知、不打招呼、不听汇报、不用陪同接待；“两直”：直奔基层、直插现场），虽然减少了一些迎来送往的工作，但在某种意义上，基层更是紧张了——得做更多的形式主义工作以备检查。说白了，官僚主义、形式主义本身就是科层组织的产物，在封闭体系内很难根除。尤其是在治理现代化还未达到一定阶段的情况下，单纯在体制内去反官僚主义、形式主义，最可能致使的结果不是二者的减少，而是其更多的“繁衍”生机。那么，出路何在？笔者觉得，解决这一问题，根本上还是要取道于民主集中制和群众路线。毛主席就说过：让人说话，天塌不下来。李田田老师说了真话，根据民主集中制的原则，领导认真接受批评，加以改进就是了；如果有不同意见，那也只能用讨论、说服的方法，不能压服。

所幸，针对本次事件，湘西州委书记叶红专已经表态：湘西州将整顿一切形式主义的检查，教师有什么好的建议，支持公开发表，并及时予以调查解决；今天（2019 年 10 月 20 日），由永顺县纪委监委牵头的调查组也正式成立，对发现的问题及时整改并严肃处理。当然了，李老师反映的问题，也不是永顺县一地存在的问题；州委领导为她说话，其实也是为永顺县和其他地区的相似困境解套——将来还是少搞形式主义吧。

# 扶贫变扰民，形式主义可休矣*

最近，一张贫困户家的“门前照”火了，门前写着：

“各位领导：本人已脱贫，请不要再来打扰了”。

据笔者了解，照片背后，当日上门的扶贫干部其实是自掏腰包，买了一壶油、一袋米，“私车公用”翻山越岭来走访，结果却吃了闭门羹。

按理说，扶贫是好事儿，也是现在在做的大事儿。但为什么会出现这样黑色幽默的场景？

事实上，类似的场景，在笔者这两年调研扶贫遇到的普遍现实中，不算少见。

## 一、群众

本质上说，扶贫工作是典型的“群众工作”。

---

* 本文最初发表于微信公众号“侠客岛”（2018－09－12）。

毛泽东指出，“我们共产党人无论进行何项工作，有两个方法是必须采用的，一是一般和个别相结合，二是领导和群众相结合”。之后，群众工作也延续成为新中国的国家治理新传统。尽管当前国家治理不断强调规范化、程序化、专业化，但基层的许多中心工作仍高度依赖群众工作。

换言之，能否充分发动群众，把党和政府的意图转化为群众意愿，是基层工作能否简约高效完成的关键。毕竟，基层行政力量有限，群众工作可以是必要补充；基层事务也多需要与群众见面，与群众见面、接触就成为群众工作的不二法门。

从扶贫来说，其任务的完成，不仅在于地方党委政府，也在于群众的脱贫意愿和努力。从目前看，精准扶贫已是贫困地区中心工作，各地无不将之视作“一号工程”，行政资源配置已经足够；真正的问题是，如何将扶贫资源有效转化为群众脱贫的动力和条件。

这就必须通过群众工作来实现。应该说，扶贫工作遭遇“政府动而群众不动”的尴尬，原因可能有很多，但核心是群众工作的错位。我们可以具体展开。

## 二、对象

比如最让基层为难的“精准识别”扶贫对象的问题。

20 世纪 80 年代以来，扶贫工作基本上是一项发展政策。其重心在于，通过改善贫困地区的基础设施，发展地方经济，实现减贫目标。在此政策背景下，各地要做的工作是确定“贫困发生率”；至于贫困户是谁，倒是无甚重要。事实上，当时基层在上报贫困户时，也多是随意申报的。

但在扶贫资源将“精准到户”的前提下，扶贫工作需要花费许多精力在“识别”贫困户上。一般而言，在实践中，“绝对贫困户”是极少的，好识别；难度在于确定“相对贫困户”。还有一些地区，实际贫困发生率远低于政策规定，只好将部分非贫困户强拉进贫困户行列。

出现此种情况时，就会出现框定贫困人口符合了政策要求，但群众不满意，基层干部忙于处理各种矛盾的情形。笔者在某贫困县调研时就遇到了这种情况：乡镇党委政府都想实事求是确定贫困人口，但县扶贫办却不允许，因为国家政策规定他们“必须有足够的贫困人口”。这就很反讽了。

与这种“被贫困”相比，也有“争当贫困户”的现象。毕竟，精准施策的结果之一是贫困户会获得好处，因此大家直观地将精准扶贫视作一种“福利分配”。

为什么扶贫工作会找错扶贫对象、群众工作找错群众，从而出现负面效果？这就需要反思扶贫方法是否错位。

## 三、方法

对于大多数贫困地区而言，致贫原因基本包括两种：一是家庭支出过大，包括教育、医疗、住房等；二是家庭收入太少，主要是缺少劳动力、就业机会少等。

目前，绝大多数地区的帮扶政策里，都通过社会保障政策及财政兜底等形式，几乎免除贫困家庭的大额开支；但家庭增收却无法通过这种方式完成。

一般而言，很多地方政府都会实施产业扶贫，帮助贫困户通过发展产业来脱贫。问题在于，在市场经济条件下，产业本身就意味着风险。因此，基层往往根据过去的经验，通过变通的方式来实施产业扶贫。

方法比如，找一些企业或合作社，以贫困户的名义获得银行贴息贷款；这些企业或合作社融资发展生产，同时享受到政策优惠，再以“分红”的形式返还给贫困户。在这里，贫困户其实并没有参与劳动，却凭空获得了好处。

基层干部常说，只要家里有一个壮劳动力打工，基本上就脱贫了。麻烦恰恰在于，贫困户要么缺劳动力，要么不愿外出打工。哪怕是有条件的贫困户，在获得政府支持后，优先考虑的恐怕还是用于消费，而不是发展生产。

笔者在一个贫困乡镇调研时碰到一件事：2016 年春节期间，县里来了巨量的针对贫困户的无息贷款（户均 5 万元），前提是要村委会担保。县政府要求，几个月之内必须将这批扶贫款贷完。但乡镇政府却很犹豫，村干部则普遍抵制。

为啥？因为基层干部认定，当地农民拿了这笔钱，肯定是盖房子、娶媳妇去了，不可能真发展生产，也没打算还款。结果，过年期间，很多贫困户都迟迟不出去打工，为的就是拿到这笔贷款。一些“聪明”的村干部也与之打持久战，就是不办手续，最终以拖延“取胜”。

客观上，在当前的条件下，扶贫干部上门做的多是“业务”：给贫困户算账，替贫困户办理各种政策优惠，给贫困户送各种好处。但显然，脱贫无法用这种“送好处”的方法完成。

麻烦的是，现在绝大多数工作队都是自带资源去扶贫的。那些资源比较多的单位，如财政局、交通局、发改委等，自带的扶贫资源比较多，工作就好做。一些“清水衙门”的工作队则都有“自知之明”：还是少去为好。

比如笔者调研的一个贫困村，是团县委挂钩的。按照要求，团县委每个月都要走访贫困户。村支书出于好心，每次都说：“不要来了，要了解情况问我们。”团县委的干部却很认真：“我们就到贫困户家里喝杯茶，不吃饭。”村支书只好实话实说：“老是不见实惠，老百姓觉得是扰民。茶也不要去喝了，老百姓没空。”

换言之，扶贫干部做的是自己的工作，却在多大程度上与贫困户有关呢？故而，哪怕是贫困户得了好处，也会觉得厌烦。

## 四、模糊

其实，回到本源，所有政策的“精准实施”，都需要建立在两个基础之上：一是政策信息足够透明，二是政策信息可计算。

但在目前的乡村社会，这两个条件常常难以成立。比如，我们的一些扶贫大数据平台整合了户籍、银行、房产、车辆、教育、医疗、社保等信息，可以识别出一些“假贫困户”，但绝大多数真正的贫困户的信息则通常是模糊、难以计算的。

就拿最直观的家庭收入来说，经常连农民自己都说不出来（季节性变动、零散收入等）；一般农民并不记账，其家庭经济活动也难以计算。在笔者看到的贫困户家庭中，几乎每户墙上都贴着大大的白纸，写着这家贫困户的家庭收入、开支情况——这就是前面说到的扶贫干部的大量“算账”工作。

笔者一问才知，这是为了让贫困户记住自己的家庭收入和开支等关键信息，以免上面检查时，贫困户答不上来或答不准确而致扶贫工作功亏一篑。

“精准”和“模糊”，是中国基层社会长期需要处理的现实问题。如果基层干部扶贫工作的重点、难点，从“如何让贫困户脱贫”变成“如何让扶贫工作经得起扶贫系统的考核”，那就变味了，走向形式主义。

在实践中我们也看到，为了保证在上级验收时万无一失，只能对贫困户反复遍访、回访、拉网式排查，做完的工作要回头看、再回头看，相关数据不断核查、比对，档案改了又改。

从这个角度说，如果我们建立了可以覆盖整个治理过程的监督体系，却未能实现对基层社会的有效监测，就始终会出现一种矛盾：哪怕基层真做了事，真接触了群众，但出发点和落脚点都是为了“证明自己做事”，又怎么谈得上跟群众交心？

因此，在新时代要做好群众工作，首先是要在行政的“科层体系”内部走群众路线。上级应该慎用督查、问责等手段，而应该多走基层，多做基层干部的思想工作，多和基层干部交心，在调动其工作积极性和主体性的过程中解决问题。

# 脱贫攻坚不要搞“大跃进”“浮夸风”*

2019 年 3 月 7 日下午，习近平参加甘肃代表团审议，主题就是脱贫攻坚。

在提到脱贫攻坚进入关键阶段时，习近平警告，不要搞那些急功近利、虚假政绩的东西。人民日报客户端、新华网等渠道传出了一段通稿之外的文字。

习近平强调，实现脱贫攻坚目标，越到关键时候越要响鼓重锤。不要搞“大跃进”“浮夸风”，不要搞急功近利、虚假政绩的东西。这些问题我们历史上都有深刻教训。

用历史上极左时期的深刻教训来警示当下，习近平深有用意。可以说，对现在脱贫攻坚关键阶段一些地方出现的“虚假式”脱贫、“算账式”脱贫、“指标式”脱贫、“游走式”脱贫等问题，习近平保持着异常清醒的头脑。

---

* 本文最初发表于微信公众号“侠客岛”（2019-03-08）。

## 一、现象

截至本文成文，距离 2020 年全面脱贫只有两年时间了，各地都在加紧脱贫攻坚，努力实现贫困县“摘帽”。应该说，这些年来贫困地区的党委政府，尤其是战斗在扶贫第一线的广大基层干部为此付出了艰辛努力。然而，也正是在关键时刻，脱贫攻坚暴露出不少问题。

怎样避免搞急功近利、虚假政绩？关键还在于吃透习近平反复强调的这句话：在脱贫标准上，既不能脱离实际、拔高标准、吊高胃口，也不能虚假脱贫、降低标准、影响成色。其实，就一个意思：一定要实事求是。

比如，有些贫困县热衷于数字脱贫，为了保证提前实现脱贫目标，投入的扶贫资金大大超过实际需求；并且，为了避免“因病致贫”，不仅提高了贫困人口的合作医疗报销水平，还确立了大病统筹以及民政兜底等专门政策，贫困人口生了病几乎不用花一分钱！引起非贫困群众不满。

有些贫困县为了提前实现脱贫摘帽，几年间投入几百亿用于脱贫攻坚，而当地贫困人口才 10 万！前段时间，有贫困县不顾自身财力，盲目举债搞几千万甚至上亿的形象工程，被有关部门处罚。这种看似“高标准”，恰是脱离了实际。

这些问题都暴露了一些地方在脱贫攻坚工作中的急功近利、虚假政绩。

所以，脱贫成果能不能经得起历史检验？脱贫质量是关键。习近平说了六个字：脱真贫、真脱贫。意思很明确，要在尊重贫困治理规律和现实条件、现行标准的前提下搞精准扶贫。

习近平的提醒是及时的，也是切合实际的。

## 二、根源

刚才说了，一些地方出现的“虚假式”脱贫、“算账式”脱贫、“指标式”脱贫、“游走式”脱贫等问题，群众反映强烈，显露出“大跃进”“浮夸风”的苗头。平心而论，在脱贫攻坚中恶意搞“大跃进”“浮夸风”，试图为自己的晋升谋求政绩的地方领导，是极少数，但足够引起我们的警惕，因为这是严重的作风问题，也是政治问题，是形式主义、官僚主义的极端表现。

习近平在甘肃代表团的讲话中也再次点了形式主义、官僚主义的名，称脱贫攻坚工作中存在的这种现象，“影响脱贫攻坚有效推进”。

原因何在？笔者认为，有一些客观上的成因不得不注意。

一是政策传导问题。长期以来，我国的贫困治理实际上是发展政策的一部分，尤其强调通过区域扶贫开发和整村推进的方式来实现脱贫，这就难免出现大水漫灌、扶贫效率低下等问题。

2013 年，习近平在湖南湘西考察时首次提出“精准扶贫”，这标志着中央的扶贫思路发生巨大转变，但不少地方党委政府并未注意到这种变化。一直到 2015 年 11 月 29 日，中共中央、国务院颁发《关于打赢脱贫攻坚战的决定》后，精准扶贫政策的内涵才被充分传导到基层，这就出现了地方扶贫“时间紧、任务重”的客观困难。

二是政策衔接问题。之前，各地的扶贫工作主要附属于地方经济发展，专门的扶贫工作体系是比较薄弱的，很多地方政府甚至没有专门的扶贫机构，有也是与别的部门（如老区办）合署办公。

脱贫攻坚战打响后，中央对脱贫攻坚的要求极大提高，很多地方党委政府感到手足无措，因为根本就没有足够的力量开展这项工作。这也就难怪很多贫困县在确定贫困人口时，还是按照旧有的办法“估算”，村干部随便填写；很多地方政府在旧有的政策惯性下，以为多报贫困人口，上级就会给更多的“好处”。

结果就是，一开始就出现了贫困人口识别不精准的问题。此后，一些地方被检查出贫困户漏评、错评等问题，多与前期工作不扎实有关。而“一步错，步步错”，随着扶贫考核检查越来越重，反复填表、重复工作现象就在所难免。

这也是习近平反复强调“精准”二字的现实原因。

三是上下级信息不对称问题。精准扶贫是一项全新的工作，政策设计部门也很难提供标准的操作流程。就好比“两不愁、三保障”的脱贫标准，那是基层经过反复实践得来的。即便如此，还存在不少模糊空间，给基层扶贫工作带来极大的困惑。

比如，“住房保障”问题，有些地方的老年人和已婚子女习惯分居，自然是老人住老房子，年轻人住楼房。但这就造成了一个问题：扶贫检查的时候，不了解情况的评估人员“一眼”就可以看到“贫困人口”的住房没有保障！类似问题，上下级之间也是经过多次磨合才解决掉的。

## 三、干部

所以，我们看到基层的形式主义、官僚主义成因很复杂，有主观因素，也有客观问题。要整治基层的形式主义、官僚主义，同样需要精准施策，对症下药。

但在现有的压力型治理结构中，责任和压力容易层层传导，导致基层一线干部压力最大、话语权最小。久而久之，在基层极易出现“身不由己”的形式主义，干部精神懈怠，这是非常值得警惕的一个现象。

基层干部是政权最细的触角，直面群众，他们的精神状态在很大程度上影响党和政府的形象，以及政策的落实效果。

习近平也看到了这个问题。他强调，要及时纠正脱贫攻坚中反映出的干部作风问题，深化扶贫领域腐败和作风问题专项治理，同时要加强对一线扶贫干部的关爱和保障。这其实提出了一个非常高的要求：干部要学会在监督和压力下工作，同时，组织部门要提供关爱、保障。

严管之下，不能没有厚爱。因为脱贫攻坚工作能否按期完成，关键还是在人。

# 县长被逼当场落泪，到底怎么回事？*

最近，笔者听了一个真实的故事。

在一次贫困县退出的第三方专项评估检查中，评估组“抓”到一个疑似漏评户，向县里反馈后，县长亲自到现场核查。因证据确凿，县长当场落泪：“这个我们认了……”

就因为多了一个漏评户，县长竟被逼落泪。

## 一

事实上，当前全国的脱贫攻坚工作已进入“摘帽”高峰期，几乎就没有出现过评估检查通不过的情况。连第三方评估的专家都说，其实一个地域范围内，大家的基础条件都差不多，每个地方都拼尽全力攻坚，结果能有多大差别呢？这个县在第三方评估中被发现了个别的漏评户，实在影响不了脱贫摘帽的大局。

---

* 本文最初发表于微信公众号“侠客岛”（2019－03－24）。

但县长为什么会落泪？

原来，该县所在市除了规定领导干部在脱贫攻坚任务未完成的情况下不能调动岗位外，市委市政府还专门规定，根据第三方评估的分数对各县脱贫攻坚工作排名，把排名情况作为领导干部提拔的重要依据——比重高达70%！

这也就难怪，县长就因为多了一个漏评户而当场落泪：也许，提拔与否本身不是关键，他真正在意的是，自己和手下一干扶贫干部累死累活，好不容易脱贫摘帽了，竟然还要落得个“差评”！这个委屈向谁说？

## 二

第三方评估这个事，值得说道说道。

作为技术治国的表现，第三方评估及其所运用的一套“科学”、标准的评价体系，的确比传统的政策评估方式来得“客观”一些。贫困县退出采用这个方法本也无可厚非。然而，所有的技术和评价都有其限度。如果对客观情况不加分析、不加辨别，机械执行，就容易陷入技术迷思，反而助长新的形式主义和官僚主义。

一种情况是，很多地方政府“任性”使用第三方评估结果，扭曲了评估的科学性。

比方说，就抽样调查的原理而言，A县有1个漏评户，B县有2个漏评户，都在误差范围内，最终呈现的分数可能是：A县

94 分，B 县 92 分。但这并不能反映两个县的脱贫攻坚工作有何实质区别。然而，一些地方政府非要搞绩效排名，把一两分的差距当作优劣的判断标准，这就有点机械了。

笔者算是走了不少贫困县，也跟踪调查了很多地方的脱贫攻坚工作。平心而论，地方政府和基层干部的繁重工作很令人感动：为了实现脱贫摘帽，几乎都是拼尽全力。如果仅仅是因为一个漏评户而得个“差评”，那就太委屈也太冤枉了些。

还有一种情况是，所谓的第三方评估，仅仅是掩盖上下级关系扭曲的遮羞布而已。客观讲，第三方评估是监督基层工作的手段，目的还是为了促进工作。但合理的监督没问题，故意折腾找碴儿就毫无道理了。

我们在一些地方调研，上级对下级的不信任、对基层的怀疑，几乎到了歇斯底里的程度。笔者的一些朋友参与了第三方评估，据他们说，一些省扶贫办作为“委托方”，话里话外都透露出对基层的不信任。这种信息明确传递到第三方，则第三方就会想尽办法“找碴儿”。

## 三

凡此种种，一方面说明上下级之间缺乏信任阻碍治理现代化，另一方面也说明政府部门对第三方评估等治理技术存在较大的误读。

本质上，贫困县退出第三方专项评估是政府绩效评估的一种，本意就是通过“评估”来代替“监督”。“监督”是为了惩戒，为了落实上级监管部门的意图，对基层具有天然的不信任感。但评估则更为柔性，目的无非有二，一是总结基层成功经验，二是查找工作漏洞，都是为了更好地促进工作。这需要第三方出于一颗公心，一切从工作实绩出发，坦坦荡荡。

但如果把评估简单等同于“找碴儿”，那就变成“猫鼠游戏”，变了味。作为“发包方”的省级扶贫办是游戏规则的制定者，围绕着脱贫攻坚的“问题”而展开工作。评估方为了赢得“发包方”的欢心，总是想尽办法“抓”问题，找各贫困县的瑕疵。被评估方（贫困县）为了获得好成绩，不仅自身工作要扎实——如事先“演练”，请评估专家来指导，让有关评估团队“预估”一遍，还要想尽各种办法盯紧评估方的各种动作。比如，评估方好不容易访谈到一个自称因家庭原因而辍学的义务教育阶段的学生，结果第二天乡镇干部就做通了学生及家长的工作，学生改口说自己是因为厌学而退学。这样，便成功排除了一个“错退户”。

简单说来，在贫困户退出机制中，那些“第三方评估”等现代治理技术，在提高治理精准度的同时，却也存在着机械化、片面化、唯一化的问题，反而强化检查评估中新的形式主义。主要表现在两个方面：

一是形成了一定意义上的“技术霸权”，排斥其他的治理方式。

比如，扶贫工作本质上是群众工作，基层干部既要扶贫，又要扶志。然而，第三方评估的内容主要是“三率一度”。“漏评率、错退率、综合贫困发生率”都是客观指标，但“群众满意度”却是一个主观指标。如果说“三率”可以通过加大投入来解决的话，“群众满意度”却有着更为复杂的背景。甚至于，连第三方也很清楚，贫困户里面客观存在“懒汉户”，而这一部分贫困人口恰恰容易依赖政府，也更有可能提出各种无理要求。为了让他们“满意”，扶贫干部大多数时候只能选择妥协。导致的结果是，“扶贫先扶志”这一重要的工作方法，反而被忽视了。

二是扩大了“官僚病”，形成了“技术专权”。

带着专业主义的光环，第三方评估的结果被认定为更具权威性、客观性。如果真正遵循绩效评估的原则，倒也还好；然而，一旦它被吸纳进政策监督的轨道，在无形中就强化了上级的专断权力。在传统的上下级关系中，下级受到不公待遇，还可以通过不同的渠道申诉；但在“技术专权”面前，下级对上级几乎没有任何讨价还价的能力。

这也就可以理解，为什么县长会当场落泪？他面对的是一种无法言说的憋屈——能怪谁呢？上级？第三方？还是自己？似乎都怪不上。要怪只能怪运气实在太差。

## 四

所以，一些贫困县为了消解“技术霸权”和“技术专权”所带来的问题，只能选择与掌握技术的“专家”和设置技术权力的上级斗智斗勇。

比如，回避评估。很多贫困县为了防止“独居老人”被评估组注意到，要求五保户进养老院集中供养——无论他们愿意与否。又比如，与评估方周旋。尽管评估有明确的纪律，如遵守“八项规定”，但仍有极大的人情交换空间。一些并不重要的做法，很可能会影响评估结果。

评估纪律要求评估方在评估过程中吃住自己负责，但又规定地方政府要协助后勤保障。一些地方为了“讨好”评估方，会以远低于市场价的价格让评估组入住当地酒店。一旦评估组不讲情面，扣住小问题不放，地方政府就可能以此作为讨价还价的理由。甚至，评估组“态度恶劣”也会成为被申诉的理由。久而久之，评估组也学乖了，所有与地方政府的接触都录音。

脱贫攻坚到了今天，基层能做的基本上都做了，有些难以改变的问题也有着根深蒂固的原因。脱贫攻坚为基层治理留下了非常重要的制度创新，技术治国是其中的重要成果之一。然而，我们在运用技术治国的同时，也切不可忽视长久以来形成的一套难以量化，但却行之有效的基层治理规则。在这方面，需要尊重基层治理的逻辑，尤其是要对基层干部给予基本的信任，让制度有点温度。

中央强调，2019 年是“基层减负年”。减负不光是减文山会海，减督查检查，还得减压，减基层干部的精神负担。

我们常说，要分清九个手指头和一个手指头之间的关系，任何工作都有可能百密一疏。看一个地方的干部状态和工作情况，得看主流。在当前的脱贫攻坚战役中，绝大多数地方干部都是积极的，也确实锻炼了一大批干部。在战役取得成功之际，他们需要获得更多的承认和肯定。

希望那些为脱贫攻坚事业尽心尽力的基层干部们，多点欢笑，少点眼泪！

# 给基层减负，到底该怎么减？*

呼吁多时的给基层减负，终于迎来一个重要通知。

2019 年 3 月 11 日，中办印发的《关于解决形式主义突出问题为基层减负的通知》（简称《通知》）全文公布。《通知》说，2019 年要解决一些困扰基层的形式主义问题，切实为基层减负。

而 2019 年正式被确定为“基层减负年”。

## 一、出击

十八大以来，中央狠抓作风建设。四风中的两个即享乐主义、奢靡之风已经大为收敛。但这几年，形式主义、官僚主义却屡禁不绝。尤其反映在基层治理上，因形式主义、官僚主义造成的基层干部负担过重、压力过大的问题，已经严重影响基层正常工作的开展。

---

* 本文最初发表于微信公众号“侠客岛”（2019－03－12）。

比如督查检查考核工作过多过滥、文山会海重新回潮、痕迹主义代替工作实务等等问题，一直被提到，但不少基层干部依然困惑："为什么一直在提，我们基层却从来没有变化？"

2018 年 10 月，中办印发《关于统筹规范督查检查考核工作的通知》，对督查检查考核工作明确监督主体，提出要压缩 50％以上督查检查考核事项。

这次的《通知》，是继 2018 年之后，中央对形式主义整治的又一次重拳出击。

## 二、心态

那么，基层干部的心态又是怎样的呢？

笔者在基层调研发现，绝大多数基层干部真是任劳任怨。客观而言，这几年基层承担着三大攻坚战的任务，绝大多数干部是理解的，也是愿意为此付出的。在笔者调研过的多个贫困县，几乎都有倒在扶贫一线的基层干部——他们或因劳累过度而倒在工作岗位上，或因意外倒在扶贫路上。

但给基层干部负担最大的，很大程度上是精神负担，是累死累活还得不到承认的受挫感。

他们抱怨的是，做实际工作的同时，为什么要花大把的时间去做一些无用功？比如天天填表汇报之类的"痕迹主义"的工作，仅仅是要向上级证明自己做了事而已。而上级来督查，非要挑毛病，有时是"鸡蛋里挑骨头"，甚至挑的问题根本不照顾基层治理规律。

“我干了这么多工作，为什么上级来个督查就能轻易否定?”这种受挫感，来自频繁的督查检查考核，根子上是源自上级的不信任。久而久之，基层干部就会产生内心抵触感，但慑于行政等级，又不得不虚与委蛇，应付了事。这其中，便产生了形式主义。

## 三、形式

人再怎么三头六臂有能力，总是超不出24小时。

就笔者的观察，当前的乡镇、街道一级的基层，至少有一半的时间和精力花在开会、整材料、陪同上级督查检查考核等“内务”上，真正的工作落实和为民办实事等“外务”工作倒没多少时间和精力了。

长此以往，基层党委政府“悬浮”于社会，基层干部脱离了群众。这种眼睛向上，也助长了扭曲的政绩观。比如，一些醒目的、标示性的政绩工程，广受某些基层领导喜欢。

笔者这么多年做田野调查，跑的基层不算少，几乎每个地方都有自己拿得出手的“点”。这些所谓的“点”，或虚或实，但无一例外，都是供上级参观的。而那些会做材料，或善于琢磨上级意图搞“点”的基层干部，的确也颇受重视，晋升得也快。

笔者看过太多让人哭笑不得的形式主义问题，比如迎检的“游戏”。

但凡上级有领导，尤其是重要领导来视察，下级就得布置好场景，设计好路线，甚至还要模拟一遍。有一个乡镇为了让“大领导”视察时满意，县委主要领导亲自“踩点”，还特意选一个样貌憨厚却能说会道的干部做“托”，到时扮演成老百姓和领导交流。原因何在？主要是上级领导的视察更像是一场仪式，是否看到真实情况倒是其次的。

一些领导还讲究排场，不能出意外——要是视察过程中出现了农民上访之类的事情，不仅下级尴尬，上级也觉得扫兴，嫌下面在找事。

其实，要减少基层负担，首先要上级主要领导和领导机关以身作则。否则，上面搞官僚主义，下面就会出现形式主义，基层负担就会源源不断产生出来。所以，这次《通知》指出，调查研究、执法检查等要轻车简从、务求实效，不干扰基层正常工作。这是非常有针对性的措施。

## 四、原因

其实，作风问题仅仅是产生形式主义、官僚主义的直接原因，深层次的原因还是基层治理任务重与治理能力较低之间的矛盾。

黄仁宇在《中国大历史》中反复强调了传统中国的一个现实：大国缺乏数目字管理能力，因此产生诸多问题。也就是说，在一个大的疆域中，上下级之间的信息沟通是现代化治理的基础。

但实际上，在信息传递如此高效的今天，上下级之间的信息不对称问题依然严重。本质上，督查检查考核主要就是因为上级没能对基层信息充分掌握，而产生不信任。从另一方面讲，上级如果掌握不了基层信息，就无法实现其控制权，治理目标也就无从谈起。

解决上下级间的信息不对称问题，主要有两个办法。

一是适当分权。客观说来，基层负担重其实是常态。这是因为，我国是一个赶超型的后发国家，基层承担了大量的国家建设任务。比如，20 世纪八九十年代，基层主要工作还是“收粮派款、刮宫引产”，件件都是今天看起来与民争利的“硬骨头”。但笔者访谈经历过那个时代的基层干部，他们都觉得那时的工作虽然累，却很有干劲。关键是因为，当时的基层有自由裁量权，上级一般只注重关键指标的结果考核，并不过多干预基层工作。基层只要做出了实绩，就会有回报——无论是物质的还是精神的。

当然，那个时候粗放型的管理造成了很多问题，制造了不少矛盾；但在上下级关系上，分权与信任是调动地方积极性的重要基础，只不过现在必须要强调在党纪国法的轨道上体现分权与信任。

二是技术治理。这些年，随着互联网技术的发展，技术治理在治国理政过程中发挥了重要作用。比如，“最多跑一次”，让信息多跑一点、群众少跑一点，都是技术应用于社会治理的成功案例。还有，各地建立的大数据平台，在精准扶贫、低保等工作中发挥了积极作用。通过信息化技术，上下级之间的信息沟通变得更为通畅，自然会让基层减负。

然而，需要警惕的是，技术进步并不必然带来治理绩效的提高，如果官僚主义问题不解决，它还可能加剧形式主义，增加基层负担。

举例而言，利用微信群布置安排工作已成为基层工作的常态。但基层干部往往身兼多职，有时连微信都看不过来。又比如，网络视频会议和电视电话会议本是节约会务成本的好办法。但是，很多基层干部反映，自从有了这类会议技术，会务成本降低了，开会的次数反而多了；同一件事情，非得开好几个会议，不然体现不了重视程度。

这次《通知》规定，“不得以微信工作群、政务 APP 上传工作场景截图或录制视频来代替对实际工作评价”，“少开会、开短会，开管用的会”，“上级会议原则上只开到下一级，经批准直接开到县级的会议，不再层层开会”，等等，非常有针对性。

## 五、人才

说一千道一万，基层减负最终还是要着眼于基层干部，为基层干部创造敢于担当、善于作为的空间。

《通知》这样说：“坚持严管和厚爱结合，实事求是、依规依纪依法严肃问责、规范问责、精准问责、慎重问责……有效解决问责不力和问责泛化简单化等问题”，提出要“有效减轻干部不必要的心理负担”，“切实保护干部干事创业的积极性，为担当者担当，为负责者负责”。

都说得非常好！

笔者在城管、公安等执法机关调研时，基层干部都开玩笑地说要是不背几个处分，就不能晋升。玩笑归玩笑，但说明一个道理：“人无完人”，看干部同样要区分“一个指头和九个指头”的关系，人用其长。对于干部在工作中的失误，同样需要用“三个区分开来”的标准仔细辨别，避免随意问责，“一棍子敲死”。

在笔者的调研中，很多基层纪检干部都说，约谈并不是为了处分干部，而是为了更好地保护干部。这种关爱干部的理念，尤其应该坚持。

总之，给基层减负的目的还是要激发基层的工作积极性，点燃基层干部干事创业的热情，推动实际工作。毕竟，我们事业的成败，关键还在人。

# 形式主义、官僚主义的顽疾，到底如何破除？*

2020年4月14日，中办下发《关于持续解决困扰基层的形式主义问题为决胜全面建成小康社会提供坚强作风保证的通知》。

这份文件可读性很强。“决不做自以为领导满意却让群众失望的蠢事”，诸如这样严厉又直白的表述，在文件中实属罕见。在文件配发的答问中，“发文件红头改白头、正式改便笺”“以‘属地管理’为由搞责任‘甩锅’”等常见问题被直接点了出来。

为什么此时专门发布这样的文件？形式主义、官僚主义这些困扰基层的顽疾，到底该怎么破除？

---

* 本文最初发表于微信公众号“侠客岛”（2020-04-18）。本文由笔者和公子无忌合作撰写。

## 一、时机

2019年是“基层减负年”。在当年的新年贺词中，习近平提出，“要倾听基层干部心声”。应该说，经过一年努力，减负确有成效。

据中办文件配发的“答记者问”披露，2019年年底，在中央政治局专题民主生活会上，习近平明确指出，形式主义、官僚主义之弊非一日之寒，从根子上减轻基层负担也非一日之功。他指出，这项工作做得不错，但不应该只是一年的事情，已经开了个头，接下来要一直这样做下去，不要什么时候又来个文山会海大回潮，要深化拓展基层减负工作，让减负成果更好惠及人民群众。

现实的确如此。比如：根据我们在全国各地的调研，此次疫情防控中尤其是战疫初期，“表格抗疫”“一人干活、多人督查”的现象多有发生。在如此严峻的“战时状态”下，依然出现形式主义、官僚主义，说明其背后存在一定的深层原因，亟须解决。

突然出现的疫情，使基层干部投入了极大精力，可以说整个基层都在超负荷运转。2020年对中国而言又十分关键，基层干部一定会面临比往年更繁重的治理任务。任务多、压力重，必然要求给基层干部“松绑”“轻装”，给予更充分的干事创业空间。

此时，解决形式主义的问题尤为迫切。

## 二、对症

中办下发的文件，非常直接地指出了困扰基层的种种形式主义问题。

多头重复向基层派任务要表格，执行政策“一刀切”；多头发文，层层开会；考核时阵仗声势大，层层听汇报，大范围索要台账资料，一味挑毛病，随意发号施令；调研时搞形式、走过场，同一时间到同一地方扎堆调研，层层陪同，要求主要负责同志出面接待，走“经典路线”作秀；滥用问责，不当问责，以问责代替整改……这些目前各级存在并且要直接解决的问题，都在中办文件中被直言不讳地指出。

从这些接地气、实事求是的表述能看出，中央深知基层的实际情况，了解基层干部的艰辛付出，更了解基层对这些现象深恶痛绝。

过去讲形式主义、官僚主义，多作为“作风问题”来进行论述，置于主观上作风不踏实、漂浮的范畴。但这次下发的文件，不仅将其作为作风建设问题，更将其视为基层治理体系和治理能力现代化的关键所在。

文件第七条专门指出，“深化治理改革为基层放权赋能”，“加快制定赋权清单，推动更多社会资源、管理权限和民生服务下放到基层，人力物力财力投放到基层”。

2020 年 2 月，笔者在解读武汉“大排查”的文章中有一句话："有责而无权、位卑而事众，让社区干部成了'夹心饼干'。"当时就有读者留言："这不仅是社区干部，也是很多基层干部不可言说的痛。"

因此，解决困扰基层的形式主义问题，需要合理完善的政策体系和制度空间。

## 三、异化

近些年，基层负荷增加不少，但治理力量和资源并没有同步增加。比如人员配备，过去20年基本没有增加，普遍缺编。基层人员时常还要被上级各部门抽调。

同时，随着社会发展，对基层治理能力的各种要求客观上都在提高。以"留痕"为例，相当于是用一天时间做一件事，还要再花同等时间整理材料——这就导致基层治理超负荷运转。而且，由于权责不对等，基层做事的自主性空间也有一定程度下降。

这就容易形成"制度异化"。例如，上级部门本来都是"业务部门"，以前职能部门跟属地政府在处理某件任务时，都是"条块结合"；现在有一些职能部门却把本该由部门负责的任务，通过考核体系下放给属地政府管理，自己却变成了"业务督查部门"。

这种"职能部门督查化"的弊端就在于，中间叠床架屋的行政机构空心化，自己不处理具体业务，而是层层交给下级属地政府，自己只“监督下面干活”；当一线的业务部门变成督查部门、每一个上级部门都变成了督查部门时，就必然会出现以开会、文件代替落实，或者转嫁压力，甚至责任“甩锅”的问题。

“职能部门督查化”的现象应该引起高度重视，因为其必然孪生出另外两种现象：“属地政府背锅化”和“村级组织行政化”。

为什么？不妨进行逻辑推演——

上级部门把事情“甩”下来，到乡镇这一级，属地政府就没有地方可以甩了。事务繁多、考核压力大，乡镇事情做不完，就只能让村、社区一级本来应当是自治组织的人员“职业化”，来帮他一起干活；这就导致基层治理体系“悬浮”在基层社会之上，行政化的事务往往都做不完，更没有时间和群众直接接触。

如果本职工作是和老百姓打交道、“打成一片”的村干部、社区干部都没有时间与群众打交道，上面的各级干部又如何完全知道百姓所思所想、所急所苦？

## 四、解决

合理防止向基层转嫁责任、完善干部担当机制，尤需合理设计或调整基层治理体系。其间关键，就是充分信任基层，给基层干部“松绑”，赋予其一定自主性，使之发挥主动性。

基层干部直接面对群众，群众需求千变万化，不可能完全精准地适用于各种预先设定的条框。这就是各种“土政策”“土办法”在历史和现实中都一定程度存在的合理性所在。能跟群众说得上话、有威信、能做实事的基层干部，靠的不是单纯的宣讲文件、唱高调，而是用百姓的语言、百姓的习惯、百姓的思维解决具体问题。

基层治理，实际上最需要的是这种接地气的干部。而形式主义的“套路”、官僚主义的腔调，恰恰制造了对这些干部的无形桎梏。

此份文件对此多有论述——“及时纠正滥用问责、不当问责及以问责代替整改等问题”；“加强对基层干部特别是困难艰苦地区和疫情防控、脱贫攻坚一线干部的关心关爱，真正把干部带薪休假、津补贴、职务职级等待遇保障制度落到实处，建立村（社区）干部报酬动态增长机制”；“进一步完善干部考核评价机制，以正确的用人导向引领干事创业导向，真正把政治上过得硬、善于贯彻新发展理念、制度执行力和治理能力强、‘愿作为、能作为、善作为’的干部选拔出来”……

郡县治，天下安。基层稳，中国稳。

解决问题需要直面问题。直面问题尤需实事求是。形式主义、官僚主义有其长期性和顽固性。落实中办文件，光靠会议、传达是落实不了的，必须将注意力放在每一个具体问题的分析和解决上。

# 党员干部下沉，这个大动作好！*

今天（2020年2月9日），武汉全市开展了一次大行动：整合市直机关企事业单位党员干部、职工及高校教师，共16 739人，下沉到疫情较重的社区，统一编入街道社区工作队，全天候全覆盖排查“四类人员”，确保应收尽收、不漏一人。

在一个有1 000多万人口的大城市，做这项工作相当不易。但同时，这也是一项必须要做、尽快要做的重要工作，对最终打赢武汉防疫攻坚战具有关键意义。

## 一

这段时间，防疫一线的社区工作者已是超负荷运转。

前几天，在武汉笔者居住的小区，社区书记写了一段感言，很让人感动。

---

* 本文最初发表于微信公众号“侠客岛”（2020－02－09）。

他说，他们克服物资短缺、人员不足的困难，每天忙着防控宣传、辖区巡查、测体温、送医协调、张贴通知、排查、登记造表、上报信息、送药、送生活物资、消毒、听取群众意见、咨询、居民劝导、物资发放、关注群内信息、突发事件处理、学习文件、迎检、困难帮扶等（你看完这一串顿号有多烦，基层干部的真实工作就有多累）。

按说这个时候，社区和物业工作人员应该得到掌声和赞美，应当得到更多理解和支持。然而，他们既要面临上级的检查，又要面对群众的压力。

少数不了解情况的居民还会“云监督”，投诉社区工作者在楼道消毒时怎么不穿防护服。天地良心，这个时候，哪个社区工作者不希望有套防护服？

平心而论，基层工作人员是理解防疫特殊性的，但这并不意味着他们没想法。

设身处地想一想，自从启动一级响应以来，防疫指挥部的命令每天都有，往往一天还有好几条。而每一条命令下达，都要街道社区去执行，市区两级机关基本上都变成督查者。

尤其是，自从国家卫健委提出“四集中”（集中患者、集中专家、集中资源、集中救治）的要求以来，街道和社区的工作量急剧增加；与此同时，为了保证在规定时间内完成任务，上级的检查和督查又不断增加。

于是，出现了“一个人干活，两个人督导，还有一个人督查”的现象，基层干部实在心累。

根据笔者的调查，由于人手缺乏，武汉至今还有一些老旧小区和远城区处于管理不到位的状态，社区只能完成每天一次消毒、拍照留痕这样的基本工作，“四类人员”摸排远未完成。

所以，武汉这次组织 1.6 万余机关企事业单位干部职工下沉一线，协助基层工作，十分必要。此举不仅可以缓解基层工作压力，“多一个人多一份力”，更重要的是，还可以减少中间环节，减少上下级之间的心理隔阂。

## 二

实际上，防疫工作队这一做法，在别的地区已经开展。

鄂西南的恩施州在 1 月 24 日就下发通知，要求全州各级各部门驻村工作队和尖刀班的全体同志在 1 月 25 日（大年初一）12：00 之前驻村，协助村两委做好疫情防控工作。

同样，位于鄂西北的十堰市郧阳区，从腊月二十八开始，全区分为 100 多个网格，无死角排查管控。随着形势日趋严峻，从大年初二开始，所有四大班子领导都下沉乡镇，带上自己的生活必需品，不允许回城区。从正月初三开始，全区 132 个扶贫工作队就地转化为防疫工作队，创建文明城市的工作机制就地转化为防疫工作机制。同时，动员所有机关干部、党员进社区，县级领导担任重点楼栋（有疑似或确诊病例）的楼栋长。

总之，当地及时启动工作队，下沉乡镇村庄社区一线，对积极开展防疫工作起到了意想不到的效果。

如今，武汉也开始这样做了。不过，笔者想提醒一句，工作队是去工作的，而不是下去当官老爷的。

自防疫战打响以来，已有一些党员干部牺牲在防疫一线，他们都是可敬可佩的英雄。但是，在少数地方，有些机关干部下沉街道社区后，基层还是把他们当领导看，这些干部的身份意识也没有转变过来，摆官架子、融不到基层工作中，结果什么忙也帮不上。

于是，下沉社区成了一种形式，拍个照、签个字就完了。甚至还有些干部作风不踏实，搞官僚主义，反而“带坏了”基层工作，成事不足、败事有余。

笔者听到的一个极端案例是，某地下去督查的人员全副武装，对有危险的地方避之不及，检查过后还要向鞋子喷酒精消毒——这可是基层都不舍得用的宝贵防护物资。这样的作风让基层干部群众怎么想？

## 三

那么，下沉干部如何做好工作呢？

笔者认为，一是下沉干部应当迅速转变角色。战时状态，下沉到一线，就意味着被编入了具体的战斗单元，要服从一线指挥官的指挥。因而，下沉的机关干部不再是上级领导，而是街道社区工作队的普通一员，要服从街道指挥部的指挥。

二是下沉干部应当迅速转变机关作风，和基层干部融为一体。基层的工作文化和机关毕竟有所不同，虽然没有优劣之分，但一定有适合不适合的区别。过去，上级干部下基层讲究“三同”（同吃、同住、同劳动），目的就是要打破机关作风和官僚做派。如今，虽然不一定做到“三同”，但“三同”的精神是一样的。

三是下沉干部应当充分发挥自己的专长为基层排忧解难。很多下沉干部下去以后，因为工作不熟悉，都有无从下手的感觉，并且，基层也不好意思“指挥”他们。如果自己不积极，就会变得无所事事，游离在外。

但是，机关干部是有自己优势的，至少可以上连下通，利用上级机关的力量，帮基层解决一些实际问题。新任务来的时候，主动冲上前去接手，免得基层干部应接不暇。而对基层极其厌烦的“表格防疫”等形式主义问题，上级机关干部下沉基层后，很可能会有更切身的体会，有利于今后改进工作。

大战当前，铁的纪律是“战疫”成功的保证。需要特别注意的是，纪律执行不能以损伤士气为代价，不能因为纪律监督而进一步拉大上下级之间的隔阂。

工作队是兼顾纪律和士气的一个非常好的做法。上级机关要在和基层共同工作中贯彻落实好政策，同时为基层排忧解难，像一个战壕里的战士一样不分彼此，形成精神共同体。

基层干部没有了后顾之忧，没有了思想包袱，“战疫”才能势如破竹，早日走向胜利。

期待经过今天这一役，武汉不会再发生患者没有床位、无法得到救治的事情。

# 四

# 基层干部，怎么干

# “群众无感，干部不满”现象值得警惕*

先说一件笔者老家的事。

这几年，笔者的家乡变化很大。村干部花了大力气，高标准地把十公里的通村公路修好了，还把河道修葺一新，新建了几个小公园，俨然造出一个美丽乡村。笔者每次回家，对比过去，甚是感慨。

满以为乡亲们会和笔者的感受一样，可结果让人意外。对村庄的变化，老乡似乎并不领情，对村干部所为很不屑，甚至还满腹怨气。村干部呢？也很气愤——累死累活却得不到乡亲们的承认。

一句话，“群众无感，干部不满”。

## 一、现象

笔者在基层调研时发现，这种情况很普遍。

* 本文最初发表于微信公众号“侠客岛”（2019－04－14）。

有一次，扶贫干部陪笔者访谈当地一家贫困户（单身汉）。到了后，发现贫困户家中之脏乱令人震惊，几乎没有落脚之处。旁边的扶贫干部很不好意思，拿起扫把帮贫困户打扫，边扫边发牢骚："你怎么能这样呢，政府帮你，你也要争气啊。"但他只在一边笑，很是无所谓的样子。

说实话，笔者在调研中发现，绝大多数扶贫干部干工作可真是任劳任怨，但也几乎每一个都或多或少体会过"寒心"的滋味。

类似的情况还很多。前几年某地发生水灾，当时就出现了干部救灾、群众在一边看的情况。曾几何时，动员群众参与是基层治理的"常规"，为什么现在变成了政府包办？大家都在感慨，如今的基层治理怎么了？

按常规，正常的基层治理行为，要么是群众和干部都满意，比如福利分配；要么顶多是群众和干部一方不满意。现如今，干部和群众都不满意的情况为何如此普遍？

不少基层干部感叹，现如今，政府连做好事都会做出矛盾来，真是令人费解。

## 二、群众

费解之后呢，能怪群众吗？

似乎是怪不上的。

毛主席早就说过，做任何工作，群众都有先进的、中间的和落后的三部分。这本是规律。那时候，还可以通过“抓两头带中间”的办法，把群众团结起来。

现在的问题在于，经过 20 年的高速城市化后，很多村庄都已是空心村，群众之间的社会关联已经大大弱化。再加上随着市场转型的快速推进，客观上农村也出现了群体、利益乃至于阶层的分化，人民日益增长的美好生活需要和不平衡不充分的发展之间的矛盾已经成了社会的主要矛盾。

这时候，想和以前一样，村民群众自己组织起来做自己的事，其实已经很困难了。

现在，群众不再是简单的政治标签，也不是一个单一身份的群体，而是能动者的集合体。这几年最明显的变化是：人们的权利意识越来越强，每一个人都想自己的权益得到尊重，与此同时，义务意识却不见得增强（据笔者观察，甚至还有明显弱化）。

怎么会出现这种情况？自从农业税费免除以后，农民基本上不再承担对国家的义务，各种权利也在不断增加。这当然是国家的进步——让农民享受改革红利。但在基层治理过程中，治理者很难用单一的话语和框架展开行动。直白一点就是，试图用“顾大局”来说服群众的时代已经过去了。

这些因素造成了现在的局面：人们很难再形成集体行动。这反过来又增加了基层干部组织动员群众的难度，基层干部甚至不知道“群众”在哪里了……

家乡修路的时候，笔者就曾亲身经历过一次。为了重新规划村庄，也为了降低工程量，村干部想让公路改线，从笔者家族的祖屋门口过。这涉及几十户，各家有各家的想法：大部分在家的老人都不同意，或是怕破坏风水，或是怕地盘被占；少部分中年人同意，觉得这样可以顺便改善祖屋的环境，未尝不可。

但麻烦的是，大多数年轻人不在村，老人又做不了主，家族里根本就没有“主事”的，村干部找谁去商量呢？结果，开户主会的时候，参加会议的都是老人，并且还不齐全。虽然私底下大家都不同意，但没人愿意公开出头反对。不同意当然就是默许了——那就签字吧……

结果可想而知，路是修通了，群众却不满意，后续还有无尽的麻烦，比如补偿问题。

家族不断有长辈打来电话问：“德文，村里是不是拿了钱放你这里了？”我说没有啊。但家族里的很多人都不信，说：“怎么会呢？地都被他们占了，哪有那么傻的？”天地良心，家族里有几家猪栏被拆了，是补偿了一些钱的；至于公地，村里确实没说法啊。

## 三、干部

这能怪村干部吗？

他们也冤枉，也身不由己。村里修路，资金本来就是个问题，况且占的又不是私人的地。不过，村里还是承诺了，会在祖屋修缮的时候争取项目作为补偿。

税费改革后，作为基层治理主体的乡村两级组织开始转型，其中根本的变化是失去了财政自主性，主要依靠财政转移支付来维持运转。并且，上级政府通过乡财县管和村财乡管等制度设计，剥夺了乡村两级组织的财政权。

自此以后，基层组织逐步“悬浮”于乡村社会，治理行为具有鲜明的“眼光向上”的特征。简言之，基层治理者失去了自主性，成了单纯的政策执行者。

雪上加霜的是，基层组织不仅丧失了财政等治理资源，还在响应上级“公共服务型政府”的建设中，进一步弱化了治理职能。基层政府和村级组织很难再说自己是“治理者”，而是“服务者”。

结果就是，不仅是上级，群众对基层干部的要求也越来越多。这还是在基层自由裁量权逐渐弱化的情况下出现的。

另外，干部其实已经不知道怎么跟群众打交道了。熟悉基层的人都知道，群众工作是一项实践艺术，得长期身体力行才行。但客观上，当前已经失去了让干部真正下沉和群众打成一片的条件。

一方面，没什么事需要干部和群众打成一片了。过去，税费征收、计划生育，哪一件事不得跟群众打交道。而今，即便有了“硬杠杠”的行政任务，也无须和所有群众打交道。一旦这种“可选择性”出现，基层工作就会向讲策略、讲特殊等角度去考量。

比如，有上访户，那就想尽办法处理其特殊情况；有“钉子户”，那就想尽办法找“突破口”摆平；哪怕是对待贫困户，那也是一项个别的、阶段性的工作，犯不着建立长期关联。

另一方面，上级的各种要求实际上也增加了基层干部接触群众的难度。这些年基层行政的“规范化”过程，催生了大量的办公室业务，很多乡镇干部坦言“下不去了”。甚至于，很多地方连村干部也卷入其中。

比如，很多地方搞一个便民服务中心，让村干部坐班，以为这才是“服务”。殊不知，很多中西部地区的村干部反映，坐班以后反而和群众生分了——连群众都说：坐在那里，还真把自己当干部了，何必呢？

## 四、症结

问题的症结在哪里？恐怕是我们对基层治理存在太多的误解。

误解一：庸俗化理解为人民服务。为人民服务是我们党和政府的宗旨，这一点毋庸置疑。但是，我们的政府从来没有将为人民服务庸俗化地理解为市场关系中的“服务”。这两种“服务”的意义是不同的。

为人民服务是一项政治原则，并不能等同于具体的行政过程。我们说干部是人民的公仆，主要是从政治要求来说的；而行政过程有其科学性，不能简单地用政治原则和行政价值来代替。

再有，人民群众是一个需要分析的复数，不是任人摆布的单一“符号”。尤其是在当前的基层治理环境中，为人民服务应是为群众的整体利益服务。

但很奇妙的是，过去一些年来的公共服务型政府改革，将这两种不同意义的“服务”融合，进而出现了“群众”以服务对象自居，要求基层干部按为人民服务的宗旨提供“无私服务”的画面。这种错位，造成了干群关系的扭曲：干部是可以无私，可那是为“人民”服务啊；一旦群众以“雇主”的心态要求干部时，不仅群众会面临期望过高的窘境，干部也会觉得很不适。

误解二：基层治理中老好人主义泛滥。只要群众有要求，一些地方的党委政府总是无原则地满足，什么都“兜底”。这会出现什么问题？

笔者前段时间受某市房管部门的邀请，调研了该市的物业管理情况。有一项数据令人吃惊：全市三分之一的小区物业费是政府兜底的，尤其是还建房小区和老旧小区。该市准备制定一套包括还建房小区在内的物业管理办法，笔者建议，既然是物业费，“收不收是一回事，收多收少又是另一回事”，结果受到绝大多数区级物业管理部门的反对，觉得根本不可能，也不应该。言下之意，政府还是得承担这些小区的物业费。

在对一个还建房小区的社区书记访谈中，笔者问：要是开始收物业费，得等多长时间？这位书记不假思索地说：至少 20 年。也就是说，政府至少得兜底一代人。

这种老好人主义，甚至在脱贫攻坚等工作中就体现得淋漓尽致。为什么那么多群众争当贫困户？就是因为贫困户的一切都被兜底了，利益实在太大。

本质上来说，老好人主义就是不担当、不作为的形式主义的表现——遇到问题不想办法解决，而总是想着通过“收买”来化解矛盾。殊不知，越是如此，矛盾积累得就越多。贫困户的诉求是解决了，那还有更多的非贫困户呢?

误解三：泛政治化。现如今，上级各部门在下达任务时，都要上升到讲政治的高度，要求基层配备足够的力量去完成任务。但问题是，基层哪来的三头六臂?如果所有事情都是政治任务，那不形式主义还能怎么办?

事实上，绝大多数任务对于基层而言，应该是常规性的，犯不着“短平快”，否则治理效果会适得其反。从政策执行的科学性来说，没有差别就没有政策，当事事都重大时，也就意味着事事都不重要。

久而久之，基层干部逐渐变得疲惫不堪，群众看在眼里也只会“无感”而已了。

# 乡镇工作怎样才能留住年轻人？*

近日，云南“80后”白发基层干部李忠凯意外走红。李忠凯长期在偏远的少数民族聚居区工作，交通不便、环境艰苦，再加上近年来扶贫工作时间紧、任务重，其白发已有时日。事后，有媒体曝光了李忠凯的几个“80后”同事的照片，这些基层干部的形象大抵差不多。

30岁左右的“80后”“90后”年轻干部，基本上是2006年《公务员法》颁布实施之后，通过选调生、公务员考试、事业单位招考、大学生村官等途径进入乡镇工作的。这一代乡镇干部文化素质高，政策理解能力强，熟悉办公室业务，是当前乡镇工作不可或缺的力量。

年轻干部“早生华发”有自我调侃的意味，但也反映了基层年轻干部日常工作的苦累和矛盾。目前，《公务员法》（修订草案）正在广泛征求意见。在主持2018年11月26日的中央政治

---

* 本文最初发表于微信公众号“学习小组”（2018－11－27）。

局集体学习时，习近平也强调“要把干部从一些无谓的事务中解脱出来”，“努力造就一支忠诚干净担当的高素质干部队伍”。

基层干部对此有何期盼和建设性意见？下面，笔者谈谈自己的观察。

## 一、新老更替中的“代沟”

乡镇干部除了“80后”“90后”，还有很大一部分，就是现今50岁左右的“老乡镇”。这一代乡镇干部经历过“三农”问题最为严峻的时刻，工作经验丰富，仍是当前乡镇干部的中坚力量。

这两代干部无论是在文化素质、工作作风还是对组织文化的理解上，都存在明显差异。乡镇干部工作存在代际差异：中年干部很多从事“外务”工作，负责部门的决策以及疑难问题的解决，大量时间花在群众工作和部门协调上；年轻干部则从事“内务”工作，负责文字工作以及业务流程的规范化。

这就导致两个主要问题。一是两个不同群体的乡镇干部相互“看不惯”。有丰富农村工作经验的中年干部看不惯年轻干部只会做办公室工作，遇到实际问题就手足无措。“我一句话就解决的问题，他们搞半天都搞不定”，这是中年干部常挂在嘴边的话。要是乡镇主要领导是上级机关“空降”而来的年轻干部，这些中年干部或明或暗地不配合，是乡镇工作难以推动的重要原因。而一些年轻干部亦瞧不起这些中年干部，觉得这些干部思想僵化，

“连电脑都不会用”。

二是在很多地方，干部断层问题将很快爆发。总体上，从20世纪90年代后期到2006年农村税费改革结束之前的大概十年时间，全国绝大多数的乡镇政府的编制和人员均已冻结，乡镇干部“只出不进”。而最近十年左右的时间虽放开了进人渠道，却普遍面临“留不住人”的问题。导致的结果是，绝大多数乡镇的“80后”年轻干部不超过20%，缺编问题严重，后备干部严重不足。一位乡镇党委书记跟笔者说，再过5年，一大批“老乡镇”将集中退休，他们乡镇就会面临“无人可用”的尴尬境地。

## 二、年轻干部的“根”扎不进基层

在城市化日渐加快的今天，乡镇干部的生活状态受到很大影响。

目前，仍有相当部分“老乡镇”住在农村，他们习惯农村生活，即便搬到县城居住，在农村仍有完整的社会关系网。但“80后”“90后”基层干部基本都是大学毕业，他们的生活习惯是城市化的，他们的子女教育、朋友圈需要在县城完成。但是，乡镇基本上是一个熟人社会，这对年轻干部是一个很大挑战。如果是偏远一点的乡镇，还要面临孤独、寂寞所带来的挑战。很多年轻干部刚到几天就辞职不干了，有的甚至连招呼都没打，走了以后才通知乡镇领导。

由于在基层没有社会关系网，年轻干部几乎没有办法接触农村工作，亦不可能了解一线工作的实际。

一是“内务”工作已经够多了。可以毫不夸张地说，笔者调研的绝大多数乡镇，办公室的文字工作几乎都是由年轻干部承担的。这些工作主要包括：（1）上传下达。工作虽小，却琐碎，且有时效性，其实是很考验办事能力的。（2）“写材料”。总结汇报、检查考核等，有些是常规性的，大多却是非常规性的。（3）报表台账。就目前的乡镇工作而言，报表台账几乎是上级推进任何一项工作的必备的基础工作，它承担着“办事留痕”的功能。调研中，某地推进精准扶贫，“填表”工作让村干部怨声载道，声称“打印费都可以让多家贫困户脱贫了”。

二是“外务”工作没机会。与年轻干部不一样，绝大多数中年干部都是本镇人，且在本镇工作多年，和各村的村干部相识已久。所以，普通农村工作真的是这些中年干部“一句话”的事。而重要的农村工作，则需要乡镇领导参与协调，这些年轻干部也使不上力。

结果是，这些年轻干部虽然工作在基层，但未能扎根基层，他们很难从群众那里获得工作反馈；而他们所写的材料水平如何，评判标准主要在乡镇主要领导手里。应该说，年轻干部作为乡镇工作的“稀缺资源”，乡镇党委政府都是比较重视的。但空间也就那么大，如不安于平实，多少都会有怨言。

## 三、年轻乡镇干部的成长路线

绝大多数“80 后”“90 后”年轻干部进入乡镇工作，主要有两种类型：

一是将乡镇干部当作一份稳定而有保障的“职业”，工作一段时间以后成为业务骨干，对仕途却无甚追求，既稳定，又不耽误照顾家庭。

二是对仕途有一定的想象，希望在基层干一番事业。而但凡有抱负的年轻干部，基本上都会有比较好的位置。

从职业待遇和保障上说，乡镇干部不算差，亦不算好。笔者测算了一下年轻乡镇干部的工资收入，其工资收入在当地都算是中上水平。事实上，年轻干部虽对“低收入”有一些怨言，却大多有理性认识。他们对物质待遇的要求其实是不多的。但他们在乎的是，不同身份的乡镇干部“同工同酬”。比如，公务员有车补，这是一笔不小的收入，而事业编干部和大学生村官都没有。

绝大多数年轻干部都对职务晋升有要求，而乡镇的晋升空间极其有限。调研中，“80 后”“90 后”乡镇干部几乎都有一种共同的经历——都在一边工作，一边准备各种考试。大学生村官要考事业编，事业编想考公务员，公务员又想考上级政府机关……

因此，当前的年轻干部，在短短几年内就容易出现分化：

一是一开始就看不到希望的，立马就辞职走人了。

二是工作几年后感觉晋升无望，得过且过的。这类人最大的念想就是，下班以后不要什么事都找他。

三是想尽办法离开乡镇调到别的单位的。只要做得好、能力强，几乎不愁没地方去。一些强势部门，如县委组织部、纪委等，经常从乡镇借调人员。

四是安心在基层工作的。大都是因为其工作性质相对而言比较专业、单纯，亦比较有规律，再加上家庭都已稳定，压力不大。

五是努力奋斗的。他们中的相当部分虽未晋升，却可以得到“重用”，如主持党政办、组织办、农经站等大办的工作，几乎是晋升副科的必由之路。因此，凡是在这些岗位的年轻干部，工作都比较积极，亦有追求。

## 四、让年轻干部拥有“事业感”

乡镇政府很想留人，却没法留住年轻干部。好几个受访乡镇主要领导都直言，年轻干部想离开乡镇，得理解，乡镇确实无法提供好的空间。中部某大城市市郊的一个镇，全镇共有 54 名干部，“80 后”年轻干部只有 5 人；过去 10 年，该镇“流失”了年轻干部共 8 人。

乡镇之所以没法留住年轻干部，归根到底是因为乡镇工作未能给年轻干部“事业感”。就笔者的调研来看，80%的年轻干部刚进入乡镇工作时，都是有一番抱负的。他们不是不能吃苦、不是不愿意扎根基层，但现实是乡镇工作不能让他们施展抱负。乡镇待遇不高、工作辛苦是一方面，更重要的是没有提供一套有效的激励机制。

在东部发达地区的一些乡镇，年轻干部的晋升空间虽狭窄，却有足够多的性质不一样、地位有差异、成就感不同的岗位来锻炼。比如，刚参加工作的年轻干部到管理区工作，可以非常快地熟悉农村工作，学习群众工作经验，短时间内就锻炼了工作能力；过了两年到条线部门工作，就可以熟悉办公室业务，提高政策水平和业务能力；差不多了，就可以主导某个部门的工作，为进一步的晋升创造条件。

当前，应该创新乡镇工作机制，让年轻干部尽快成长起来，让其有事业成就感。尤其值得注意的是，组织部门在选人用人中早就强调基层工作经验。但让人遗憾的是，相当部分的地方仅仅是把基层工作经验当作简单的履历来对待，而未能将之变成一种经历。改变这一状况的好办法是，重要工作岗位要优先从基层干部中选拔任用，少用、慎用“空降干部”。

另外，要想尽办法增加年轻干部的农村工作经验。笔者认为，年轻干部事业心的激发，组织认可是一方面；更重要的是，要让年轻干部直接从群众那里获得认可。因此，年轻干部不应只待在办公室写材料，而应该深入田间地头，向实践、向群众要力量。在这个意义上，必须对整个基层工作重新定位，让基层工作更接地气。

# 常务副市长身兼46职的制度逻辑*

徐州市常务副市长王剑锋“一人身兼46职”的消息在全网狠狠刷了一波存在感。

2019年1月12日，徐州市人民政府新闻办公室官方回应称，王剑锋任职的机构都是为“提高协调效率，加快工作落实进度”而成立的议事协调机构。这些机构都是临时性的，不增加编制和经费，不涉及干部职级，在达到期限或预定条件时即予以撤销。

听上去新鲜？其实，议事协调机构（“小组治国”）是颇为普遍的、有中国特色的治理机制，从新中国成立之时就已存在；甚至不止于党政机构，一些企业也用其解决相应的管理问题。

所以，46个职位，也没有那么夸张？

* 本文最初发表于微信公众号“侠客岛”（2019-01-13）。

## 一、产生

要解释议事协调机构的诞生因果，首先要从读者们大都很熟悉的科层制说起。

时至今日，科层制仍是绝大多数国家都在采用的治理方式，而中国则是科层制极有传统且较为发达的国家。甚至于与科层制相伴生的“官僚主义”在中国也挺有特色。

科层制的运行逻辑其实用一句话就能说清：“上下一致、部门分工”。就是说，国家治理体系在纵向结构中存在一个上下一致的“条条”，而在横向结构中存在一个由各个部门组成的“块块”，两者之间构成了复杂的矩阵结构。

这种结构最大的好处是在应对常规事务时有极高的效率，各部门和各级政府各司其职、相互协作，既有效率，也可相互制约。

但科层制最大的麻烦在于，它是一种“静态”结构，一旦治理任务发生变化，便很容易出现种种“官僚主义”现象。

比如办事推诿，各部门都推脱说这个事不归自己管；又如尸位素餐，也许事务没有了或只是临时会出现，却非要占一个位置；搞不好还会出现“帕金森定律”：但凡在科层制中占据了位置的官员，总希望下面有“兵”，于是就会不断制造各种名目招人，进而导致机构膨胀。

改革开放以来，我国已经完成了多次政府机构改革，几乎每次改革的首要目标都是“精简机构和人员”，但也几乎都会陷入“精简—膨胀—再精简—再膨胀”这个怪圈。

世人都把这个怪圈归咎于“中国特色”，认为是各个地方政府主观意志造成的结果。殊不知，这其实是科层制的必然逻辑。换句话说，要限制科层制的扩张，寄希望于科层制的自我完善其实是不切实际的。

要从根本上解决科层制与生俱来的弊病，只能借助于新的治理机制，议事协调机构便是因此而生。

## 二、作用

首先，“条块分割”是科层制最大的问题，很多议事协调机构就是专门为应对其而设立。

对于一些强势部门而言，因为掌握了较多的治理资源和法律权威，加上垂直管理的体制设计，往往能强势干预属地政府的工作。这种强势部门的政策执行，在一般情况下当然无须议事协调机构来协调；但在一些特定情况下，却很容易受到属地政府和其他部门的抵制，从而影响政策执行效果。

比如，这几年国土、环保等领域的治理任务越来越重，这些部门虽实现了垂直管理，也通过各种方式给属地政府强压责任，但始终应对不了日益增长的治理需求。在这种情况下，各级政府就要通过土地执法百日行动领导小组、大气污染防治领导小组之类的议事协调机构来协调更多的行政资源以开展工作。

而对于弱势部门而言，即使是单纯推动常规工作，也离不开议事协调机构。比如，各级政府的扶贫办就是典型的弱势部门，与其说它是一个独立的政府机构，还不如说它就是各地脱贫攻坚领导小组的办公室单位。这几年，精准扶贫渐成各地的“中心工作”，扶贫办根本没有足够的人财物来推动这一工作，只能通过议事协调机构将自己的部门职责转化为各个党政机关的工作。

其次，我们正处于治理转型过程中，议事协调机构是灵活应对新生事物的机制。

科层制的天然属性是稳定，这既是其优点，也是其缺点，毕竟治理任务和要求并不是一成不变的。尤其是对于处于巨变中的中国社会而言，各种新生事物层出不穷，其中一些根本就难以归入某个部门的职责范围内，成了管理盲区。

比如，网络安全问题曾是一个新生事物，曾经有一段时间各级政府对网络安全事件近乎束手无策。但自从网络安全与信息化领导小组成立后，这个问题就得到了有效解决。

很多议事协调机构一开始就具有“议事”和“协调”功能，但渐渐变成了常设机构，这也是因为一些曾经的新生事物变成了常规事物。

再次，相当部分的议事协调机构是因“攻坚”而生，是一种应急机制。简单点说，议事协调机构嵌入科层制和党政体制之中，可以借助于政治权威在短期内整合各行政力量，进而快速、高效地处置突发事件。

比如，但凡出现了重大安全事故，或主要领导下决心彻底解决某个突出的治理痼疾，属地党委政府都会成立领导小组，再下设几个任务小组——这种议事协调机构就是一个任务型的治理组织。而这种组织的治理效率也比常规组织高出不少。

比如，笔者曾经在华北某地调研过砂石盗采问题。过去十多年时间，砂石盗采愈演愈烈，有关部门应对不及。最后，当地党委政府专门成立了砂石盗采治理领导小组，抽调国土、工商、安监、公安、交通、环保等部门的工作人员统一行动，“事不绝、人不撤”。117 天的专项行动过后，砂石盗采分子最终被一网打尽。

## 三、定位

在国家治理体系现代化的背景下，如何认识议事协调机构的定位?

笔者觉得，一方面，要在制度上把议事协调机构视作国家治理体系现代化的重要内容。

很多人有个误解，总把科层制的理想型——如职责清晰、权责一致——看成治理现代化的目标。乃至于多年的政府机构改革都以纯粹的科层制作为模板，使得“精简”“精确”等原则主导了历次政府机构改革。但事实证明，所谓的“精简”目标从来都没实现，“精确”也很难说。

现代社会的重要特点就是变化快。在这个意义上，现代化的治理体系必须是灵活的、有弹性的。政府机构改革的原则也应将行政调适性放在首位，精简反倒是其次。

而议事协调机构恰恰是治理体系富有弹性且能有效提高回应能力的关键。某种程度上，我们应该庆幸有这么一种机制——毕竟，就目前而言，中国正处于全面深化改革的攻坚阶段，很多治理事务根本就没有定型，改革本身也需要集中势能，毫无理由故步自封。

另一方面，议事协调机构也不能太过泛滥。本质上，议事协调机制只是一种补充机制，不可能代替常规体制治理国家。那些本来就是各部门职责非常明确也有能力做的事，非要成立议事协调机构，让上级领导站台、让别的部门来协助，就是在浪费行政资源，也损害了机构设置的严肃性。

更有甚者，上级一些部门要求下级政府成立议事协调机构来完成自己部门的任务，并以此来显示任务的重要性，这就演变成为形式主义了。

在实践中，议事协调机构本身非常多元，在治理体系中的位置也是不确定的。用一句话形容：虚虚实实。

有些议事协调机构是相当“实”的，它是一个任务小组，有非常明确的目标任务、有“专班”、有相当的工作经费；有些议事协调机构则介于虚实之间，它在大多数情况下不运作，也没什么事，但在特定时期也会发挥实质作用；有些议事协调机构就是虚的机构，可能是应上级要求成立的，本级政府并无实质工作内容，也可能是某个下级部门为了推动某项工作而请求成立的，协调其他部门配合时可以“师出有名”，实际工作还是牵头部门在做。

具体到一级政府，议事协调机构的成立或撤销也很多元。有些是被动成立和撤销的，有些则是主动成立、保留或撤销的，不一而足。可见议事协调机构本身是很有弹性的，笔者以为不可简单评价其好坏。

这回徐州市常务副市长王剑锋的“身兼多职”其实并不罕见。常务副市长在设区市政府中处于关键位置，分管工作多，又是常委，当然是很多议事协调机构合宜的组长人选。

而细观王市长的兼职情况，他所担任的议事协调机构的组长基本上都是在其分管的业务范围内，担任的副组长也是旨在协管业务，这其实是比较合理的，并没有额外增加多少精力。换句话说，没有这些身份，他也得管这些工作；下面部门搞不定的事，还得他出面协调。

有了议事协调机构组长或副组长这个身份，事实上亦有了超出其政府职务范围的权威，某种意义上代表着地方党委政府，有政治象征意义，因此，协调起来也会方便不少。

当然，议事协调机构必须是为事而设，有其明确的现实问题指向。议事协调机构是临时性的，既随事而设，若事已毕，最好也能及时撤销。但一些地方为了应付上级检查，非要照猫画虎成立各类议事协调机构而没有实质内容，那又另当别论了。

# 扶贫干部“狠怼”贫困户，为何获得一片点赞？*

近日，云南省的一位扶贫女干部“狠怼”贫困户的视频火了。

视频里，这位女干部对贫困户说：幸福不是张嘴要来的，不是伸手要来的，不是在家中跷着脚等来的！你看看那些开车、住大房子的人家，哪个是靠低保富起来的？不都是靠自己的双手奋斗出来的吗？

言辞虽然有些激烈，但获得的认可度却不低，许多网友说“讲得好”“有道理”。

为何出现这种情况？其中原因值得说道。

## 一

国家给贫困户的政策好不好？

---

* 本文最初发表于微信公众号“侠客岛”（2019－10－30）。

视频中的扶贫女干部用切身经历给出了答案：现在政策越来越好，国家退耕还林还给补贴，老了有养老保险，病了有医疗保险，日子过不下去了还有低保，盖房子了给你们补助。

效果如何？就笔者在一些地区的调研经历来看，贫困户却未必都满意。而那些非贫困户，则对“力度过大”的扶贫措施有不满情绪。

为何出现此种状况？

究其原因，是在很多地区，认定的“贫困户”和“非贫困户”之间，其实差距并没有想象的那么大。这就导致有些“贫困户”享受政策优待后，日子过得比“非贫困户”还要好。两相对比，自然引发后者的不满情绪。

笔者调研过的一个村就发生过这种事。该县政府规定，已经脱贫的贫困户，仍可继续享受大病医疗补助等政策。政策一出，那些没有享受扶贫优待的村民当然不满，且以不交共同生产费为手段抵制。这种由对比产生的非贫困户的不平衡心理是很正常的。

中国老话说“救急不救穷”，若贫困家庭是因意外或不幸陷入生活困境，帮扶是应该的；若贫困是由于家庭发展周期自然形成，那么无限制地帮下去，大概率也只能养出“等靠要”的懒汉。

这符合人们的常识，符合乡村救济中的社区伦理，也是最为恰当的扶贫公平正义观。在这种情况下，若一些贫困户还对扶贫政策不满意、对扶贫干部的工作不珍惜，甚至当起了“贫困户大爷”，别说扶贫干部会发火，普通群众也看不过眼。

因此，视频中云南基层干部“恨铁不成钢”的话语甫一发出，便引发诸多共鸣。

## 二

不过，这则视频还不仅是引发共鸣和“恨铁不成钢”。还有一个更重要的问题——女干部的“狠怼”，不仅揭示出当前扶贫工作中贫困户“内生动力不足”“等靠要”的痛点，也为开展扶贫提供了一个可借鉴的思路。

什么思路？

那就是，扶贫工作也是“群众工作”。不仅要关心群众、帮助群众，更要教育群众、引导群众。

脱贫攻坚战打响以来，很多地方的扶贫干部为了获得群众支持，避免在评估检查中被贫困户“投诉”导致“工作满意度”分数不够，经常在实践中回避“教育群众”这一工作环节。

从这个角度看，云南的这位扶贫女干部看到了少数贫困户“等靠要”的问题，及时指出并引导教育，难能可贵。

当下扶贫工作正在面对的都是难啃的硬骨头。每解决一户一村的脱贫问题，都像战役中攻下一座小山头。向一座座山头发起“攻势”的，是遍布全国贫困地区、成千上万的扶贫干部。如果能激发他们的力量，给他们更多弹性处置的空间，不让其被各种表格、留痕工作缚住手脚，扶贫工作必将更加卓有成效。

## 三

我们知道，扶贫干部的工作在脱贫攻坚中必不可少。其重点，就在于距离贫困群众的切近性，以及由此可开展的“群众工作”。

“群众工作”不仅是一个虚词。结合脱贫攻坚的主要症结来看，扶贫中的“群众工作”主要涵盖三方面：

一是扶贫中扶志。扶贫是一项综合性的经济社会政策，不是简单的福利政策。只有贫困地区和贫困户有了内生动力并有造血功能后，扶贫才真正算得上成功。

事实上，在很多深度贫困地区，脱贫攻坚时间紧、任务重，地方政府来不及做长远规划，扶贫项目本身就有“短平快”的特征。少数贫困户在密集资源的投入下，也误把帮扶措施视作政府慈善，久而久之，“等靠要”思想弥漫开来。

在这一情境中，扶贫干部的作用就是给“等靠要”者当头棒喝，以促其猛醒，让他们从被动接受变为主动创造。

二是精准帮扶与普惠政策的平衡。为了解决过去大水漫灌式的扶贫效率低下的问题，当前的扶贫工作设计了以贫困户为中心的精准帮扶政策体系。

理论上，精准帮扶有利于提高扶贫绩效，但实践总比理论复杂。以贫困户为中心的帮扶政策，客观上导致国家资源和贫困户进行有效对接时的制度成本急剧提高。当前扶贫过程中出现了不少资源浪费现象，形式主义也极为盛行，根本原因就在于上级需要借助于程序、规范等“形式”来保证扶贫资源等得到有效利用。

但也恰恰是在此时，扶贫干部作为最了解实际情况的人，如果有足够的弹性处置空间，是可以发挥功效的。他们可以落实网格化管理，大大减少不必要的程序和规范支出，把扶贫工作的成本降下来、效率升上去。

三是把握好脱贫攻坚和常态扶贫的尺度。中国人口众多，发展还很不均衡，这就决定了扶贫工作是一项常态化工作，数十年来党和政府都在长期、持续、有计划地推进。

经过长期努力后，现今的扶贫工作已经进入攻坚克难期。但是，能否因此过度拔高扶贫工作的地位呢？答案是不能简单拔高，因为有可能导致“政策异化”。若因“过度扶贫”而造成社会不公感、“等靠要”、形式主义等后遗症，对今后的农村工作而言则后患无穷。

## 四

前面说到，在开展群众工作时，要给扶贫干部更大的做事空间。这样做有什么好处呢？笔者举个调研中亲身经历的案例说明一下。

有一次，笔者在鄂西某深度贫困村调研时发现，当地扶贫干部为了让扶贫资源得到有效利用，决定所有的扶贫项目都由村民自主实施，效果出奇地好。村民为了节省资源，不仅自己出工出力，还约定占地不补偿，群众之间也没了怨言。

事实上，只要赋予扶贫干部工作空间，不用条条框框来要求他们，大多数扶贫干部都能找到既符合扶贫精神又符合当地社区伦理的入情入理的扶贫方法。毕竟，最了解实际情况的是这些距离最近的扶贫干部。

因此，我们希望看到更多的视频中云南扶贫女干部一样的例子，不是因为他们“怼”群众，而是因为他们是在做真正的群众工作，不仅在帮助群众、依靠群众，还在教育群众、团结群众。我们希望，将来有越来越多的扶贫干部能像这位女干部一样，继承和发扬党的群众路线的优良作风，在扶贫过程中做思想工作，在做思想工作过程中扶贫。

唯有如此，我们才能取得脱贫攻坚的最终胜利。

# “担当作为、狠抓落实”，如何可能？*

2019 年春节后上班的第一天，不少省份都召开干部动员会议，部署新一年的工作重点。常规操作之外，山东省委书记刘家义的一番话，相当有看点。

会上，刘家义给山东的各级领导干部立下了不少规矩——

要求今年全省各级会议数量减少 1/3 以上；副省级以上领导干部每年在基层调研不少于 2 个月；大胆使用“李云龙式”干部；遇到急需解决重大问题，县委书记可直报省委，建立县委书记、县长与厅长直接沟通机制……

一句话，“担当作为、狠抓落实”。

一年前，有一篇题为《山东终于意识到自己落后了》的文章流传甚广。那是 2018 年的动员大会上，刘家义历数近年来山东发展之落后，提出山东需要“新旧动能转换”。

一年前动员“新旧动能转换”，一年后动员“担当”“落实”，

---

* 本文最初发表于微信公众号“侠客岛”（2019 - 02 - 14）。

改革推动似乎没那么顺利。此番省内“立规矩”，显然缘于对干部作风和新旧动能转化工作的推进并不满意。

问题当然不止出现在山东，着急的当然也不止官场。山东这一北方经济大省，其领导层对问题的病灶诊断、药方处置，在今天的中国，其实具有相当的样本意义。

## 一、体系

山东应该是焦虑的。

作为一个北方经济大省，山东的经济发展一度领先全国。这几年，山东新旧动能转换落后导致经济发展动力不足，即便不和南方诸省相比，周边省份如河南的发展，就曾让刘家义在2018年发出“洞中方一日，世上已千年”的感叹。

2018年大会上，刘家义提到，经济总量上，山东与广东的差距由2008年的5 860亿元扩大到2017年的1.72万亿元，与江苏的差距由50亿元扩大到1.32万亿元。2018年，山东跟这两个省的差距，则扩大到了2万多亿元、1.6万多亿元。

差距，一直在拉大。

经济强省山东为何发展动力不足？在笔者看来，这和当地较为独特的治理体系不无关系。相较于南方诸省，山东在发展民营资本、吸引外资方面并无优势，其经济高速发展有更为明显的政府主导特征。

笔者曾在河南扶沟县和山东寿光市所在的潍坊地区调研过，

两个地方的干部都曾讲起大棚蔬菜的故事。河南干部感叹，20世纪八九十年代，河南干部总是比山东干部落后半拍。按现在的话说，就是“担当作为、狠抓落实”的作风不扎实。

两地干部作风差异的直接结果就是，扶沟县更早推广的大棚蔬菜，反倒被寿光赶了先，后者成了全国知名的“蔬菜之乡”。

作风差异有多大呢？2008 年，笔者去河南扶沟调研，当地推广大棚仍举步维艰，乡镇政府强制村干部“带头”种大棚，村干部想尽办法讨价还价不愿干；相反，类似的通过产业结构调整“逼民致富”，在山东却实行得较为顺利。

原因无它，就是当地政府有为，“敢为人先”。毕竟，“政府有为”，不仅是山东，而且是中国经济发展的奥秘之一。

但是，在市场经济发展的条件下，政府作为其实是有限度的。

改革开放初期，政府代替农民做经济决策，通过行政干预的办法“逼民致富”，是行得通的；但今天的新兴产业，如互联网经济，恰恰市场化程度极高，行政干预效果不仅极为有限，甚至还会起负面效果。

换言之，如果说纺织、能源、农业等旧动能还可以依靠过去行政干预的抢先“布局”而发展的话，新动能只能按照新的市场规律办事。

因此，现阶段，经济发展的最核心处不仅在于干部是否担当作为，更在于治理体系是否适应经济社会发展的需要。平心而论，根据笔者在全国各地的调研，山东基层干部的能力在全国也名列前茅，但为何山东和身前的江苏、广东的差距仍在不断拉大？

## 二、入手

问题出在哪儿？

坊间都传言，山东的官本位文化比较浓重，应该为现在的发展后劲不足埋单。

一般来讲，中国的官僚系统内部存在多重委托代理关系。山东官僚系统的重要特征则是：多数干部只对自己的直接上级负责，对更上级的决策并不关心。这是极为典型的科层制逻辑。

改革开放初期到 20 世纪 90 年代，我国行政体制改革的主线是政府职能和权限从中央到地方不断“放权”。由此，导致地方自主性极大增强，干部只对直接上级负责，其实是有道理的。

客观而言，这一治理逻辑为山东省的地方经济发展释放了极大动能：有为的地方政府，再加上有能力的基层干部，又符合国家治理体系的要求，简直是绝配。

然而，进入 21 世纪以后，尤其是最近十余年来，通过垂直管理改革，简单的“放权式”改革放缓，中央和省级政府在很多治理领域都加强了宏观调控力度。换言之，很多治理行为问题，甚至包括经济发展问题，都很难再仅仅通过激活地方自主性来得到解决。

尤其是新旧动能转换这样的大问题，显然不能仅靠地方政府解决，必须通过中央和省一级的宏观调控来实现。在此意义上，干部只对自己的直接上级负责已经不够，更要有“大局意识”，认清大局，主动创新，才能有所作为。

因此，从抓干部作风入手促进地方经济发展，很有点山东特色。刘家义的话说得很明白了——2013 年总书记在山东调研时就提出了“腾笼换鸟、凤凰涅槃”；2019 年了，山东如果新旧动能转换得还不成功，怎么说得过去？

## 三、重点

“焦虑”之下再看山东的新规矩更有意思。可以说，这些新规矩不仅事关作风建设，更是对山东官场长久以来形成的固有习气之改革。

一是打破“只对上负责”的官僚习气。在国家治理现代化进程中，治理行为的规范化、制度化程度都在不断加强，“规矩”在政府行为中越来越起决定性作用。某种意义上，干部“只对上负责”是不够的，甚至是错误的。干部不仅需要对上级负责，还需要对规则负责、对老百姓负责、对大局负责。

作为国家新旧动能转换试验区，在山东推进新旧动能转换工作就是大局。在此意义上，哪怕是最基层的地方主官，只要能促进新旧动能转换工作，都可以直通省委。

二是打破“固守成规”的官僚病。在山东调研时，笔者不止一次听到，“只要听领导的就行了，不要自己思考”。这倒是非常符合科层制的关于“官僚”的职业要求，却不一定适合实践。

笔者在研究过程中有一个切身体会：党的十八届三中全会以来，全国各地的很多基层政府都在轰轰烈烈地宣传自己的基层治理创新，唯独山东比较少。经过几次实地调研，笔者发现，其实山东很多地方的做法非常有借鉴意义，宣传却很少。

为什么不宣传？和基层干部交流后才知道，这些“创新”，都是被问题倒逼出来的，故而必定真实有效。但当地干部觉得，既然是被问题倒逼出来的，也就意味着当地是有问题的，至少曾经有问题——那么，一旦宣传，是好是坏？况且上级没有要求宣传，既然自主宣传有风险，干脆不宣传好了。

这么一看就明白了。山东的干部不是没有创新能力，但固守成规的官僚病束缚了他们主动创新的动力。

## 四、干部

干部是国家治理的关键。毛主席说过，政治路线确定之后，干部就是决定的因素。因此，抓干部作风，并不仅仅是一时之举，而是国家治理现代化的必由之路。

一项值得注意的数据是：2018 年，山东换了 4 名市委书记。

作为南方人、作为曾经在部委工作的新领导，刘家义对山东干部的要求是急切的，也是更高的。2018 年的讲话中，他提到邻居河南的发展对山东的“刺痛”效应；2019 年的讲话中，他也列举了相当多的例子，让山东干部自己对比。

比如政府部门的工作效率："最近宁波引进上海交大成立人工智能研究院，从对接洽谈到挂牌只用了 12 天。有关部门可以考察一下，看人家是什么样的流程？"

谈干部要"善谋"："海南有个蜈支洲岛，面积不到 2 平方公里，短短两三年就打造成 5A 级景区，年门票收入超过 3 亿元。我省沿海无人岛屿有 500 多个，是不是可以在保护性开发上做一些探索？"

在他的讲话里，海南、宁波、北京、深圳，多地都是样本，全国都有值得学习的对象。省里的部门要在全国确立"对标"单位，各市县也得有"对标"城市。光有目标不够，还得有具体方案。

不仅如此，山东 2019 年还要选派数以百计的干部，到部委、央企、发达地区挂职，交流任职，还要把中青年党政人才送出国（境）接受培训。这一点，显然是受到东南沿海地区做法的启发。

光对比，"刺痛"可能也不够。对于干部，一个重要课题是如何激励。至少这番话里的"激励"意味是浓的：奖，要把奖金发到具体人的手里；惩罚，板子要打在具体人身上。乡镇人员的收入要高于县直机关同职级人员水平，基层干部"加班没法就餐"问题也得解决。

对招商、招人才等工作，山东的最新要求是直接针对地方政府一二把手的：专项考核对象是 16 市的书记和市长，前三名重奖，后三名约谈，连续落后要有说法；考核前三名的市，公务员优秀等次比例增加 1 个百分点，后三名降 1 个百分点——这些，在公务员的队伍中，都是实打实的考核。

最狠的一句话则是："不换思想就换人，不负责就问责，不担当就挪位，不作为就撤职。"

有为才有位。如果被舆论诟病"官本位思想"浓重的山东，也能形成能上庸下、奖惩分明、体系内良性循环、同时有治理科学性的体系，这场内部改革无疑会对其他地区形成示范效应。

知耻而后勇。如果山东真能痛定思痛，奋勇前行，这场焦虑就意味着新的开始。

# 干部该如何控制自己的脾气？*

近日，吉林省长春市南关区教育局一女副局长的“原生态”工作视频引起了围观。

视频中，女副局长怒斥就“划片入学”问题来访的群众“听不懂话”，还扬言要记下发言群众所在的小区。“官威”一抬头，瞬间激起“反弹”千万丈。

2019 年 4 月 28 日，南关区官方回应称，已对该副局长在全区范围内通报批评，责令其本人向来访群众道歉并作深刻检查。至于有群众表示见不着只言片语的道歉，媒体已证实，当事人确已“正式坐下来”给了说法、承认了错误：

“咱们小区业主 4 个小区，当时能有 100 多人。我这块也是急躁了，态度也不好，希望你们能理解。在这儿也正式跟你们道个歉。”

坦白说，在笔者长年的调研经历中，官员在接待群众来访过

---

* 本文最初发表于微信公众号“侠客岛”（2019－05－05）。

程中情绪失控、态度蛮横的现象并不少见。有基层干部跟笔者说："干部也是人，又不是钢铁战士，也有情绪失控的时候。"

情绪上来了控制不住，人之常情。不过，共产党人就是共产党人，干部就是干部，出了错就得受处分，这没什么好说的，也无须辩护。相信经过这件事后，当事官员和当地政府在面对群众诉求时会有更好的作风。

不过，从这件事引申出的话题倒是值得探讨：对待群众来访时，干部该如何控制自己的脾气？

## 一、干部

先从一个故事说起。

笔者有一位好朋友，在东部某发达镇政府担任多年城建副镇长。2018年，该镇启动了小城镇改造工程，时间紧、任务重，乡镇干部压力特别大。工程改造的5个月内，这位副镇长平均每天走4.6万步，走破了16双鞋，几乎每天都工作到晚上12点。

一日，因对多次阻挠施工的"钉子户"动了手，此君背了纪律处分。从工作进展层面看，他是该镇"功臣"；到了年底，却因背了处分，反而被扣了几万元津贴。县组织部领导跟他谈话时说："你是个有个性的干部，却总给我添麻烦。"

"有个性"这个词很值得琢磨。正面说是表扬，差不多就是"李云龙式干部"的意思；反面说，就是不懂"为官之道"，不守规矩。尽管那位"钉子户"是当地有名的"赖皮"，给点"教训"

在某种程度上也算“为民除害”，但不管怎么说，干部怎么能打群众呢？

所以，虽然背了处分，此君也觉得处分来得并不冤枉。但他感到遗憾的是，继任者竟然准备对这位“钉子户”退让——那不是助长了恶人的气焰吗？

这些年，笔者访谈过很多20世纪90年代成长起来的乡镇干部，他们至今还是乡镇工作的“中坚干部”。

大家知道，世纪之交是乡村治理任务最繁重、情况最为复杂的时代，乡镇工作主要是“要钱、要粮”，尽是“与民争利”之事。但这也迫使那个时代的乡镇干部必须学会群众工作，和群众打成一片。

久而久之，“中坚干部”也成长得具有乡土性，无论温和或暴躁，总归是“有脾气”的。笔者在很多乡镇的综治和信访部门走访，发现主持这些部门工作的也多是“中坚干部”。

笔者和一位乡镇的信访办主任有过深聊。这位信访干部嗓门特别大，平时也是政府大院里出了名的爱说道的人，“乡镇领导都敢骂”。但在他治下，当地信访工作却极为出色，事无大小，都处理得妥妥当当。

笔者好奇：“你这种脾气怎么搞信访？不制造矛盾才怪。”但这位信访办主任却很是自信：“信访工作没了我，还真不行。”

我们可以听听他的说法。毕竟，在信访一线工作的履历不是谁都有，而这种工作的繁重甚至琐碎，一般在舆论场中又很难见到。

## 二、经验

这位经验丰富的信访干部是这么说的。

第一，信访的第一原则是合法合规。他自己定了一个接访流程：所有来上访的群众先登记一个表格，要把信访人的信息、反映的内容和诉求都写清楚，还要签字画押。

别小看这个登记表格的过程，这基本上是确定干群之间“支配关系”的过程。也就是说，主动权在信访干部手中，“白纸黑字，哪怕是反映到更上一级，也有个凭据”。因为程序到位，“脾气”反倒是次要问题了。

第二，信访说白了就是“磨”。凡是接触过信访工作的都知道，现如今，但凡政府能解决的，有政策依据的，基本上不用到信访部门就可以解决；哪怕是到了信访部门，也好办，把政策解释清楚，到相关部门去办理就好了。而多次到信访部门要求解决的，要么就是没有政策依据，要么就是“无理上访”，对信访部门来说，确实没有相应资源和办法。

在现实中，我们经常可以看到解决此类棘手问题时的“磨”字诀。

脾气好有脾气好的“磨”法——上访群众来了，泡一杯茶，听对方诉说，说一些好话。可能最终还是没解决——很多上访群众本来是气冲冲来找，但在信访干部的陪聊下，竟然连任何结果都没有也就回去了。下次来，别人还是和颜悦色地对待你，能怎么办呢？

脾气坏也有脾气坏的“磨”法，比方说“吵架”。以这位干部为例，其声音比上访群众大，又熟悉政策，还熟悉地方情理，经常占上风。

第三，对群众也讲分类。现如今社会分化很大，群众也分很多类。就实际工作而言，一般会分“讲理”和“不讲理”两种类型。很多老上访户、缠访户，几乎都是性格要强、“认死理”的，甚至还真出现了一部分“谋利型上访者”。

经验丰富的“中坚干部”都有一个本事，就是识人看相的能力特别强，只要一接触群众，就大致可以判断对方是什么来头。遇到有可能“难缠”的，总归要留个心眼，至少说话要小心、程序要到位。绝大多数上访群众都是讲理的，把政策耐心解释到位，并在力所能及的范围内帮助对方，都会有一个不错的结果。

## 三、“脾气”

照这么说来，干部“有脾气”在现实中是很常见的。关键在于，在面对群众时，能不能控制住自己的脾气。这是作风问题，也是思维习惯和观念问题。

小事小节看全貌。当年四川的“严书记”，本人倒是没露马脚，但家里人在微信群里颐指气使，让这一家子违法违纪的事实得以被“顺藤摸瓜”。当然，不是说只要脾气大就是如此。有脾气很正常，关键的评判标准还是看问题解决得怎么样、工作完成度如何。

一个有群众工作经验的基层干部，不仅能控制自己的脾气，甚至还能充分利用自己的脾气开展工作。其中的关键是，得对工作情景有深入了解。

比如，办公室环境和会议室，乃至于开放空间，接访工作就是两码事。大概说来，办公室接访是一个可控制的环境，且往往是一对一，干部可以充分利用“程序”来确定与上访群众的关系。这种情况下，只要程序到位，脾气好坏倒是其次。

但会议室和开放空间则是一个不太容易控制的环境，且往往是一对多。这时候，程序倒是其次的，接访干部的表现则是最重要的：应当遵循的首要原则，就是赢取群众的信任，平复他们的情绪，才可能展开后续的说理工作；千万不能激起上访群众的反感，进而导致“情景崩溃”。一旦出现这种情况，不仅无法解决问题，反而会激化矛盾。

就此次新闻事件来看，长春的这位副局长，恐怕群众工作经验相当不足。至少她对情景的判断出了问题：会议室这个接访环境，显然是为“群访”准备的，官员并不占据权力优势。但这位副局长不仅从语言上挑衅上访群众，还当着群众的面对下属发出指令，无一例外都是在制造“情景崩溃”。可以想见，自此以后，这位副局长几乎算是失去了“接访”的资格，因为很难再有群众信任她。

但话又说回来，这位副局长虽情绪失控，但恰恰是在试图解决群众诉求的过程中情绪失控的。如果她完全没有群众意识，就犯不着去回应群众诉求，大可以打个官腔、“太极推手”——比如对群众诉求听之任之，至于怎么处理，“回去研究研究再回复”。

所以，这次该副局长工作出了错，是客观的、无可袒护的；但也不必一棍子打死，因为据新闻事实观之，群众此次反映的学区房“多校划片”政策问题，恐怕也非一日之寒。

因此，以此副局长为鉴，做群众工作时改进作风、端正态度，是应当的；但光有态度也还不够，怎么实打实地解决群众反映的现实问题，更考验政府部门工作的能力。

## 女干部的难，请您多理解*

习近平在同全国妇联新一届领导班子成员集体谈话时强调："促进男女平等，发挥妇女在各个方面的积极作用，组织动员妇女走在时代前列，在改革发展稳定第一线建功立业。"

在基层一线的女干部，想要处理好家庭和工作的关系，做一名对社会有责任、对家庭有贡献的新时代女性，却不是那么容易。

一个基层女干部有多难？一是工作难。部分单位"特殊照顾"和言语歧视，如少派任务、少安排出差等，甚至有个别男性领导称"出差不带女性"。二是顾家难。在家庭中承担着妻子、母亲、女儿三重角色，任何一个支点偏移了，家就变了样。三是安定难。加班多，圈子窄，年轻女干部表现出结婚年龄越来越大的趋势。特别是乡镇单位，单身大龄女青年越来越多。

"妇女能顶半边天！"这句曾经响彻全国的鼓励妇女走出传统

---

* 本文最初发表于微信公众号"学习小组"（2018－11－11）。

角色、走入公共领域的话，而今在地方公务员中已成现实。据统计，地方新录用公务员中，女性比例明显提高，2015 年已达 44.1%。而根据调研，这一比例还在持续上升，妇女干部是基层工作中名副其实的“半边天”。然而，基层工作本身具有特殊性，妇女干部因家庭事业等方面的权衡问题，在基层工作中面临更多挑战。

## 一、基层“粗糙”的工作令她们很受伤

基层事务细小琐碎且无规律，以及“面对面”的工作特征，与中国传统女性角色存在一定的冲突；女性给人留下的“柔弱”的刻板印象，似乎也证明其并不适合承担如此繁重的工作。更关键的是，女性在家庭中的责任往往多于男性，基层工作的无规律显然不利于女性承担家庭责任。别的不说，由于白天农民通常不在家，基层的很多工作得安排在晚上进行，这一点就足以使基层妇女干部难以兼顾家庭和事业。甚至很多工作要有效果，非得安排在晚上，比如当前的精准扶贫等工作。笔者在调研中亲眼看见，一位乡镇扶贫干部为了避免扰民，晚上到贫困户家入户访问。结果，贫困户的女主人并不友好，将扶贫干部晾在门口。扶贫干部毫无办法，只能在昏黄的路灯下等着贫困户良心发现。

长期以来，基层工作甚至还是比较“粗糙”的。群众中总有先进分子、中间分子和落后分子，基层干部必须善于团结少数积极分子作为骨干，并凭借这批骨干去提高中间分子、争取落后

分子。关键时刻，还需要敢于碰硬，敢于教育和批评落后分子。绝大多数群众工作，单讲政策、法律是无效的，而是要经过艰苦的思想工作，将党和政府的意图转化为群众的意愿，才能把工作做好。

笔者在基层调研中发现，几乎每个在一线开展工作的基层女干部都受到过不少委屈。一些年轻的女干部，因工作经验不足及心理素质较为脆弱，还流过不少泪。其中一个乡镇的女干部在接待一位缠访者时，被缠访者用当地最具侮辱性的语言羞辱，还被当众扯破了衣服，致使这位乡镇女干部精神大受刺激，多年无法正常上班。

## 二、女性“中坚干部”现象如何看

笔者发现，凡是 20 世纪 90 年代成长起来的基层妇女干部，都有共同特点：泼辣、干练。在全国的绝大多数乡镇，四五十岁的中年干部基本上都是基层工作的骨干，他们是名副其实的“中坚干部”。那些女性“中坚干部”，家庭任务已基本完成，又有足够的基层工作经验，做起事来一点也不亚于男性干部。笔者在华北某乡镇调研时，发现绝大多数核心部门的负责人都是妇女干部。不同人对这一现象的解释不太一样，但事实是，乡镇党委政府几乎每年都会调整部门负责人，这就意味着，绝大多数“中坚干部”，无论男女，都轮过多次岗，做过多项工作。

在这个意义上，到了“中坚干部”这个层次，经验而不是性别因素，才是影响基层工作的关键。但是，对于年轻干部而言，性别是一个非常重要的因素。过去相当一段时间，基层妇女干部的比例比较低——这或许和性别歧视没有多大关系，而是因为较为“粗糙”的基层工作环境的确不适合女性干部。

近年来，随着基层治理现代化的持续推进，基层工作的规范化、专业化程度不断提高，这在相当程度上改变了基层工作的“粗糙”特征，为妇女干部提供了不少舞台。这主要表现在两个方面：一是基层工作不再有“男性特质”。伴随着法治政府和法治社会的建设，依法治理成为基层治理的重要准则，群众工作也越来越讲究依法、规范。过去常有的讲策略、硬碰硬的工作方法，渐渐为规范有序的工作方法所代替。二是基层治理现代化本身就意味着工作的合规性成本的增加，上级督查检查考核不断，需要大量的办公室工作。

## 三、女干部能更多走上基层领导岗位吗

一旦基层工作“机关化”“办公室化”，女性干部往往更有优势。正常情况下，女性在从事后勤、文字等办公室工作时，往往更为细心。通常情况下，每个乡镇都有写大材料等的“写手”。在实践中，承担“写手”角色的很多都是年轻的女干部。甚至于，一些“外务”工作也可能由“巾帼英雄”承担。笔者在某地调研时发现，当地几个乡镇的拆迁办主任和主要工作人员都是女干部，一问原因，除了年轻公务员队伍里女性比重越来越高外，

这些自称为“巾帼拆迁队”的妇女干部，工作作风硬朗而不失细致，反而有利于开展群众工作，有助于拆迁工作的顺利开展！

随着基层工作的转型，越来越多的年轻女性加入了基层公务员队伍，很多乡镇甚至还面临“阴盛阳衰”的局面。但基层领导干部尤其是主要领导干部中，女性干部仍然极少。在笔者调研的绝大多数乡镇，党政班子十几个班子成员里，往往只有一个女性干部。并且，这些女性干部还可能被安排从事在基层工作中不太重要的教科文卫工作。笔者的调研经验，亦验证了相关统计结果：妇女参与决策和管理的状况有所改善，但参与水平仍然有限，担任正职的女干部偏少，且越到高层比例越低。

造成这一结果的客观原因是，基层妇女干部比例的急剧上升，还是近几年的事情。而“80后”干部欲提拔到重要岗位，还需要几年时间。另外一个重要原因是，绝大多数女性干部还是存在难以克服的职业瓶颈。年轻女干部要完成结婚生子的家庭任务，必然会给职业晋升带来影响。这也就不难理解，基层的女性领导干部往往要付出比男性更大的努力。

## 四、上升基础还在走进群众

笔者访谈过乡镇的两位女性领导干部。一位担任乡镇纪委书记，其丈夫在县城某机关工作，大儿子已经上大学，小儿子还处于哺乳期。从其高龄生二胎的行为可见，她的家庭是非常幸福的。但即便如此，她也一点不敢耽误工作。她请了个保姆每天跟随自己上下班，只有到中午的时候才能和宝宝待在一起。据其所言，她几乎没有在晚上 12 点之前休息过，都得忙完工作忙家务，“幸亏身体超棒”。

另一位女性干部担任副镇长，分管征地拆迁等重要工作。笔者一到这个乡镇调研，她的同事无一例外都赞扬其工作作风硬朗，比男性干部还扎实肯干。她也自嘲，把自己当男性干部，冲锋在前的事情从不退缩。

这几年，基层工作虽然规范了不少，干群冲突亦不多见，但在基层领导干部层面，工作压力反倒是加重了不少。比如，无论是纪检工作还是征地拆迁工作，都是基层工作中的重中之重，而做好这些工作，不付出足够的时间和精力几乎是不可能的。这就意味着，基层妇女干部的增加，并不意味着基层女性领导干部的增加。基层工作的逐渐规范化，可以吸纳更多的基层女性公务员，她们如无太大的上进心，基本上是可以兼顾家庭和事业的。一旦基层妇女干部要走上领导岗位，便意味着她们得被迫放弃一些个人爱好和家庭责任。

在很多乡镇党委政府，一种新的基层工作生态正在形成：年轻干部和“中坚干部”分掌“内务”和“外务”。这一生态暂时缓解了基层的年轻干部尤其是年轻女性干部的压力，她们可以从事较为单纯的办公室工作，而不用做太多的群众工作。但是，无论基层治理现代化发展到何种程度，基层工作的特征都不会根本改变，它归根结底不是机关工作，行政工作必须建立在群众工作基础之上。一旦这部分“中坚干部”退休，“80 后”的年轻干部仍然得走出办公室，深入一线中去锻炼群众工作能力。

我们有一个设想：随着基层治理的转型，基层的主要任务从管理转向服务，基层女性干部反而可能有更大空间。毕竟，即便是做群众工作，在服务性工作中，女性干部也并不亚于男性干部。更大的可能性是，她们因了解社会、理解家庭事务，更适合做基层工作。

# 基层女干部拒绝升官遭处理，冤不冤？*

近日，云南绥江县两名党员干部因拒绝组织提拔而被严肃处理一事，引起了各方热议。

2018 年 8 月，绥江县委启动干部考察工作，会仪镇财政所科员钟尚敏和县财政局企业统评股股长宛辛勤，因考察成绩位列前两名，拟被县委提拔为乡科级副职领导干部。但在考察阶段，二人则分别以身体和家庭缘故拒绝了组织工作安排，因而受到党纪处分。

给了“上进”的机会，干部却冒着违反组织纪律的风险拒绝被“升官”？罕见剧情外，这事也提供了观察基层官场的一扇窗——

党员干部拒绝提拔遭处理，究竟有啥难言之隐？

---

* 本文最初发表于微信公众号“侠客岛”（2019－07－20）。

## 一、选拔

从组织和干部工作的角度看，党政领导干部的选拔任用是一件极其严肃的事情。

尤其是十八大以来，党政领导干部选拔任用的制度化水平越来越高，这突出地表现在程序规范化上。据 2019 年 3 月通过的《党政领导干部选拔任用工作条例》，干部的选拔任用一般包括五个环节：

第一个环节是分析研判和动议。在这个阶段，组织部门要对领导班子和领导干部进行分析研判，就选拔任用的职位、条件、范围、方式、程序和人选意向等提出初步建议，并向党委主要领导汇报。

以笔者的调研经历来观，体制内的人都觉得被提拔不容易；但站在组织部门的角度，要配齐班子、找到合适的干部，也绝非易事。

对班子而言，年龄、性别都是重要考量因素，诸多条件一框定，选择范围并不大。绥江县的情况，按常理推测，应该是组织部门出于对专业背景、年龄甚至性别的种种考虑，才将财政系统的年轻女干部纳入视野的。

第二个环节是民主推荐。这一环节主要通过谈话调研推荐或会议推荐，差额提出推荐人选。两名女干部这次获得了民主推荐的第一和第二名，说明她们的工作业绩和为人处世本身是获得本单位大多数同志认可的。

第三个环节是考察，也是此次“干部拒绝升任”的事发环节。

经由民主推荐，有相关权限的党委再综合其他因素确定考察对象，进行考察。这中间，组织部门需要审核档案和个人事项报告，还要征求纪委等相关部门的意见。

从组织程序看，考察对象的确定是极为关键的一步：如果不出意外，提拔是没什么问题的。故而绥江县的两位女干部被列为考察对象时，她们的同志就已表达了恭喜之意。但二人也恰恰就是在这个阶段向组织部门说明不愿被提拔。

一位是在谈话开始时就告知其真实想法。另一位则在回答考察组提问过程中闪烁其词，迟迟不交个人事项报告，最后以短信通知不想被提拔。

如果没出“意外”的话，这两名被考察对象还要经历“讨论决定”和“任职”两个后续程序。

后面的程序也一样严格。如两位女干部要提拔为乡科级副职领导干部，得经过县人事工作小组（由县委书记、县长、副书记、纪委书记、组织部长）酝酿讨论，县委常委会或全委会通过，还要公示；如果是要担任政府领导职务，还要进一步走法律程序。

但无论如何，当事女干部终因“到新岗位工作可能照顾不好家庭”“身体可能应付不了新工作岗位”的意愿表达，不仅无缘于仕途升迁，还遭到了“真格”的处理。

## 二、责任

据当地纪委通报，绥江县财政局职工钟尚敏、宛辛勤“二名同志以个人利益为重，不服从组织人事安排，借口个人家庭、身体等原因，向组织讨价还价，损害了组织威信，违反了党的组织纪律”。

经绥江县纪委常委会会议研究，给予钟尚敏党内警告处分，给予宛辛勤全县通报问责；而两人被严肃处理，也在通报中被称为“咎由自取”。

如此“重创”，错处在谁?

两位女干部自身当然逃不过。至少，她们对“党管干部”原则缺乏认识，也欠缺“四个服从”的意识。一种比较妥善的处理方法是，在率先坚定无条件服从组织安排的立场的同时，再向组织表达自己的困难，请其充分考虑家庭和个人的实际情况。

在这个意义上，在考察环节以拖延提交个人事项报告、短信回应相推脱的“遮遮掩掩、轻视组织”的行为，确应予以第一时间处理，以遏制“讨价还价”之风。

而在更严重的意义上，绥江县出的这个事，也说明了相关组织部门在平衡组织意图与个人意愿的问题上，存在相当的工作不力。

首先，应该打组织部门的板子。组织工作非常严肃，个人服从组织和干部任用坚持“事业为上”的原则——以事择人而非以人择事，这都没问题。但党员干部也不是生活在真空中，其现实的生活困难和职业规划，也是属于“人岗结合”“人事相宜”的重要的“人”的因素。

故而，组织部门在选拔任用领导干部的过程中，还是要在坚持组织原则的基础上充分考虑干部的个人意愿。

据绥江县会仪镇财政所一名工作人员的说法，涉事干部钟尚敏曾在财政所待过。2006 年，绥江县实行“乡财县管”模式，财政所的人仍在镇上工作，但编制和工资均由绥江县财政局管理和发放；直到 2012 年，接到通知要求“财政下放”，镇财政所人员的编制和工资才改由镇上管理。

上述工作人员称，钟尚敏在此期间岗位还特意进行过调动，没有回到镇财政所工作。2008 年左右，她调任绥江县财政局会计管理中心。2012 年财政下放时，其人事材料就留在了绥江县财政局——这也印证了通报中“钟尚敏的理由是到新岗位工作可能照顾不好家庭”的表述。

另有媒体报道，相关女干部居于县城，不愿接受提拔，是因为“生完二胎刚休完产假，不想离孩子太远”。

据笔者在云南的同事所讲，绥江县位于云南省东北缘，该县境内山多坝少、沟壑起伏，离县去镇的这几十公里山高路远，令已有家室的女干部考量再三，也是情理可解。

而在程序上，组织的干部考察不是党组织分配、调动、交流的“决定”，考察材料属于“决策参考”。对考察过程中干部的“态度表示”进行“超前”处罚，又是否准确地理解和执行《中国共产党纪律处分条例》？

其次，初始提名人选单位的板子也必须打下——绥江县财政局这次被追责一点都不冤枉：如此重大的事情，局党委竟然不了解自己的干部的真实意愿，并且两个被考察干部还同时出了问题。

这也说明，局党委领导平常和下属交流谈心不多，甚至于对提拔任用这个事，也只将其视为可机械执行的程序性工作。对于执行过程中的调研的缺位，其也应负首要责任。

## 三、方向

从绥江县的“惊天”剧情放大来讲，组织意图和个人意愿之间到底该如何匹配？

从组织工作的严肃性和干部任用的基本原则看，组织确有“不考虑”个人意愿的可能。

笔者这些年在基层调研，地方提拔任用党员领导干部，就少有征求意见这个环节。绝大多数被提拔的基层干部，没到最后一刻，根本就不知道自己要到哪个岗位任职。这说明，“个人服从组织”的原则在党员干部的选拔任用过程中仍居于首位。

但是，基层程序上没有提供个人意愿的表达渠道，并不意味着个人意愿就没有表达的机会。比如，现在基层比较常见的一个现象是，有些党员干部或因个人原因、或为保护“隐私”，主动退出提拔的竞争。考察环节中的个人事项报告与公示制度，其实很能约束人。

那在什么时候表达自己的意愿比较合适？

在实践中，最好是在民主推荐阶段就予以说明。只是这也需要艺术——如果公开向同事说自己不想被推荐，不仅有“自作多情”的风险，还违反组织纪律。

一般而言，可以以谈心的形式向单位领导表达自己的意愿。领导在和组织部门沟通时，自然会表达其意见，或者在民主推荐阶段就可有一定的倾向性。这样一来，组织部门就不至于将那些“不求上进”的党员干部列入被考察名单，也就不会影响干部的后续提拔任用。

这次绥江县的事，倒也在无意间揭示了一个事实。现如今，年轻干部对官僚体制有了全新的认识。简单说来，越来越多的年轻干部将“干部”当作一份稳定而有保障的“职业”。

绥江县的两位在财政系统上班的女干部，其职位其实也没多大权力，不见得有什么“实权”。她们之所以不愿意提拔，主要还是出于家庭和个人原因，不想走仕途。

近些年里，基层治理生态发生了很大改变。一方面，基层干部晋升慢慢呈现出“努力就有机会”的制度环境，“能力”和“态度”成了基层单位选人用人的重要导向和原则。

但与此同时，用人者也需明白，干部的选拔任用终究还是为了做好工作——能者上、庸者下，为基层岗位找到匹配的人选固然好，但暂时“不能”者，也不能硬上，更不可一朝“赶鸭子上架”不得，就动了“恨铁不成钢”的怒火。

有个网友问得好：能在全县干部中名列前二，那真能是“做老爷、享清福”“忘了初心”的主儿？

着急扣帽子之前，很多事情，本可考虑得更“稳”些。

# 基层尚粗糙，执法需冷静*

这两天，广东汕头交警查酒驾过程中的“扔车执法”，引来不少网友热议。

2019 年 9 月 15 日晚，汕头交警在查缉酒驾行动中，发现一辆二轮摩托车上驾驶员和乘客未按规定佩戴安全头盔，遂示意其停车接受检查。

不料，该车驾驶员迅速掉头逆行并加速行驶。协助交警执法的辅警为加以阻拦，将停在路边的共享单车“推出”，致使摩托车冲撞单车后倒地，驾驶员和乘客受伤。

此事如今成了舆论场上的新“爆款”，一方面源于人们对“粗暴执法”的本能反感；另一方面，也与当地公安机关一天之内“三改”通报的逆天反转有关。

---

* 本文最初发表于微信公众号“侠客岛”（2019－09－18）。

## 一、基层执法

事发当夜凌晨，汕头交警方面发布警情通报称，涉事摩托车驾驶员和乘客受伤，系“撞上摩托车道与汽车道之间绿化带”所致。

16 日 10 时，警情续报称，“为真实、客观、公正反映事发经过，确保公安机关依法公正予以处理，希望现场目击证人或知情者积极向公安机关提供视频资料或其他有效线索”。

16 日 16 时，警方经现场技术勘查、走访调查，再度更新通报为：“ 认定陈某（交警金平大队交通辅警）在协助交警查酒驾过程中，将停放路边的共享自行车推出阻止摩托车逃跑，致驾乘人员佘某某、李某某受伤。”

“逆转”如是迅疾，个中缘由尚未可知。但事发过后，有现场目击者对警情通报提出质疑，警方成立调查组进行自我调查，最终承认事件的反转——这种做法大体上是符合这些年“执法规范化”的大趋势的。

总体而言，这些年来全国的公安执法规范化程度有了大幅度提高，“粗暴执法”已经相对少见。

以至于人们的关注点渐渐发生转移，比如不满于一些地方的警察在执法过程中太过软弱；不满于一些执法者在火车等公共空间、在对待外国人等特殊人群方面，执法不够硬气；不满于在维护公共规则方面，执法存在感相对较弱。

近年来，随着法治政府的建设和执法规范化的推进，政府部门和执法机关在基层治理中的法治意识已经较强，自我约束的规则意识也有了长足进步。

党的十八届四中全会提出全面依法治国的战略后，“法治政府”更得到了切实推进。在这个前提下，地方政府在面对重大违法事件的时候，不仅第一时间依法依规处理，还会以之为契机不断整改，提升自身的法治水平。

有人要问，在如是背景下，“扔车执法”又由何而来？这首先要看向一个更为一线的环境——“基层执法”。

当前，执法机关虽意在护得“周全”，但很多一线执法的方式还很粗糙，甚至到了因执法能力不足，只能“就地取材”制服违法人员的程度；与此同时，普通民众中规则意识不强、不顾后果公然冲击执法者的也大有人在。

这都是基层执法的命题之下错综复杂的内里。

## 二、灰色地带

事实上，今天的基层社会仍然是一个不规则的社会，法治社会由上而下的建设也尚有很长的道路要走。

改革开放以来，我们国家一直在做“送法下乡”的工作，试图通过法律来规制基层社会。但至今为止，很多基层地方的法律，在更大意义上不过是地方规则多元化中的一元而已。

哪怕地方出现了“迎法下乡”的现象，人们也主动运用法律手段来解决生产生活的矛盾和纠纷，但运用法律本身并不意味着确立了法治意识和规则意识。

乃至于，在涉及切身利益的时候，人们通常会选择“女教师绝笔信事件”一类的“信访不信法”。

就本次事件涉及的交警来谈，在基层社会，人们并未将交警执法当成一项极其严肃的执法活动，而是很容易从个体的生活体验去理解；和警察除暴安良的活动相比，人们没有对交警执法赋予太多的敬畏。这当然很无奈，但日常秩序便是如此。

为何？基层社会本来就存在广泛的灰色地带，每个人眼中都有自己的处事角度，事情远非“非黑即白”。

人们都想让基层社会规则化，最好大家都按部就班，各就各位；然而，我们处于一个“拥挤”社会的时代，日常生活中的摩擦和冲突随处可见。

就好比“禁摩”这件事。从交通安全的专业视角看，城市里的摩托车的确是“马路杀手”，这有数据支撑，人们也有感性认知；即使是不“禁摩”，各地的交警也都作出安全行驶的要求，比如戴安全帽。

然而，从交通便利的角度说，普通群众对摩托车有客观需求。故而，如何在生活方便和交通安全之间寻找平衡点，一直是交警执法的一个难点。

笔者对大中小城市的“禁摩”问题都有过调研。在绝大多数中小城市，“禁摩”无不陷入困境。原因很简单，中小城市的公共交通并不发达，再加上从通勤的区间看，摩托车实在是再方便不过的交通工具，用其载客有极大的市场空间。

汕头是一个中等城市，“禁摩”已有多年，但摩托车仍然大行其道，发展至今，连交警也默认了摩托车存在的“客观理性”——交警这次执法，并不是真正的“禁摩”，而仅仅是因为驾驶员和乘客未戴安全帽，不符合交通安全规定。

于是乎，在汕头当地群众的日常认知中，警察查摩托车，怕是“合法性”就不够高了。

本来嘛，在地方交通“利器”这件事上下手，很大程度上会被理解为“与民争利”，哪怕是执法部门出于安全管理的理由；而更麻烦的是，这种轻微违法行为，在相关部门的过往处罚中往往以罚款了之。

过去一些年，一些地方公安部门的运转经费有限，财政保障不足，要靠罚没收入来补贴。“趋利执法”的旧事难忘，则加重了普通群众对交警执法的质疑。

另外，公安机关始终警力不足，其工作方法有鲜明的“运动式执法”特征，一段时间只能集中警力治理某一项公共安全问题。因而对摩托车的执法也呈现出时松时紧的结果。

自然而然地，人民群众也容易误解为公安机关对执法极为不严肃。

## 三、扔车执法

“扔车执法”是一个悲剧，既是执法部门的悲哀，也是普通群众的悲哀。

从现场实拍视频看，执法人员以障碍物抛向（“推向”）快速行驶的摩托车车轮的行为，超出了合法执法的范围，违反了公安部有关道路执法的相关规定不说，还触及了涉及人身伤害的相关法律。

这也使得人们再次留意到了“粗糙百出”的现场执法。

事实上，现场执法是一项极为考验智慧的活动。能否对现场进行有效控制，是执法能否顺利进行的前提；而问题的症结在于，现场恰恰是一个开放性的空间，不利于执法活动的开展。

按过往经验，基层执法部门严重依赖于辅警队伍。但辅警的执法经验、专业能力和现场控制能力往往良莠不齐，本身又容易造成现场失控。

过去一些年，公安部门对执法辅助力量加强了管理和规制，大大减小了现场失控的概率。然而，只要群众对执法存疑，未能对现场失控的后果作出合理判断，就难保因为抗拒执法而导致失控加剧。

一般而言，有经验的执法人员面对现场失控的情况，都会暂时后撤，回避执法；但经验不足、对现场控制有强烈要求的执法者，就难保不采取过激手段了——“扔车执法”这样的就地取材式的控制方式，就是如是意义上的“意外”。

汕头市公安部门虽还未对此事定性，但从一般的社会认知看，违法群众受到人身伤害，现场执法者免不了要负相应的责任。

然而，笔者想说的是，我们尚不能简单将此事划分为“粗暴执法”，毕竟，交警部门和执法人员是在正常执行公务，且并无主观恶意要粗暴对待违法人员。

驾驶员冲卡逆行逃避执法是一种情急之下的反应，辅警“扔车”行为也同样是一种现场控制的应急手段，和执法人员违背执法程序、蓄意超出现场控制乃至动粗的行为是两回事。

真正需要我们反思的是，基层社会的不规则、一线执法手段的粗糙、普通民众对社会规则和执法权威的认可程度低，都在时时加剧着现场执法的困境。

基层治理中的诸多问题，或许需要等到经济社会发展到一定程度后才能有效化解；快速变迁的“拥挤”社会中的秩序生成，更需要时间。

现如今，我们从何呼吁起？

基层尚粗糙，但执法必冷静。

# “拥挤”社会，秩序如何维护？*

这两天，上海仁济医院胸外科主任赵医生因拒绝患者“插队”被警察铐走的新闻引发了网友热议。

纠纷虽高热难下，但今天（2019 年 4 月 29 日）涉事医生和警察通过媒体发声，表明对对方工作的理解、对自身工作不足的认识，都挺值得赞赏。

放大来看，当前，我们可谓正在遭遇一个“拥挤”社会——社会已经多元化，有多重诉求，但公共资源又很有限，导致各种社会冲突急剧增加。

这种情况下，我们尤其需要相互“担待”。

## 一、医、警

在过去的一些年里，医生和警察恐怕是为社会秩序付出最多

* 本文最初发表于微信公众号“侠客岛”（2019－04－29）。

却遭遇最多舆论质疑的两个群体；而二者因职业特性，对公序良俗最为敏感，因而他们针对这次事件发出的声音，很是能够反映当前大众对社会秩序的认知情况。

幸好，这一次，医、警能够相互理解。

而此番幸运，恐怕也与他们的相似经历不无关系——哪怕是遇到再多的不公，他们也未曾抛弃职业操守。

这“不打不相识”真不在别处，而是，恰恰因医、警在多年的压力下，建立并坚守了各自的专业精神。

对于医生而言，医者仁心始终是首要的专业精神。赵医生就是如是“专业性”的身体力行者。

本来已经没有了号，结果考虑到患者远道而来，赵医生就动了恻隐之心给患者加号；为了把患者看完，中午休息时分也在加班坐诊；甚至于，当警察要采取传唤和强制带离的措施时，赵医生也是本着为患者服务的想法，提出下班以后再去派出所——这在相当程度上展现了医生的职业操守。

对于警察而言，严格执法则是第一要务。

客观上，按照执法流程，两位警察的处置措施并没有错。并且，他们之所以要及时带离赵医生，恰恰是出于顾及患者感受、公平公正处理案情的考量。

既然如此，那么令人纳闷的就是，好医生碰到好警察，为何会出现冲突？

## 二、差异

这首先是专业价值差异所致。

无论是医生还是警察，专业价值都有两个层面。第一个层面是“天职”。救死扶伤是医生的天职，保护人民生命财产安全是警察的天职。第二个层面是专业规范。过去一些年，医生和警察的职业化已经得到了极大推进，在专业化的意义上，二者极为相似——他们都要求，无论在哪种情况下都应该保持理性，不应因“恻隐之心”而违背规范。

麻烦则在于，不同的人在不同的场景中，对专业价值的选择会有差异。

在本次事件中，赵医生显然没有接受“自我保护”意义上的专业规训，反而还是以“天职”要求自己，他看到的是还有很多患者需要救治；而警察却选择了规范化的执法流程，他们看到了事件需要及时和公平处理。从各自的专业价值选择看，二者其实都没错。

然而，事情也要分两说。

从社会价值看，专业精神还是有次序的。就这个事件而言，或许警察要负的责任大一些。毕竟，在“救死扶伤”的价值面前，“社会公平”或应退居其次。哪怕是因延误了时间而让医患纠纷的另一方患者感到不公，也是可以理解的。况且，警察作为社会秩序的维护者，本身也有更多的调节方法，比如向患者做出解释，或者请院方代为处理等。

与此同时，公安机关毕竟是一个拥有现场裁决能力的机关，需要在执法过程中注意引导社会建设。在面对各种因职务活动而产生的冲突时，尤其需要考虑到公序良俗的形成。

比如，医患矛盾是在医生履行职责的过程中产生的，不可等同于一般意义上的矛盾纠纷。某种意义上，医生本人就是医疗秩序的维护者，警察执法最好考虑到维护医生在医疗场所的权威性——否则，如果每一个公共场所都需要警察力量来介入，社会治理成本将急剧加大。

如同当事警察在反思这次事件时说的，当时如果能同医院管理者来进行现场协调，再决定下一步的处置措施，或许就不至于出现这种状况。

笔者觉得，不能苛求每个在现场处置的警察都考虑那么周到；但公安机关应以这次事件为起点，制定有关职务行为引起冲突时的执法操作流程，以免制造更多的误解。

## 三、拥挤

不妨再推远一步：在一个“拥挤”的社会里，社会秩序会有哪些新变化？又当如何维护？

变化不难体察。比如，以医院为例，到大医院看病就像是逛农贸市场，医生忙、患者急，拥挤不堪，稍有不慎就易引起冲突。

那原因呢？这一切的背后无外乎是一个“变化过快的社会”——快到大多数人还没有意识到拥挤的社会比传统的熟人社会更需要稳定的公序良俗。

一方面，拥挤社会意味着社会事务更加复杂。人们的身份多样，诉求自然各不相同。比如，和医生、警察直接相关的是，他们是健康和安全这两种公共品的供给者。但这些社会资源如何分配，却始终是一个大问题，且不同的供给原则会潜在地影响人们的秩序观。

在医疗市场化的原则下，医疗很容易被当作“商品”买卖——患者很容易把自己当作“消费者”，要求得到良好的服务；医生也很容易把自己当作一个服务者，要求得到与劳动付出相等的尊重。问题在于，市场原则根本就贯彻不了，这也就难免出现医疗秩序中的各种乱象。

而在专业化导向下，公安机关也持续加强了自身建设，一度在规范化建设与“四有四必”间疲于奔命，自己累了，群众却不见得满意。

社会之复杂使得供、求中难免有裂隙，长此以往，重要必需品的供给者成了最容易受到抨击的群体。平心而论，我们没有理由不给医、警以更好的工作环境；而最好的支持，便是支持理解他们的工作，遵守规则。

另一方面，拥挤社会意味着我们需要更多的治理资源。这一社会状态意味着其会生产出更多的“剩余事务”——那些细小琐碎、难以定性却不得不解决的问题。

在一个拥挤社会里，“先来后到”是社会有序运行的基本条件。但是，在缺乏规范和自律的情况下，“插队”也很容易演变为剩余事务。

问题恰恰在于，要有效规制这些“小事”，还非得耗费极多的治理资源。不客气地说，我们现在的绝大多数治理资源，并没有用在那些大事、要事上，恰恰是花在了处理这些细小琐碎的事情上。

想想看，有多少警力是耗费在那些“细事”乃至于非警务活动上？还有，急剧扩张的城管部门，主要的目的之一可以说是为了和小贩玩“猫鼠游戏”。

觉得夸张了？嗯，在笔者调研过的某东部乡镇的安监所，总共才 3 人，2018 年一年却收到了上级 68 份正儿八经的布置工作任务的文件——如果每件事都要落实，工作人员玩命地 24 小时工作也不可能完成。

按照我们这个社会的变迁速度，以及剩余事务的生产速度，治理事务增加与治理资源有限的矛盾只会越来越严重。因此，要解决困境，实在是不能指望通过增加治理资源来解决问题。

面向“拥挤”社会，唯一的应对之策是，全社会都要成为社会秩序的维护者，从不闯红灯、不插队、少吵架、多担待等小事做起。

你做得到吗？

# “麻将馆禁令”，是不是在“一刀切”？*

近日，江西信州、玉山等地依法取缔营业性棋牌室、麻将馆。

当地公安机关的通告指出，关闭棋牌室、麻将馆是为了解决涉赌问题，净化社会空气，提高群众安全感和满意度；整治行动一律依法进行，有充分的法律依据。

然而，通告出来以后，没少惹来舆论质疑；有法律界人士指出，如是做法怕是逃不过越权、“一刀切”的嫌疑。

整治赌博，究竟为什么要让棋牌室、麻将馆“关门大吉”？

## 一、赌博

赌博作为“社会之癌”，其社会危害是人所共知的。因此，公安机关这回发布的通稿，不仅是基于法律依据，亦有极强的社

* 本文最初发表于微信公众号“侠客岛”（2019－10－21）。

会合法性。

麻烦的地方在于，赌博是一大社会顽疾，本就有一定的社会心理基础；而现如今，赌博形式多样、隐蔽且易反弹，这也就加大了公安机关的打击难度。

公安机关被迫采取整治措施，并不惜以“一刀切”的嫌疑扩大打击范围，确实是有难言之隐。笔者觉得，社会舆论不应急着为之定性、盖帽，倒不妨从各个角度，先去理解一下它的执法逻辑。

总体看来，在中国广大的农村版图里，各地的娱乐休闲方式有明显区别。北方农村比较看重集体性的休闲娱乐活动，像是地域性的节日庙会、有聚集效应的红白喜事；有私人聚会性质的娱乐活动的空间则很小。

而在南方农村，私人聚会性质的娱乐活动会发达很多。尤其是随着市场经济深入发展，个体刺激性强的、享受性的活动——比如聚众赌博、消夜等——都会越来越流行。

何以见得？置身南方农村的集镇，棋牌室、麻将馆、茶馆，甚至洗头房、休闲馆、夜宵店、K 歌房随处可见（而北方农村出现概率最大的是农资化肥店）。

在这种情况下，赌博在北方农村很难“成气候”；但在诸多南方农村，却极容易成为严重的社会问题。

笔者过去在南方农村调研，“抓赌”几乎是每个地方公安机关的主要业务，地下六合彩、棋牌室、茶馆、流动赌场，不一而足。

有那么一段时间，公安机关的日常经费没办法得到财政保障，导致一些地方的公安机关去“趋利执法”，“抓赌”就是其中最重要的财源。

有了这些背景，对江西信州、玉山等地公安机关的做法，人们可能基于不同的生活经验，就会给出不同的评价。

比如，类似做法在巴蜀地区的群众看来，那真是哭笑不得。毕竟麻将馆是当地农村正儿八经的休闲娱乐场所，男女老少都喜欢去，“小赌怡情”再正常不过。也就是说，当地群众对赌博和休闲娱乐的认知界线本就十分清晰，公安机关当然也犯不着“一刀切”。

在有鲜明的生产导向而非消费导向的北方集镇群众看来，怕是也比较难理解。

但根据笔者的调研体验，江西当地的老百姓大多会对公安机关的作为竖起大拇指。因为当地社会对“茶馆”“棋牌室”等娱乐场所并未脱敏，去这些地方消费，哪怕不是赌博，也被视作不务正业的表现。

更何况，经营者出于营利目的，大概率要加大供给赌博场所和工具来聚集人气，提高利润，如此“恶习”一经壮大，可怎么了得？

## 二、经营

从经营者的视角看，娱乐休闲场所的经营中存在着广阔的灰色空间。

笔者以前调研过一些娱乐场所的经营方式，以“茶馆”或“棋牌室”为例，大概有如下几类：

第一类，仅提供休闲娱乐的场所和服务。比如四川农村地区的茶馆，是“真茶馆”，经营者只提供茶水，人们在其中消费，纯粹是“摆龙门阵”、交流信息；同理，很多棋牌室也是相对理性的娱乐场所，经营者会明确规定禁止赌博。

在更多情况下，目标消费人群的定位决定了茶馆和棋牌室的经营性质。一般而言，“老年茶馆”都只提供简单服务，并无赌博功能，说白了就是市场化的“老年人活动中心”。

第二类，提供多样化服务，兼有赌博功能。在湖南等农村地区，一种综合性的“茶馆”频频出现，经营者提供棋牌和麻将，还免费提供茶饭甚至一条龙服务——为了让消费者在茶馆安心消费，经营者可谓成了保姆。

这种类型的“茶馆”也有较为高超的盈利模式，主要是从消费者手中收取“台费”或“抽水”，就是说对每一局麻将或棋牌游戏，都要提取一定比例的费用。于是，玩的人越多、玩得越大、轮得越快，利润就越高。

为了稳定客源，大部分经营者还提供借贷服务。要是消费者（赌徒）没有资金了，可以临时周转。

第三类，以赌为生的经营方式。这种类型的“茶馆”，往往有更强的隐蔽性，针对的人群规模也较小。比如一些打着“私人会所”旗号的场所，很有可能就是赌窝。

这类场所一般也是“临时做局”的多。比如宾馆的棋牌室容易滋生赌博，是因其具有隐蔽性，且服务比较周到，经营者也有“职业道德”，非常适合“临时做局”。

在农村地区也存在类似的场所。笔者调研过某地一个“大混混”经营的“茶馆”，一年共计开个一两个月，每次只开十天半月——毕竟，愿意“打大牌”的人群是有限的，大牌的资本也是有限的，具有不可持续性。

客观而言，在农村地区，带有赌博性质的茶馆、棋牌室、麻将馆都不愁市场。

一是经营成本低。无非是购置几张麻将桌，如果生意好，一个月就可以回本；其经营投入主要靠服务，而不是固定资产。

二是社会需求大。现如今，随着农业生产水平的提高、农村市场经济的发展，农民的闲暇时间越来越多，“无处可去、无事可做”的确是很多农村地区的实情。而赌博这种“游戏”，恰恰适合来消磨时间。

笔者调研时碰到过数不清的“因赌而生”的悲欢离合。很多赌徒在接受访谈的时候都很理性地表示赌博不好、害人害己，恨不得当场就剁手指戒赌。但从实际情况看，真正能够戒赌的微乎其微。

也因此，普通群众对赌博已深恶痛绝——这是真实的民意。

## 三、打击

由于赌博有广泛的社会基础，且在经营方式上确实有较强的隐蔽性，公安机关对它的打击就注定面临不少困境。

就常规治理而言，认定赌博并不容易：法律上并不存在对赌博的统一认定，各地公安机关都有自己的认定标准。

笼统而言，地方一般根据赌博的场所、聚集人数、赌资大小等来判定赌博。比如在有些地方，只要总赌资超过500元，就算聚众赌博；在另一些地方，每个筹码超过5元，也算赌博（这个标准，要是在东部发达地区，就明显不合适）。

因此，一般而言，只要当地群众反应不强烈，通常意义上的“小赌”其实属于“民不告，官不究”的范畴，公安机关有较大的自由裁量权。

但是，从有效治理的策略看，日常的消极性治理必然会导致赌博泛滥，进而激起群众的反弹和社会治安形势的复杂化。

比如，群众会以扰民的理由投诉举报，因赌博纠纷造成的治安案件增加，因赌博导致的家庭纠纷也日益成为各地严重的社会问题……这就预示着，公安机关必须作出相应反应，让赌博回到可以接受的范围之内。

从公安机关的内部视角看，江西多地实施整治赌博相关行动，是有科学性和合理性的。

首先，这应该是上级公安机关的统一要求，是深化扫黑除恶斗争的需要。在广大农村地区，“黄赌毒”向来是黑恶势力的财政基础，打击赌博当然有利于扫黑除恶的深入进行。

其次，从“功利”角度看，这些行动也很有可能是服务于政法机关的群众安全感和满意度调查。依照常理，整治赌博是最容易净化社会、争取群众的方法。

再次，“治赌”历来是公安机关打击犯罪、参与社会治理的常规方式。一段时间整治一个突出的社会问题，这本身是无可厚非的工作方法。

客观上，公安机关的警力有限，尤其是在广大农村地区，“警民比”普遍不超过万分之十，不仅远低于国际平均水平，也远远低于全国平均水平。

某种程度上讲，赌博之所以难治理，不仅是因为赌博本身存在灰色空间；也因为警力有限，导致日常治理力度难以保障。而一旦采用集中整治的办法，必定会加大打击力度。

当然了，如是整治也能彻底切断一小撮基层派出所与娱乐场所间可能存在的利益勾连。

在这个意义上，这回公安机关的通告给人以“一刀切”甚至于“打击面过大”的感觉，实在是有苦衷的。

根据笔者对公安机关的了解，无论是在日常执法过程中，还是在集中打击和整治过程中，“依法打击”都是第一原则。江西各地公安机关的通告，或有措辞不严谨之处，但并不意味着公安机关会“执法犯法”。

在实践中，农村棋牌室和麻将馆极少有正规手续，在法律上取缔这些“非法”经营场所并无不可。而一旦涉及对赌博的处罚，则更是需要严格的法律依据。

依笔者看，舆论圈的各位对地方公安机关此举不必大惊小怪，更不应无视社会诉求及公安机关的积极作为而妄加攻击。

毕竟，作为“社会之癌”的赌博与乡村衰败、道德滑坡、权力腐败都密切相系，因此，从取缔涉赌场所切入，打击一众参与者、利益相关者、产业链，让基层群众回归健康的公共文化生活，方能还社会以清明之道。

# 群众工作是关乎人心的政治*

2020 年 3 月 11 日，武汉市青山区钢都花园管委会使用环卫车辆为辖区园林社区居民运送集中购买的平价肉，引起了群众的强烈质疑。为此，街道和社区已经公开道歉，并采取了收回销毁、第二天补发等措施。

武汉市纪委还决定，对负有领导责任的一名副区长予以党纪立案审查。

## 一

这件事也许是个“小事”。但是，最近一段时间，武汉市仅仅买菜这种“小事”，就已经触发了几波舆情：前有“汉骂”，再有“假的，假的”，现在又来了一个垃圾车装爱心肉事件。每一件都由政府做好事而起，却都以被群众骂结束——

* 本文最初发表于微信公众号“侠客岛”（2020－03－12）。

这不得不让人反思。说到底，群众工作是关乎人心的政治。如果丢掉了和居民打交道、和群众交心的优势，许多工作就会事与愿违。

当下中国，社区治理形成了居委会、物业和业委会“三驾马车”的格局。看上去，似乎形成了政府、市场和社会相结合的比较完善的治理体系。但是，在实践中，“三驾马车”却经常是各行其是、扯皮不断。

比如，很多社区的物业和业委会之间存在矛盾，而且矛盾长期积累。“假的，假的”事件中的开元公馆小区，业主和物业之间因停车费涨价等原因积累了尖锐矛盾，但居委会却以自治为幌子，并不愿意介入社区治理中的麻烦事。

可以说，“假的，假的”事件，表面上是物业服务不到位所致，实质上却是社区党组织和居委会长期缺位的结果。

“汉骂”事件的根源，也在于业主对居委会有极大意见。疫情防控主要靠业委会和物业，群众感受不到社区作为。群众只知道社区很忙，却感受不到自己被关照，这是当前社区治理的普遍现象。

但凡是了解一点情况的人都知道：政府，尤其是基层工作者，做了大量工作，真的令人感动。但是，平心而论，又有多少人忙于事务而忽略群众工作呢？

近年来，作为政府与市民连接纽带的社区，越来越行政化。包括武汉在内的各个城市，都习惯于把社区工作者当作“办事员”，用劳务派遣等形式“购买”社区工作者的服务；很多社区服务项目，也以政府购买服务的方式，委托给社会组织去做；甚至连党建这么严肃的事情，也有社区通过招投标方式让社会组织来做。每到一个社区，都可以看见搞得花里胡哨的宣传墙，一问，这也是承包给别人做的。

结果，本来最应该从事群众工作的社区工作者，反而整天忙于各种行政事务，连群众的面都不见了。当社区组织要用 80％的时间和精力来完成街道下达的各种行政任务时，还能指望社区工作者了解群众吗？

## 二

今天的社会是多元化的，每个社区都有不同阶层、不同群体，他们看似居住在一个社区，但如果社区不去组织，他们真的就是“原子化”的个体。面对同一个问题，群众也有不同的所思所想，这都需要社区组织去辨别、宣传、教育。哪怕是从管理和服务的角度看，社区也应该了解自己辖区的居民构成。

然而，平心而论，有哪个社区敢拍胸脯说：我们的基层组织对辖区居民非常了解？社区组织所掌握的居民情况，顶多就是计生、劳动保障、残疾、低保等特殊人群，或者再加上一些文艺积极分子。

大部分社区都有各种“功能室”，服务居民的硬件倒是不错，然而，就是没几个居民来“活动”。这是因为，这些“功能室”大都是琴棋书画场所，服务的都是有才艺的居民。很多社区居民，宁愿自己搬个小板凳，找个角落聚在一起晒太阳、聊天，也不愿意到这些看似“高大上”的“功能室”来活动。

社区，本来在社会学意义上是一个具有共同体内涵的词，在现实中却就这样成了“居住地”的代名词。

社区工作和广大居民无关，当然就容易导致群众无感。

防疫期间，社区是以超常规方式在运转的。最突出的表现是，花里胡哨的形式主义工作少了不少，实打实的疫情防控和服务群众的工作做了很多。然而，为何还有群众“无感”，甚至还有不少怨愤？

这是因为，当前社区工作中，在管理和服务两个方面都存在一个共同误区：将群众对象化，忽视了群众的主体性。这就导致——

从管理角度看，社区居民仅仅是“治理对象”而已。社区居民间有矛盾纠纷，本能地以解决问题的思路去对待，或是推诿，或是让其通过法律途径解决，搞“一锤子买卖”，却很少想到做“人”的工作、做修复关系的工作。结果变成了：社区只要处理一个问题，就减少一部分社区凝聚力。

从服务的角度来说，社区和居民之间容易异化为市场关系。社区工作者把自己视作一个服务提供者，给多少钱办多少事——只不过，这不是居民直接给钱，而是“政府购买服务”。居民也容易把自己理解为“顾客”，认为社区工作者的所作所为都是天经地义的。

## 三

中国共产党的宗旨是为人民服务，中国制度的核心要义之一就是要实现人民当家作主。但是，群众的主体性不会凭空而来，既需要群众的积极参与，也需要基层组织的动员。群众只有真正确立起了主体性，能够对自己负责、对共同体尽责，才称得上是真正的“人民”。

还有一个不能不引起重视的问题是：当前越来越多的官员和基层工作者，也在失去正确的角色定位，说错话、做错事还不自知。防疫期间发生了不少引起舆论风波的事件，就是佐证。

就拿用环卫车辆运送平价肉事件来说，的确可以解释：时间紧、任务重，有忙中出错的问题；同时，武汉还在封城，能够上路的货车紧缺，私家车也装不了这么多需要配送的平价肉，只好采取一种权宜之计。

但是，这样的解释在群众的愤怒面前，往往是无力的。而且，用环卫车来送肉的确严重挑战了人们的常识和常理。避免类似问题的发生，既需要社区和有关部门合作来解决实际困难，也需要每个环节多从“人”的角度考虑具体工作。

也许，这次事件中不少环节的当事人都本能地意识到了问题，但出于“多一事不如少一事”的想法，或者“就这一次”“特殊情况”的侥幸心理，也就睁一只眼闭一只眼了。最后受到牵连，冤是不冤？

习近平总书记在武汉考察时说："群众在家隔离时间长了，发几句牢骚是可以理解的，谁愿意老闷在家里啊！"这是人之常情的话，也是和群众交心的话。各级党委政府，尤其是社区，应该从这些事件中吸取教训。深入群众，不仅是通过事务性工作来服务群众，还要通过组织和动员群众，让群众自我服务和自我教育。

群众受到教育，干部受到锻炼，党和群众的联系得到加强。唯有如此，这次疫情中暴露的治理短板问题才有望早日得到有效解决。

# 把群众动员起来*

2020年2月17日开始，武汉用三天时间开展了新一轮“大排查”。

新任市委书记王忠林很重视这事。2月18日，他放出狠话：“如果再发现一例（居家患者），就拿区委书记、区长是问。”

事实上，2月9日，武汉曾开展过一次“应收尽收”大决战。10日，时任市委书记马国强宣布，全市实现了99%的排查率。

19日晚是最近这轮排查定下的截止时间。王忠林要求各区区委书记、区长都要签“责任状”，对确诊病例一个都不居家等问题进行承诺，如果出现疏漏，立马追责问责。

一些读者可能好奇，武汉虽大，但是对未隔离、未就医的确诊和疑似患者的摸排工作为何这么难？为什么要排查两遍？为什么新任市委书记如此放狠话？

---

* 本文最初发表于微信公众号“侠客岛”（2020-02-20）。

## 一

在武汉，摸排病患这事有多重要？

自“封城”以来，武汉的疫情防控战已持续近一个月的时间，但湖北省尤其是武汉市的疫情，至今仍处于高位运行的持续增长期、攻坚克难最吃劲的关键期、重中之重决战之地的窗口期。

其中的关键是，“四类人员”的底数一直搞不清。

所谓“四类人员”，即确诊患者、疑似患者、无法排除感染可能的发热患者、确诊患者的密切接触者。两次摸排，对象都是“四类人员”。

如果这些人就算有一例放任在外，没有做到“应收尽收”，那病毒的传播就会继续，疫情防控就没有尽头。病患不能收到治疗地点，病情因拖延加重的概率自然也会变大。

换句话说，一切防疫工作的基础，都在于“四类人员”的摸排。这是整体疫情防控的需要，更是救治每一个普通生命的需要。

武汉的摸排工作主要靠谁呢？

从专业角度而言，在疫情防控的“四早”原则里，“早诊断”和“早治疗”是医护人员的职责；“早发现”和“早隔离”，则主要依赖社区工作者。

武汉的社区工作者要排查留在全市的900万人，确实很难。

但应该说，摸排的“社区之难”首先不在社区，而在于整体疫情防控体系。

从湖北省启动突发公共卫生事件响应机制开始，武汉就面临一个矛盾：医疗资源的有限性和需求的几近“无限”的扩张性之间的矛盾。尤其是 1 月 23 日武汉宣布“封城”后，疫情防控的主要矛盾，几乎一直是医疗资源“挤兑”。

以往报道中常见的是，武汉的社区工作者频频反映，他们只能不断地接电话——无穷无尽的电话；他们能给病患登记、排队，但是无法给病患安排住院——因为医院没有床位。

这一结构性矛盾，客观上造成了基层尤其是社区超负荷运作。

从数据看，武汉市每个社区大概万人，配备社区工作者只有 10 人左右。这就意味着，武汉市的社区工作基础并不算扎实，只能提供最基本的服务。社区除了完成社保、民政、计生等必要的行政工作外，只能为老人、残疾人、流动人口等特殊人群提供服务。

其结果就是，此次疫情发生之前，社区和居民之间并无密切互动，社区处理复杂问题的经验和能力都较为欠缺。

可以说，疫情的到来，几乎是在毫无准备的情况下，让武汉整个市政体系来了一次“平战转换”——

对社区来说，这种挑战近乎极限。

中央指导组 20 日在武汉指出：在工作协调的过程中，整个指挥系统需要提升，需要提高效率；如果指挥系统的工作依然是常态下的节奏，那么就不能称之为战时，也就不可能有效地指挥这场战役和战争。

灾害治理有一个规律，那就是：要治理灾害，仅靠常规体系是搞不定的，必须动用“运动式”机制。但“运动”是否有效，不仅取决于动员的力度，更取决于常规体系是否长期处于“准备”状态。

从现实角度看，武汉绝大多数社区工作者都是本科以下学历，拿着 2 000 多元的月薪。在“备战”并不充分的情况下，让他们突然成为大战前线的“职业士兵”，前期混乱是免不了的。

## 二

笔者和武汉的社区干部交流时，能感受到他们的无奈和委屈。

比如社区书记/主任。他们常常被称作“小巷总理”，似乎什么都管。此次疫情防控，上级指挥部的各种命令、措施，确实也都一股脑儿地丢给他们。

但在城市生活的朋友都有感受：日常生活中，“原子化”的绝大多数居民，平时几乎不怎么和社区打交道，相当部分居民甚至从来就没有接触过社区干部。

参加这次排查的一个工作人员说：大部分居民都比较配合，也有不配合的，有些不愿意开门，我们就跟他们反复劝说，有时甚至吵架。

疫情一来，情况变了。社区几乎成了居民最大的依靠，居民的所有问题都会找到这里。

客观而言，社区的功能设置只是“服务”或“办事”，并没有“统筹协调资源”或“独自处置问题”之权。对社区工作者而言，疫情防控是“额外事务”“新增事务”。

据笔者在一线的观察和采访，目前武汉社区工作者主要承担以下疫情防控工作：

（1）上级各类统计报表信息的摸排登记与公示；

（2）“四类人员”等重点人群的每日联系与跟踪服务；

（3）孕妇、其他病患者、行动不便的老人等特殊群体的就医与生活需求服务；

（4）联系安排物业公司对社区进行消毒杀菌工作；

（5）普通居民的生活物资供应与保障等；

（6）社区封闭式管控工作。

每一项工作都不容易。每一项都琐碎、复杂、耗时。

比如各种数据和报表，看似简单，但每一个数字背后都需耗费大量精力。只要一位居民不配合，数据就可能失真，进而面临各方压力。

更大的挑战是，在“战时体制”下，城市功能其实是不完备的。很多之前由家庭、社会和市场解决的问题，现在都变成了政府责任。

而这些责任许多最终都要社区承担——

比如，因出行不便，居民的日常生活物资供应也成了社区的责任。小区居民的生活必需品，得社区帮忙配备。尤其是早期居家隔离患者，被服务的需求极高，但社区又缺乏必要的防护物资去上门服务。

在采访中，笔者听到的一个案例是，某位确诊患者在家中不幸离世，由于殡仪馆的特殊车辆有限，家属在家等了几个小时车还没到。情急之下，家属对社区干部大发雷霆。社区干部说，情绪他们可以理解，被骂也没有怨言，但协调车辆这种事真不是普通社区干部能解决的。

更别提那些抱怨封闭管理的、硬“闯关”的、不戴口罩的，更难管。

有责而无权、位卑而事众，这就让社区干部成了“夹心饼干”。

一位社区工作者对笔者说：医护人员的辛苦，大家都理解；但社区干部的辛苦，上级不一定理解，群众也不一定同情。

## 三

事实上，从 2 月 9 日那次排查开始，武汉市的社区工作发生了一些积极变化。

变化来源于两个方面——

首先是医疗资源与需求之间的矛盾得到了比较大力度的解决，这得益于新建医院、方舱医院、学校、宾馆等隔离点的开辟。只要有床位，事情就可以逐步解决。要知道，床位严重紧缺的时候，武汉不少社区“一天只有一个入院指标”。

参与排查的一位工作人员表示：现在床位是够的，基本上疑似的都能去。居家隔离的时候，社区是最乱的，所有需求都汇总到社区，但社区也没办法安排住院。现在是有需求打到社区，几个小时内就能解决。

其次是武汉市动员了 1.6 万余名机关党员干部、国企职工和教师下沉社区。这一举措极大地加强了社区工作的力量，社区的人力物力都有了较好保障。

一位曾参加过 2 月 9 日排查的工作人员对笔者说：“这次排查在时间上更充裕些，人手上更充足些，干部也下沉了。”

但这不意味着万事大吉。

在笔者的采访中，多位受访人士认为，如今武汉社区工作的根本缺陷还是没有切实克服，那就是没有把群众真正动员起来。一位社工对笔者说：一个小区近万人，哪怕社区工作者从 10 个人充实到 100 人，这个比例依然是悬殊的；但如果真正把居民动员起来，每个单元、门栋都出人，这个比例是多少？

因此，武汉市委书记王忠林呼吁：“要在发动群众上持续加力，带动广大居民积极参与小区防控。”

群众动员应是社区治理的核心。笔者前两天在武汉探访一个社区，该社区平常就治理得很好，正是因为群众工作扎实、志愿者众多。该社区书记已经履职 19 年，他告诉笔者，此次疫情，这个社区“零感染”。

有研究者认为，客观来说，这些年的“社区治理改革”，其总体趋势是往“正规化”和“专业化”的方向发展的。这很好，但也造成了一个意外后果：越是正规化和专业化，就越容易官僚化、行政化，反而“在群众身边、离群众很远”。

疫情就暴露了这种弊端：平时，社区和社区干部、网格员都有“专属事务”，上级也靠这些来考核社区，因此社区工作者忙于具体事务，却不见得有时间去跟社区居民打交道。防控以来，社区和居民这一对本该是“鱼水”的关系，却往往没法打通“最后一公里”。

疫情当前，救人要紧。但这场大考之中暴露出来的一些问题，却值得我们思考。一个颠扑不破的道理或许是：久久为功、扎扎实实做群众工作，才是社区最重要的任务和方向。

# 基层防疫一线干部*

如今，防疫形势依然严峻，基层一线干部同医护人员一样，在前线冲锋陷阵，他们也是战斗的士兵。

士气怎么样，很大程度上会影响战斗的成败。

## 一

这次防疫战中，各级党委政府均成立了疫情防控指挥部，以“战时体制”应对疫情。

何为“战时体制”？一是党委政府的运转要求更高，权力集中化、运转军事化、目标单一化；二是社会管控力度加大，人民群众的生产生活要根据防疫部署做相应调整。

对一线干部来说，筹备资源、摸底排查、宣传发动、隔离防治，无论哪一项都是千头万绪，工作量极大。他们不仅要适应工

* 本文最初发表于微信公众号“侠客岛”（2020－02－02）。

作节奏和状态的变化，还要花大力气引导群众适应新的生活方式，如隔离疫情区返乡人员、劝说和监督群众减少聚会等。

总之，“战时体制”是非常体制，一切行动听指挥是基本要求。正像习近平总书记说的，生命重于泰山，疫情就是命令，防控就是责任。

所以，“一问三不知”的黄冈市卫健委主任被迅速免职。黄冈市纪委通报称，各级纪检监察机关累计出动了 3 497 人次开展监察检查，检查重点部位和场所 6 416 处，处理、处分党员干部 337 人，对防控工作不力的 6 名领导干部予以免职，其中 3 名是正县级干部，还有 3 名是乡镇的党政主要领导，以壮士断腕的决心和最严厉问责倒逼干部作风转变。

这些举措真正做到了“挺纪在前”。

## 二

战场上不仅要有铁的纪律，更要鼓舞士气、上下同心、共克时艰。

如何让将帅的运筹帷幄与一线战斗员的能动性都得到充分发挥？这中间的润滑剂是“信任”二字。

从近些天一线干部的反馈来看，形式主义依旧根深蒂固，有些地方甚至冒出“表格抗疫”的做法。

笔者了解到，某乡镇每天要填 10 多张来自上级不同部门的不同表格，单填表就要专门配备 3 名干部。入户排查和给被隔离人员测体温，也得拍照、填表，以备检查。

“表格抗疫”的背后，是不信任感：上级总觉得下级会糊弄事，下级疲于留痕以“自证清白”。更让一线闹心的是，有些地方上级天天催报表，但却没有设置专人为一线干部配备基本的防护用品。

这种缺少温度的上下级关系很不正常，一线干部嘴上不说，心里总会有疙瘩。

## 三

此次疫情来势汹汹，中国在短时间内迅速动员，已经显示出整个体制超强的应变能力。但我们也应该看到，一些地方政府和干部的表现令人失望。

有些颟顸昏聩，有些心态不正，有些能力不济，有些经验欠缺，等等，督查中还得擦亮眼睛，仔细分辨。

比如，有些地方要求摸排工作要像精准扶贫一样精准，若发现疑似或确诊病例没有在摸排档案里，必受到纪律处分。与扶贫摸排不同，疫情瞬息万变，短时间内难免挂一漏万，如果不考虑这个工作实际，事无巨细都以纪律处分，难免影响一线干部的士气。

在这方面，督查更需要实事求是、精准有效。面对一线干部应对不当的问题，要查明原因后作出慎重结论，不要简单粗暴地问责和惩戒。如所涉问题尚不严重，不妨多点教育和引导。

总之，要在打赢战争的大局基础上，提出更符合工作实际的督查标准，让被处分者心服口服，也保护和激励一线干部的积极性。

此外，大疫当前，急需上下一心、同仇敌忾，上级领导和机关尤当率先垂范，与一线干部共同战斗。

大年初一，中央就成立了疫情应对工作领导小组，并向湖北和武汉派出中央指导组，这就是非常好的示范。

重大危机关头，派出工作组与一线干部并肩作战，一直是我们党的优良传统，也是治国理政的重要经验。各地的督查组不妨先变成工作组，别让监督成为高高在上的“挑刺”，而是化作和一线干部一起战斗过程中的诫勉督促、教育鼓励。

人们希望，这场严峻的防疫大仗战胜的不仅是病毒，还能通过组织防疫发现、启用一批优秀干部。不过，让优秀干部脱颖而出，需要给予足够的信任，让其轻装上阵、大胆工作，塑造上下同心的干事氛围。

# 五

# 基层改革，怎么改

# 灰色，理解基层治理的另一个维度*

今天的社会到底发生了什么？实际上很难界定。每个人眼中都有自己的世界。同样一件事情，我们去看它，会有很多不同的看法。比如调研，你去问村干部，去问普通的村民，去问乡镇的领导、县领导，可能看法都不一样。因为大家看法都不一样，所以有意思。

社会学的一个好处，就是可以从纷繁复杂的现象里面找到一些核心机制，不一定非常准确，也不一定非常武断，但是确实给我们提供了看世界的一个角度。

## 一、灰色

我的专业是基层治理，我自己把这个角度概括为一个词：灰色。

我们经常看到，媒体报道也好，学术研究也好，实际上有一个共同特点，就是看这个世界都是非黑即白的。一出事情就是政

---

* 本文最初发表于微信公众号“侠客岛”（2018－08－29）。

府很粗暴、警察很粗暴、城管乱打人，或者反过来说弱势群体很可怜，等等，一下子把我们的生活体验和情绪调动起来。实际上，我们这个社会不太缺情绪，缺的是对情绪的理性呈现。

所谓“灰色”，就是里面有很多复杂性，实际上很难用简单的意识形态，或者一个道理、一个判断去呈现出来。我们现在很喜欢用“大词”来判断一件事，但实际上这种“大词”往往没什么解释力。说到底，这深层次的原因也许是我们根本就不了解身边正在发生什么。

比如“80后”，小时候可能经历过营养不良，但是没有经历过饿肚子。这么一个简单的事实，但其实发生的时间并不是很长。20世纪六七十年代的人，很多人都有饿肚子的经历。短短这么一段时间，这个世界发生了多大的变化！但谁去呈现这个变化呢？

又比如说，现在有很多基层同志，他烦恼的是没有办法跟群众接触、没有时间跟群众接触。他大量的工作都是应付上面的各种要求。但是，就在十几年前，基层工作的同志最烦恼的事情恐怕就是天天要跟群众打成一片，给群众做工作，发生各种各样的冲突。其实时间不长，也就是农村税费改革后的事，有十几年。

做社会问题研究，从历史比较的视角、动态社会变迁的视角去看，其实基层治理、整个社会的状况比以前好了很多，这是毫无疑问的。如果说我们过去基层存在的问题主要涉及生存问题、涉及很根本性的一些问题，那么，今天的问题，我觉得只要政策、措施比较适宜，基本上都是可以解决的。

## 二、困境

目前，基层治理存在的问题主要有两种。

一种是上级要求的事项跟基层治理实际之间的不匹配。比如基层经常面对的：所有事都要办事留痕。

我见到有些地方搞网格化，所有事项都要进网络系统。村里电线杆上有个小广告，按正常情况，村民见到撕了就完了，或者打电话让村干部撕了就好，不行让村里的保洁员处理也可以嘛。有了系统之后呢，村干部得先拍个照传导入系统里面，表明什么时间在某地有个小广告，然后平台派单，一级一级下派，溜了一圈，最后还是转到这个村——让保洁员去撕掉。

这种方式的好处是考核方便，但实际上增加了不少行政成本。本来村庄自治可以自我解决的问题，没必要进入非常整齐划一的系统里去。为了完成任务、表示效率很高，村干部每个月都得处理多少单事情，经常就是村干部说发现某处有垃圾，拍照上传，然后清理掉，再拍照上传。

这种问题如果说不好听的属于“没事找事”的话，另一种基层治理的问题就是“有事找不上”。今天，整个基层社会已经高度流动，很多地方都已经空心化了；一部分以前村里面自己可以解决的问题现在解决不了了，要找人解决也找不上。

基层社会有很多东西是处于由白到黑的过渡地带。很多事情从执法的角度去做，实际上并不容易，往往执法成本很高，或者根本就没办法执法。现代社会里面，村庄内部已经失去了自我规范、自我约束的能力，社会自我调节能力已经缺失了。

比如说中部地区，湖南、湖北的人情费非常高，老百姓都受不了。你生孩子办个周岁我可以理解，什么三岁、六岁、九岁、十二岁，都要办，这就很夸张了。考高中要办，考大学也要办。甚至有个地方母猪生了个小猪仔都要办酒。

而且村庄是没有办法自我调节的。你一个人宣布说我以后不办酒，别人一个会说你傻——过去的投入都赚不回来了；另一个还会说你不近人情，等你哪天家里有事了，不可能有人来的。所以，所有人都是咬着牙把酒办下去。村庄内部没有调节机制了。

这时候怎么办？很多地方政府，比如乡镇一级介入，搞一个红白理事会，宣布说哪些可以办、哪些禁止办，大家都拍手称快。很多白领看到这样的新闻会说：哎呀，你这政府要不得，怎么能干预老百姓自己的生活呢？但其实本地人的反应都是特别欢迎这种干预。你不干预，大家还有意见。

说这个的意思是，当现在村庄内部传统的自我规范、自我约束力量衰落，没有合理的调节机制时，就不是政府作为太积极的问题，而是是否作为的问题。

## 三、转型

今天我们的社会治理问题，与过去相较，治理对象、内容、方法都已经发生了全新的转变。一些现存问题实质上是社会转型必然带来的问题。在转型这个大层面上，这些问题都是客观存在且不好解决的。

比如治理粗糙，一些行政层面的负面问题都有待解决。一是机构臃肿。正式人员之外，任何途径往下走，在最低一级都还有很多协管员，可能 800 人的村庄里设置了二三十个领工资的岗位。二是行政有惰性。上面派来一件事情就办一下，没有更多的时间和精力去积极主动地为百姓办事。三是部分治理方式粗暴，一出问题就捂着盖着，不揭盖子。

但也有值得表扬的地方，目前中国整个的行政体系实际上是比较现代化的。没有任何一个国家的公务员系统，像我们国家的干部这么勤奋，尤其是基层干部。现在这个季节，如果你在乡镇工作，24 小时不能关机——防汛。叫你值班，你就得值班；叫你去待着，你就得去待着。我前阵子去调研，那边区长周末晚上都在值班，半夜打电话查岗，自己开个越野车去看水库。乡镇的普通干部肯定也一样。

前几年流行一个说法，说中国的官民比是多少，跟全世界比，跟唐朝比，如何如何高。但是真正研究国家治理的时候，你会发现并不是这样。我们现在严格控制编制，但确实雇用了很多半正式的人员——各种协管员之类。但即便把这些加上去，就整个的治理的负荷水平来讲，也不算高。我们的政府是一个“全能型”的政府。别的国家基本上都是“有限责任公司”，我们是“无限责任公司”，所有的问题，包括家里面吵架，都可以找基层政府。

在派出所工作的同志都很清楚：城市好一点，如果在农村，110 接警里面相当大的比例都是关于家庭矛盾（农村没有特别多的治安警情，110 统计数据一看，大部分都是家庭矛盾）。夫妻吵架为啥找警察？因为 110 出警要求 5 分钟到岗啊，村干部可能还故意延迟个半小时让你夫妻消消气。

其实，从整体行政效率讲，我们目前“自上而下”要求较高，也相当高效。但与之相对，另一个重要的问题是，行政资源是有限的，非常的有限，所以越到基层，越会发现实际能做的事很少，而上面的要求又高。

有句话说得好，“上面千条线，下面一根针”，就是说：任何事情在上面的时候，往往有很多部门；但是越到下面的时候，可能很多部门就对应了一个人，每个人都要解决很多摊子的事情。而且乡镇还有个很重要的特点，就是养着一大帮不做事的人，就是四五十岁快要退休的那一帮人，有许多是不做事的。

在这种情况下，怎么去回应老百姓的需求？公安机关、城管在具体的落实层面就成了典型案例。如何具体理解街头执法的困境？从上面说的整个国家、社会的脉络进入，使用“灰色”的视角，就能看得很清楚。

所有的街头执法面临的问题都是类似的。在陌生的环境中，面对执法对象的不确定性，无法掌握他全面的身份信息——城管甚至无权查看别人的身份证——所以即使面对一个很小的摊贩，都无法真正解决问题，往往被指责为“不作为”；另一个极端是，一旦出事，城管进行了执法，又会被诟病为“粗暴”执法。

其实，执法本身很简单，就是按法律法规办事。为什么我们现在觉得前面要加个形容词？因为人们认为，唯其如此，才能定义执法的现状，这也说明事情本身有足够多的灰色、复杂性。

在城管这个例子上，不太可能产生强势作为。一出问题的时候，比如媒体一报道，城管部门会先处理自己的执法者。所以，现在城管为完成考核指标，基本依靠人海战术，或者最后选择与摊贩“和谐共处”。

今天的基层社会的正常形态就是“复杂性”。实际上，无论是村庄还是街头都有更甚于此的灰色地带。只要是有利益的地方，基本上就有团伙。如果你看到城市里有个摊贩集中又很有秩序的地方，那么其背后一定有团伙管理，否则不会这么一直有秩序。

对城管来说，连个体的摊贩都对付不了，团伙就更对付不了。你找派出所吗？出了问题可以找，但没出问题的话，摊贩问题本身就不归他管。村里也一样，尤其是征地拆迁的时候。

所以，所有人都期待着我们的社会加速转型，以为转型完了就好了。但转型完了也有之后的问题。

## 四、治理

如果要做一个粗略总结的话，基层治理的问题，首先就是上级政策跟基层不匹配、造成资源浪费的问题。

其次就是基层社会转型，制造了很多新生事物，这些事物可能以前政府就没有管过，不管不行，一管又出乱子。

最后就是基层社会中本质上存在的模糊、无法定性的问题。因为灰色，所以无法定性，公权力进去之后无所适从。

比如砂石盗采，看上去很简单，其实很复杂。在河道里，一般归基层水务局管；在河道外，就是国土部门管。但是，有权限的执法大队就那么几个人，有执法证的县级执法队员也就那些，而一个县怎么也有二三十万人，好多乡镇，一级一级，基本上执法力量都顾及不了。

违法的人还很懂法律，钻空子的人把法律研究得很透。比方说，我做田野调查的地方有个街道，有管理摊贩的团伙，那个头就说，最近中央扫黑，他不收保护费了。但是，他还管着这块地盘，只是暂时不收保护费，至于哪一天开始继续收，没说。

这种事里面线条很长，不好挖。每个部门的政策目标也不一样，相互之间协调制造了很多缝隙，就给这些灰色人群、灰色利益留下了很大空间。这些需要实际解决的困难，每时每刻都在发生，标记着我们这个社会转型的刻度，也给治理能力的现代化提出了很多问题。

# 基层政权机构改革，路在何方？*

一般而言，中央和地方机构因其在国家治理体系中的位置不一样，改革的要求也会有显著差异。前者侧重于稳定性、统一性，后者则侧重于弹性和灵活性。

基层政权建设是国家治理体系和治理能力现代化的基础，如何有效发挥基层政权机构的弹性和灵活性，以提高其组织群众、服务群众的能力，是其中的关键。

## 一、定位

基层政权机构设置和人力资源调配必须面向人民群众、符合基层事务特点。换言之，基层政权机构的主要职能是即时回应群众诉求、一线处置基层事务。

我们党历来注重走群众路线。从群众中来、到群众中去，是

* 本文最初发表于微信公众号“侠客岛”（2018－03－23）。

党和国家机构实施政策、方针、路线的基本原则。长期以来，由于基层政权机构嵌入社会网络之中，基层干部大多是本地干部，且相当比例是半脱产干部。因此，基层政权机构具有较强的回应能力。

并且，我国是一个“赶超型”国家，国家治理具有相当强的动员性，基层治理的主要工作恰恰是组织、动员群众参加国家建设。在这个过程中，基层政权机构面向人民群众，是与生俱来的特征。

进入 21 世纪，国家与农民的关系发生了变化，基层政权机构可以说越来越“悬浮”于基层社会之上。具体说来，基层治理的内容，逐渐从税费征收、计划生育等与群众利益密切相关的事务中“解脱”出来，转而投入招商引资、项目实施等工作之中；基层干部的工作也逐渐从“外务”（做群众工作）为主，转向“内务”（做文书工作）为主。

笔者曾经对中部某镇的所有“80 后”青年干部作过深入访谈。访谈发现，没有一位青年干部是本地人，他们对当地社会网络、风土民情甚是陌生，几乎无法做群众工作。久而久之，该乡镇政府就形成了“内外有别”的“自然分工”——中老年干部从事“外务”工作，年轻干部从事“内务”工作。如此，基层政权机构在日常工作中回应群众的动力和能力都大大下降。

基层事务的重要特征，是临时性、季节性、细小琐碎等，这导致基层事务的处置强调即时性、实质性，对基层干部一线处置的经验要求甚高。某种程度上，基层事务的处置要求与群众路线的工作方法是一致的。在基层政权机构较好地嵌入基层社会之中的情况下，基层事务的处置也就可以得到即时回应，基层干部的一线处置能力也会比较高。

事实上，长期以来，“小事不出村、大事不出乡”是基层事务处置的根本原则。其中的关键，就是发挥基层政权网络的优势。基层政权是一个有机体系，包括党委、政府、“七站八所”（县、市、区及上级部门在乡镇的派出机构）等。

如何准确定位基层政权机构改革？

简言之，基层政权机构是国家与群众关系的连接纽带，过去是、现在是、将来也是。基层政权机构改革必须面向人民群众，符合基层事务特点，归根到底是要强化其纽带作用。从当前来说，基层政权机构改革应强化其地方社会的“嵌入性”，适当从当地大学生、村干部中招聘乡镇干部，减少对乡镇工作的形式考核，强化驻村干部制度等。

同时，应该坚决防止基层工作形式主义、文牍主义倾向。这一方面需要合理设计基层政权机构的职能，让其工作重心转移到与群众密切相关的生产生活事务上来，而不是关心一个个“项目”；另一方面需要改变基于文本的考核体系。基层干部的工作地点不应在办公室，而应在群众家里、田间地头、工地上。

## 二、原则

适应国家治理体系和治理能力现代化要求，基层政权机构改革的重要原则是优化、协同、高效。基层政权是国家权力的末梢，除了常规性的、程式化的工作外，更多的是要承担群众工作。或者说，哪怕是那些专业性极强的行政工作，前提也在于扎实的群众工作。群众工作做好了，基层行政工作自然就有效率。

因此，基层工作本质上是任务导向型的，基层政权机构改革不应简单照搬上级机关设置模式。中央显然也看到了这种情况，因此《中共中央关于深化党和国家机构改革的决定》才会明确指出，“一些领域中央和地方机构职能上下一般粗，权责划分不尽合理；基层机构设置和权力配置有待完善，组织群众、服务群众能力需要进一步提高”。

过去，基层干部常说“上面千条线，下面一根针”，又说“下去一笼统，上来再分工”。意思是说，在承接工作任务上，无论上面有多少“条线”，基层政权都应统筹考虑；基层干部具有全能型特征，因地制宜地接受分配任务。这个道理，在当前基层政权机构改革中仍具有相当的启发性。

相当一段时期，基层政权机构改革片面强调科层制原则，片面理解职责固定化、人员专职化、办事程式化，与基层社会严重脱节，导致一些基层事务无人承担、不敢承担；非要承担时，也是应付了事。长期以来，一些地方的基层政权机构改革也片面强调机构精简，反而陷入“精简—膨胀—再精简—再膨胀”的循环怪圈。

因此，当前基层政权机构改革的核心，仍然是建立灵活且富有弹性的基层行政体系。这需要在两个层次加以改革。

一是在基层政权机构设置上，着力于“再造政府”。我国基层社会正处于千年未有之大变局中，发展、改革、稳定的任务都比较重。因此，基层政权机构的职能也是多层次、多方面的。为适应社会转型，基层政权机构设置既不能简单按照“现代化”标准设置，乃至于出现与上级机构保持“职责同构”的情况，又不能罔顾优化、协同、高效等基本要求，过于随意，乃至于出现唯长官意志是从的情况。

比较理想的是，可以根据当地的民情、工作任务及人员特征，对基层政权机构进行分类设置。比如，东部一些经济较为发达的乡镇政权，通过行政服务中心、条线部门及管理处的设置，分别承担行政服务职能、项目实施及村庄治理工作，并配置合适的干部；而多数纯农业型的地区，则不宜设置复杂的机构体系，按照简约高效的原则，整合相关职能设立综合性机构，实行扁平化管理，反而是较为合适的。

二是在基层政权机构运作机制上，着力于创新工作机制。因应基层事务临时性、季节性等特征，一些行之有效的基层工作方法，如中心工作机制，应该大力倡导。毛泽东同志说：在任何一个地区内，不能同时有许多中心工作，在一定时间内只能有一个中心工作，辅以别的第二位、第三位的工作。

由于基层政权机构设置是相对稳定的，行政资源也是相对有限的，但行政事务的质和量却并非均衡分布的。那种领导人员依照每一具体地区的历史条件和环境条件，统筹全局，正确地决定每一时期的工作重心和工作秩序的领导艺术，至今仍然适用。上升到当前基层政权机构改革的原则上，即是推动治理重心下移，使基层有人有权有物；要赋予基层足够的自由裁量权，让其根据具体情况自主决定一段时间内的工作重心和工作秩序。

从全国范围看，我国基层政权机构改革的根本原则是因地制宜，切忌“一刀切”，也切忌不顾实际情况而片面追求“先进”经验。简单说来，东西部地区因经济发展水平不一样，人民群众的诉求也不一样，基层政权的定位也有差异，其机构设置及运作方式就会有一定差异。

比如，珠三角地区很多地方的基层治理，充分引入网格化、市长热线等现代技术，辅以行政服务中心建设等措施，使得其基层政权机构设置及运作机制都高度标准化、程序化。这种改革，在一定程度上回应了当地城市化水平较高，群众诉求及基层事务都趋向于条理化的现实。

但是，“先进”的未必是合适的。一些中西部农村地区也以此为模板，引入代价高昂的基层治理技术，却容易出现削足适履的效果。

## 三、方向

基层政权何去何从？回答了这一问题，才可明确基层政权机构的改革方向。

从历史经验看，基层政权的出路无非是三个：强化、弱化、撤销。

所谓强化，就是加强一级政权组织建设，赋予其人、财、物等权能，让其独立运转；所谓弱化，就是保留其机构设置，但弱化其在人、财、物等方面的支配权，使之变成一个县一级政府的派出机构；所谓撤销，就是在某些地区撤销乡镇建制。

在实践中，三种方向都有经验可循。

近些年来，以上海为代表的大城市正在逐渐强化街道一级的权能，将城市管理的诸多职权下放街道，街道在诸多城市管理职能上权限增加。珠三角的一些农村地区，乡镇政府仍保留了较强的一级政权的特征，因招商引资等经济职能，使得乡镇政府仍普遍拥有财政权。

但与此同时，广大中西部地区的乡镇政府，自农村税费改革及免除农业税以来，即丧失了一级财政的权能；由此引发了一系列连锁反应，其承办各项事务的能力也大大降低。笔者调研发现，进入21世纪以来，中西部地区的乡镇政府几乎都呈弱化趋势。在为数不少的地区，地方政府为减少财政负担，甚至采取了激进的撤乡并镇、合村并组等政策，很多地区的乡镇政府被撤销了。

从理论上看，如因地制宜，充分考虑历史和现实依据，这三种做法都无可厚非。但从国家治理体系和治理能力现代化建设的总目标看，基层治理能力的弱化乃至于撤销，不应是基层政权机构改革的方向。无论是从回应群众诉求的角度，还是考虑到基层事务的特点，都应完善基层政权机构，提高基层治理能力，尽可能把资源、服务、管理放到基层。

基层政权机构改革的核心目标是提高基层治理能力。那么，如何提高这种治理能力？

一是迫切需要解决基层行政中的形式主义问题。如上所述，由于过去几十年各级机构改革的逻辑基本上都遵循专业化、程序化等原则，导致基层行政越来越有科层制的弊病，弱化了基层治理能力。

二是亟须增强基层政权机构的灵活性和适应性。基层的很多事务是不断产生的，严格规定特定机构的职能设置并依此行政，其实是不现实的，也是不负责任的。当前基层治理中的严重问题很多都是新出现的，根本就没有对应的机构负责。所以，机构设置要赋予地方政府灵活性。有治理需求，可以迅速组建相关部门、配置相应力量，给予回应。

三是加强机构协调。基层治理事务基本上都是综合性的问题，同一个问题往往涉及多个部门。现实情况是，审批权和执法权分属多个部门，主体责任单位和实际负责单位相分离等现象较为普遍，人为制造了源头管理与末端管理之间的矛盾。

例如，城管部门管理事项极多，但绝大多数事项的审批权不在城管部门；关键是，城管部门作为执法部门，其执法权威得公安部门来保证，但公安部门又不愿意介入城管执法过程。这样一来，各个城市的城管部门，其实就变成了“兜底部门”，干了不少脏活、累活，却仍无法得到有效的行政资源支持，也就难怪这些年城市治理中的冲突大多发生在这一部门。

而在笔者所在的武汉等城市，城管、工商等行政执法队伍已下沉街道。对于提高基层治理能力、解决机构协调问题来说，这种做法其实大有益处。

总之，基层治理其实有自身逻辑。机构改革的核心目标，只能是提高治理能力，而非弱化。因此，基层政权机构改革需处理的核心问题，其实就是如何在机构的稳定性和灵活性、专业化与适应性之间取得平衡。

这其实是需要具体分析的，因为每一个层级对机构的要求是不一样的。一般而言，越是高层的机构，对其稳定性、专业化的要求越高；而越是基层的机构，灵活性和适应性可能更为重要。故而，应该分类看待机构改革。

基层稳，则国家稳；基层活，则社会活。此次党和国家机构改革的精神，强调地方机构设置有一定的自主性和弹性，是非常切合实际的，也是此次基层政权机构改革应充分重视的。各地机构改革和设置的科学程度，最终也还是要靠实践、靠群众去检验的。

# 如何克服官僚病？*

在经过了各大央媒、网媒集体发声，网友大片声讨批评之后，“甘肃省‘扶贫公路’偷工减料，刷层涂料就算整改”一事有了正面回应。

2018 年 4 月 2 日上午，甘肃省正式对外发出声明：立即启动问责程序，对偷工减料等行为进行严肃查处，对推诿扯皮等作风问题调查处理。

## 一、事件

事件的具体细节就不再赘述，简单来说，就是总投资近 16 亿元的“扶贫路”——甘肃折达公路（临夏折桥到兰州达川）——被媒体曝出偷工减料，隧道内原设计中的“双层钢筋”，施工后竟然变成“单层钢筋”，被要求整改则敷衍了事——刷层

* 本文最初发表于微信公众号“侠客岛”（2018－04－02）。

涂料就算完事儿。

值得一提的是，就在这次事件的调查中，央视记者也多次碰壁。找到公路局，公路局称管不了；找到交通厅，交通厅却称应该去找交警，甚至给出这样的处理结果——

“上面领导说这个事情已经接待完了，想待着就待着，不想待着就走，找公路局也行，找别的单位也行。”

经过媒体的曝光之后，甘肃省终于正面回应问题。媒体报道，甘肃省委书记、省人大常委会主任林铎就此事作出批示：

“这是一起十分典型的不作为不尽责、官僚主义、衙门作风严重的案例，发生在三令五申要求转变作风、不推诿扯皮、正确对待各方监督的现在，必须严肃问责，责成交通厅党组立即安排查验现场，全面整改路隧问题，向省委省政府作出深刻检查，省监委启动问责程序，省政府正式函复央视，表明我省态度，诚恳接受监督。”

各项整改工作也在紧急推行。当地成立了专项调查组，对项目立项、建设、资金、管理全过程进行调查；在进行交通管制的基础上，安排专人 24 小时疏导车辆，最大程度保障群众出行便利和安全；请交通运输部检测中心专家到现场对原维修加固方案进行技术论证，进一步充实完善整改方案；同步明确整改内容、质量标准、施工进度等。

与此同时，甘肃省委、省政府责成省交通运输厅党组在处理 6 名工作人员（省公路局副局长赵书学、省公路局建设处处长廖海东及副处长杨爱民等 6 名公务员进行停职处理、接受调查）的基础上，向省委、省政府作出深刻检查，同时，尽快对其他相关人员进行严肃处理。此外，甘肃省也启动了问责机制，重点查三方面的违规违纪和工作作风问题，在全省范围内开展信访接待、办理情况督查，严查不作为、不尽责、官僚主义、衙门作风等作风问题等。

## 二、问题

官僚主义是一个老问题，不新鲜。但凡读过历史的人都知道，日光之下，并无新事。从革命时期开始，中共就多次进行过反官僚主义的运动，一直到十八大以来的反四风，反官僚主义显然“一以贯之”。无论是从中央令行禁止、政令畅通的需求看，还是从“执政为民”的宗旨理念出发，官僚主义都是必须不断“革”“禁”“反”的事项。

从这一事件的产生、酝酿到爆发成为舆情看，显然，当地的行政生态出了问题。

坦白讲，以笔者多年一线实地调研的经验，各地出现工程质量问题并不罕见。但是，十八大以后，在整改过程中敷衍塞责、推诿至此，也实属少见。

从行政体系运行逻辑看，出现此次事件，暴露出背后的三个主要问题。

一是行政惰性太强，相关部门和官员敷衍塞责、推诿扯皮，将行政体系最为恶劣的一面展现无遗。

诚然，官僚制具有天然的惰性，它习惯于按部就班，各部门总希望利益最大化、责任最小化。但问题的关键在于，作为行业监管部门的公路局也消极作为，在媒体曝光后仍推诿塞责。可以想象，在相关官员看来，形式上按部就班“履职”，组织调查组、出份调查报告，事情就算完结了。这是典型的科层制“卸责”的逻辑，是在钻科层制的程序漏洞。

二是行政效率低下。问题并不出在常见的部门职责不清上，而是出在责任单位履职不到位上，很是少见。不能否认，基于部门职权有限等原因，由公路局牵头组织联合调查组可能力有不逮，但这不能成为其卸责的理由。正常情况下，如果公路局无法有效行使职权，完全可以申请上级部门及主管领导介入嘛。如此拖延不办，甚而应付了事，难辞其咎。

三是政府在接受媒体采访时的回应性很差，在处理上访及舆论监督的过程中，显示出权力的傲慢。无论如何，在记者调查过程中，交通厅安排保安接待信访，且让保安代表信访部门领导宣布处理结果，无论是出于回避舆论监督的动机，还是有意刁难记者采访，都显得过于傲慢。

尤其是，在越来越强调舆论监督，也越来越重视信访工作的今天，当地有关部门的做法说明当地政府的回应性有待加强。

## 三、生态

从学术研究的角度来说，行政生态可以分成两个方面。一是内部生态，指部门之间、上下级之间的权责分配及权力运作场域；二是外部生态，指政府与市场、社会、媒体等互动而成的网络。

从这个角度看，当地政府的行政内部、外部生态都不够正常。

从内部生态看，如此之大、如此之明显的政府失责问题，竟然找不到履职部门；即便有责任单位，也百般卸责。这说明相关部门和领导缺乏担当，也说明其政府机构的权责关系有待理顺。

从外部生态看，行业主管部门竟然无法有效监管行业问题，这既是相关政府部门的原因，也在深层次上说明政府与市场关系之不正常。

尤其值得注意的是，当地行政体系对群众投诉、舆论监督如此迟钝，甚至有意排斥，说明当地政府机构既没有认识到政府的回应性是行政的内在要求，也没有认识到，加强与社会、媒体的互动是避免行政惰性、提高行政效率的必由之路。

其实，如果我们把视野打开一些就会发现，当前大部分地方的政府机构已经形成了一套较为清晰的问责机制。因此，在出事之后，它们能够迅速在舆论监督等外部压力的传导下，将舆论关注的一般的“问题”上升到“事件”，加大对其处置的力度和速度。

这既得益于外部压力的传导，也得益于科层体系内部处理问题的机制的畅通，比如督查、开放群众投诉等。例如，一般上级领导在接到举报或者投诉之后，哪怕存在“懒政”思维，也多会出于避免引火上身的考虑，迅速处理。

当然，不可否认，科层体系往往有自我封闭和保护的天然属性，它会尽力避免舆论监督等外部力量干扰。不过，在开放社会，这已不可能，也不可逆。然而，这样一件不大可能发生在开放社会的事情，却实实在在地发生了。这说明，当地政府的监督体系并没有完全起到应有的作用。

原因？或许是被官僚体系的惰性给吸纳掉了。毕竟，当地政府是直到央媒介入、大规模曝光之后，才真正“被触动”。

## 四、改善

亡羊补牢，犹未为晚。虽然这件事所造成的损失已经无法挽回，但痛定思痛，以此为契机，着力改善当地的行政生态，避免类似事件再发生，却是不可或缺的，也是发生此类事件之后应有的进一步行为。

在笔者看来，对当地来说，亟须做的就是对科层体系进行有效动员。

我国是一个政治与行政合一的国家，行政行为往往承担着诸多政治功能。普通群众也恰恰是从相关部门和官员的具体行政中，来感知人民政府的职责和道义。根据过往经验，很多时候，为了行政的政治内涵，各级党组织通过政治动员，往往能够打破行政部门的常规运作模式，使之加速运作，进而克服官僚制的惰性。

相信大家都有体会：很多行政事务，一旦上升为地方党委和政府的中心工作，便被赋予了极强的政治性，相关部门和官员也不会将之作为一项普通的行政事务来看待。

就事论事，这件事明显反映出当地科层体系惰性太强，日常运转中的动员太少。这才导致相关部门和官员麻木不仁，处理事务时推诿、搪塞。

此外，当地对待媒体的做法，也反映出当地科层体系自我封闭的生态太强，不善于运用媒体监督等方式来改善行政生态。

如今，很多地方政府已经通过开放媒体监督，甚至主动采取电视问政等方式，实现了督查转作风的目的，不仅训练出了政府机构回应外部监督和诉求的能力，也在潜移默化中改善了政府机构的日常运作。

说实话，如果当地政府能通过此次事件举一反三，对工程质量安全问题专项整治，严查不作为、不尽责、官僚主义、衙门作风等作风问题，使计划有序、持续进行，或许是改善当地行政生态的一个契机。

我们常说，危机倒逼改革——这也就是“危机”一词当中“机”字的真正含义。

# 公安改革，切不可让牺牲奉献的民警感到被抛弃*

2018年10月，山东省公安机关正在推进人民警察职务序列改革试点工作，引起了事业编制民警的反弹。从全国及山东省的试点方案看，套改是全面深化公安改革的实质措施，其直接作用是从根本上改观基层的待遇。

不过，从山东省的试点过程来看，这一有利于改进和完善警务保障，亦有利于最大多数人民警察利益的改革，如不解决改革中的重点、难点问题，很可能适得其反，挫伤队伍士气，打击人民警察的积极性。

## 一、根源在哪里

谁是改革的受益者？谁是改革的受损者？这个问题是公安改

* 本文最初发表于微信公众号“学习小组”（2018-10-12）。

革，乃至于党和国家机构改革能否顺利进行的症结所在。

从山东省的试点工作看，这次改革的受益者很显然是广大人民警察。但因公安机关内部人员复杂，部分人员并未获得改革红利，成了潜在的利益受损者。而造成这一状况的根源是有中国特色的编制管理制度。

改革开放以来，我国已经进行了多次机构改革，始终贯穿其中的重要目标是精简机构和人员。如何有效防止机构和人员的膨胀？最重要的手段便是编制管理。中央和各级地方政府通过制定各个政府机构的"三定"（定编、定岗、定人）方案，来控制、调配机构和人员数量。

大致说来，政府机构主要有两个类型：行政部门和事业单位。行政部门的绝大多数行政人员是公务员；事业单位虽存在编制管理，但地方政府在设置事业单位、招聘事业编制人员上具有较大空间。故而，人们通常意义上说的"体制内"工作人员，其实包括公务员和事业编制人员——但两者确实存在身份差别。

回到公安机关，这是一个极其特殊的部门。简单说来，它是一个任务繁重艰巨的"劳动密集型"部门，编制（尤其是公务员编制）和急剧增长的警务需求之间存在巨大的矛盾。几乎所有的地方公安机关都通过"土政策"来解决这一问题：

一是通过增加事业编制来充实警力——事业编制民警在山东一省即达到2万人！二是通过劳务派遣等方式招聘警务文员或协警，以此分担一些非执法类的公安工作。而根据笔者的调研，各地公安机关的协警普遍多于民警。在山东等地，事业编制民警还被授予警衔，在地方公安机关内部可以正常晋升，待遇也相差无几。简言之，事业编制民警对“人民警察”的身份认同是极高的。

问题恰恰出在这里。目前的公安套改试点工作，并未脱离公务员序列，实行公务员级别和警衔制。这意味着，公安套改必须遵守编制管理要求，事实上存在的事业编制警察也就不在改革范围内。导致的结果是，改革越有利于民警待遇的提高，越会在客观上造成公安机关内部各类人员之间的不平等。尤其是对于事业编制民警而言，其工作性质和工作强度，乃至业务素养与公务员警察差不多，却无法享受改革红利，当然会有不公平感。

## 二、空间还有么

从全面深化公安改革的精神看，山东套改中出现的事业编制民警待遇问题，应该是预留了解决空间的。2015 年《关于全面深化公安改革若干重大问题的框架意见》出台之际，公安部有关人员曾指出：

这次改革，明确提出建立有别于其他公务员的人民警察管理制度和保障机制。建立人民警察分类管理制度，按照职位类别和职务序列实行分类管理，合理确定警官、警员、警务技术职务层次，科学设置职务职数比例，同步实行职务与职级并行制度……此外，这次改革还提出规范警务辅助人员管理，推动出台相关管理办法。

换言之，公安改革的框架意见里已经考虑到公安部门的特殊性和复杂状况。简单说来，人民警察管理制度应该有别于其他公务员管理制度。这有两种改革方案：一是脱离公务员序列，单列管理；二是在不突破公务员序列框架的情况下，通过一些体制机制创新来解决公安机关的实际问题。第二种方案虽比较复杂，却是较为稳妥的做法。各地的试点亦是按照第二种方案进行的。

从改革的方法论角度看，第二种方案是典型的渐进式的、增量式的改革，通过增量来调动人们的积极性。

客观地说，山东公安机关的套改试点，并未违背渐进式的、增量式的改革方法论。哪怕是公务员编制的民警获得了利益，事业编制民警及其他警察辅助人员的利益也没有受损。只不过，当前的改革环境发生了极大变化——最为根本的是，社会主要矛盾已经转化为人民日益增长的美好生活需要和不平衡不充分的发展之间的矛盾。体制内的公务员民警和事业编制民警因改革而人为扩大待遇差距，是不容易被理解的。当然，可以合理推论的是，公务员民警的待遇提升，事业编制民警的待遇亦会提升，只是改革有先后而已。

在这个意义上，改革尤其需要重视基层呼声和探索。这次公安改革涉及面广、力度大，共有七个方面的主要任务、一百多项改革措施。这种情况下，必须加强顶层设计，发挥框架意见的指导作用，才能保证改革沿着既定的路线图和时间表推进，形成改革合力，发挥整体效应。

但是，中国改革和国家治理实践的重要特点就是，充分重视各个地方的“分级政策试验”。试点是政策试验的载体，通过基层主动探索，再通过上级决策将地方经验“由点到面”推广到全国各地。在这个意义上，公安改革切忌有一鼓作气的想法，而应有鲜明的问题意识，循序渐进地解决问题。

## 三、借鉴意义

山东公安机关在套改试点中遇到的一些疑难问题，是正常的。首先，既然是试点，就应允许问题出现，问题暴露了才好完善改革方案；其次，试点的意义恰恰在于，为其他地方的改革提供可资借鉴的经验。在这个意义上，我们应该珍惜山东套改试点中的经验和教训，为全国的公安改革提供借鉴。

第一，充分考虑公安机关的部门性质。公安机关既是一个行政部门，又是执法机关，这导致其部门复杂性较高。仅仅从人员身份看，既有公务员、事业编制人员和劳务派遣人员，又有执法人员、警务辅助人员。不同身份，客观上会有不同的待遇，如入警的可以享受政法干部特殊津贴，公务员可以享受车补等。在这个意义上，套改不能简单依据身份、职务等因素，还应综合考虑各地公安机关不同身份人员的历史差异因素，最终制定出合理的薪酬结构。

第二，充分考虑人民警察的职业特征。人民警察队伍是一支有纪律的队伍，职业荣誉感对其工作至关重要。多年来，全国每年牺牲的民警都在三四百人，受伤民警在三四千人，是和平年代付出最多的群体之一。因此，套改不应简单理解为薪酬结构和职位晋升的调整，而应该考虑如何维持和提高人民警察的职业荣誉感。在这个意义上，凡是参与公安工作的，尤其是事业编制民警和辅警，都应获得足够的组织关怀和警务保障。全国公安机关有200万民警，警务辅助人员亦不下200万。在当前情况下，给这部分人出路，让其有足够的职业荣誉感，或许比调动公务员民警的士气还要重要。

第三，理性看待历史遗留问题。最近20年来，中国经历了大规模的城市化进程，社会治理的要求迅速提高，警务活动激增，这造成了民警编制或许并未增加，但从事公安工作的人员却大规模增加的现状。结果，每一次改革都面临着如何消化政策规定与现实相冲突的问题，但客观上为公安机关的一线行政、执法塑造了弹性空间，有效缓解了执法环境风险。在这个意义上，不能指望一次改革就把所有问题解决掉，亦不能指望新的体制机制可以一劳永逸地解除可能存在的风险。

就当前的情况而言，因全国各地情形不一，形式复杂多样，改革需充分尊重当时当地的客观性和真实性，做到具体问题具体分析。比如，具体到不同身份人员的待遇问题，基本原则是“同工同酬”。但如何做到这一点，却应着眼于发挥地方的积极主动性，统筹组织、编制、原公安机关下属事业单位等部门处理。

一句话，公安机关的改革具有特殊性，其着眼点应该在于建立更为完善的职业保障机制，而非相反。切不可让如此一个庞大的、具有奉献精神的群体感到因改革而被历史、体制和组织抛弃。

# 一位基层民警牺牲背后的警界真问题*

2018年12月20日，贵阳市贵筑路派出所民警马金涛在抓捕毒贩的过程中因公殉职，年仅30岁。

根据公安部提供的数据，2013—2017年的5年里，全国因公牺牲的公安民警共2 003人，因公负伤或致残2.5万人，因公牺牲民警平均年龄43.5岁。

可以这样认为，基层民警是和平年代里牺牲最多的职业群体，但他们工作贴近基层百姓，直面社会矛盾，也是最容易受舆论质疑的群体之一。

## 一、矛盾

警力不足是全国公安机关面临的普遍问题，且因历史欠账太多，这一矛盾长期得不到解决。这其中，有非常复杂的体制机制

* 本文最初发表于微信公众号“侠客岛”（2018-12-23）。

原因。影响最大的是，自从 2006 年《公务员法》实施以后，基层政府包括公安机关的编制受到严格限制。

现如今，一个 2 万人左右的农村，派出所一般只有 3～5 名民警。条件稍微好一点的地方，会配置与民警数量相当的协警；城区派出所的协警，通常比民警还多；但条件一般的基层派出所，协警就比较少了。相较于 20 世纪 90 年代，基层公安机关的警力并无增加，但现实情况是：警务活动却急剧增加。

这主要源于两方面：

一是事情增多了。基层治理中的很多细小琐碎却又难办的剩余事务大量涌进公安机关，非警务活动急剧增加。

比如，很多民间纠纷调解已成为基层公安机关的固定“业务”，社区居委会和村委会都“自觉地”将这类事务“移交”给公安机关（2018 年舆论广泛关注的养狗纠纷，其实也早是城市基层派出所甚为头疼的事务）。剩余事务很难说不是警察的“分内之事”，但确实不是专业警务活动；它们看似简单，但处理起来却费时费力，非常耗费警力。

二是事情处理要求高了。这几年，人们对基层治理中的官僚主义、形式主义问题批评颇多，基层干部对办事留痕现象极其反感。但对于公安机关而言，执法的专业化、规范化和程序化等要求，确实是 20 世纪 90 年代就在努力追求的目标。

典型如 110 接处警流程，规范化程度已经相当高了。即便如此，公安机关的执法活动还是备受批评。越是如此，公安机关内部对办案的规范化要求就越高，一线民警轻易不敢违反规定。

## 二、尴尬

基层公安机关人少事多是一方面，更为重要的是，警察素质并不见得好。笔者调研的中部某县公安局，最近十年时间，所有新入警的警察，几乎都是通过公务员考试进来的。

众所周知，农村地区招聘公务员本来就不容易，公安机关也只能按照最低标准招聘警察。结果，新入警的警察，真正专业对口的警校毕业生微乎其微，绝大多数都是别的专业考进来的。导致的结果是，派出所只能留一些条件差一点的。

笔者曾跟随派出所民警出警抓一位犯罪嫌疑人，结果是一位50多岁的老民警带着一位20岁出头的女警察，开着辆破旧警车。这位女民警从警3年，平时主要是做内勤工作，入警之前只训练过半个月时间，根本就谈不上有专业素养。她也知道自己不适合在公安机关工作，就一直在准备考试，随时准备跳槽。

这几年，很多基层公安机关为了补充警力，提高警察队伍战斗力，采取了不少措施。比如，以招聘文职警员、事业编制警察乃至于协警的名义，定向招聘警校毕业生和退伍军人。但如何保证这支队伍的稳定，始终是个难题。前段时间，公安机关在推行套改试点，山东等地的警务系统出现了一点波动，很能说明问题。

简单说来，与普通人的想象不同，警察，尤其是基层民警，并不见得有多高的专业素养。某种意义上，他们就是普通人，但在做专业事，并且是职业风险比较高的事。

据报道，刚刚牺牲的马金涛警官作为非公安院校毕业生，肯学肯干，善于钻研，“一年跟着干，两年单独干，三年成骨干”，用最短的时间实现了从门外汉到职业警察的转变，得到各级领导、同事的一致好评。可见，基层公安工作根本就等不得民警慢慢提高专业素养。

根据笔者的调研，绝大多数基层公安机关无法保证常规训练。笔者访谈过多位有 20 年以上警龄的基层民警，他们的业务培训只有 2 次——一次是入警前的集中培训，还有一次就是碰到“大练兵”之类的轮训。

## 三、要求

与事实情况相反的是，基层警务工作对专业素养的要求越来越高。过去的警务活动相对简单，最常见的就是“抓赌抓嫖”这样的治安类警务活动。客观上说，这类警务活动危险性并不高，犯罪分子并无多大攻击力，并且惩办这类违法犯罪分子比较容易得到群众的支持认可。

但现在警务活动的危险程度却不断提高。别的不说，就如简单的交通执法，因涉及车辆执法，危险系数就极高。只要被执法者稍加反抗逃避执法，就很容易出现车辆拖拽执法人员的恶性案件。并且，很多情况下，人民群众只是“围观”，执法现场并不见得对人民警察有利。因此，根据公安部的统计，交巡警的牺牲人数仅次于派出所民警。

而派出所民警也不仅仅是从事社区警务、治安管理等相对比较简单的警务活动，他们同样要承担缉毒、防爆、防抢等有关各类刑事犯罪活动的任务，职业危险性一点都不低。问题是，他们又像刑侦、缉毒、特警等专业大队那么“专业”。并且，按照公安机关的内部规律，派出所民警的职业素养的确要比专业大队的低一些。结果是，他们受到的侵害就要多不少。一是他们的工作更为繁重，积劳成疾的可能性更大；二是他们在出警过程中，更容易受到犯罪分子的攻击。

客观上，由于毒品犯罪的利润大，惩罚力度高，犯罪分子更为穷凶极恶，缉毒工作的危险程度就更高。而根据案情披露，马金涛警官遇难时是他一个人赤手空拳在蹲守，结果被犯罪分子用“弩箭”攻击而牺牲。

## 四、致敬

临近年终，全国各地的公安机关都加紧打击各类违法犯罪活动，基层民警的工作强度急剧增加。

马金涛警官工作的地方，一个基层派出所十天的任务是要抓90个毒品犯罪分子，导致一个社区民警被迫带着两个巡防队员加班加点。事发当天，马金涛警官并不当班，本来打算陪伴生病的妻子到医院进行治疗。但派出所得到了一条涉毒案件的线索，在得知这一情况后，马金涛主动请缨，要求参战。

就基层警务工作的实际而言，马警官的这种选择其实很正常：警力有限的情况下，出现案情，大家能上就上，根本就谈不上通常意义上的“轮班”。而在出警过程中，马警官的这种做法亦属正常：不可能等到所有准备都周全了再实施抓捕，也很难顾及自身安全而放弃抓捕。但这的确充分表明，基层警务活动的确不再是我们过去想象的那样粗糙简单，它同样对警力、装备、专业素养等有较高要求。

马金涛警官曾经战斗过的地方贵阳市花溪区，是笔者大学母校贵州大学的所在地。那里环境优美，百姓淳朴。但这几年随着经济和社会的迅速发展，当地的治安环境变得更加复杂。但“岁月静好，总有人为你负重前行”。

马金涛警官牺牲了，他的女儿才满一岁。父母、妻子为了照顾其工作，都到贵阳定居。他一牺牲，就意味着家庭的顶梁柱倒了。笔者觉得告慰英雄的最好方式是，让我们都理解和尊重英雄的事业，尊重和感激他的同事、家人为普通人的平安生活所做出的默默无闻的奉献，甚至是生命的付出。

# 基层组织任期3年改为5年，背后有何考量？*

十三届全国人大常委会第七次会议表决通过关于修改《村民委员会组织法》和《城市居民委员会组织法》的决定，村委会、居委会的任期从3年改为5年，成员可以连选连任。

本次修改是与2017年10月24日通过的《中国共产党章程》和中共中央办公厅印发的《关于党的基层组织任期的意见》中关于基层组织的任期规定是一致的。

至此，党的基层组织和群众性自治组织的任期均实现了从3年到5年的更改。

基层组织任期的更改，事情虽小，却关涉极大。在一定程度上，这表明了有关部门及社会各界对基层治理认识的转变。

* 本文最初发表于微信公众号“学习小组”（2019-01-06）。

## 一、重新认识基层组织

所谓“基层稳则天下安”，基层组织自始至终都被认为是国家治理成功与否的关键。村（社区）“两委”是党和国家最为基层的组织。它们虽不是正式行政体系的一部分，却毫无疑问是国家权力的毛细血管，对凝聚社会共识、落实国家政策都具有基石作用。

基层组织始终包括党的基层组织和群众组织。今天的基层组织主要是指“两委”，在城市主要指的是社区党支部和社区居委会，在农村主要是指村支部和村委会。社区居委会和村委会都是群众性自治组织，无论是在历史脉络下还是在实践中，它们都在党的基层组织的领导下开展工作。

基层组织是连接党和国家与群众的纽带。受国家与社会二元论的影响，有不少人都困惑于基层组织到底属于国家还是属于社会。但就中国实践而言，并不存在一个独立于国家的所谓的社会。甚至于，通常意义上的“基层社会”是相对“基层政府”来说的。

简单而言，基层社会（组织）本来就是在党和政府的组织下才得以形成的。在这个意义上，基层组织是党和国家与群众的联系纽带。它的底色是“群众组织”，代表群众利益，这一点都没错。但它同时接受上级党组织的领导，在基层政权的指导下开展工作，有义务协助完成行政任务，这亦是事实。

基层组织是国家治理体系的有机组成部分。改革开放以来，中国的乡村治理结构逐渐确定为“乡政村治”模式，即在乡镇一级设立基层政权组织，在行政村一级实行村民自治。在这一模式确立后的相当一段时间内，人们对村民自治/居民自治的功能定位存在一定程度的偏差，认为其主要功能便是赋予群众自治权利。尤其是1998年《村民委员会组织法》正式颁布后，绝大多数地区的村委会实行海选。现在看来，不得不说这一理解极具误导性，它将国家与社会、行政与自治简单对立起来，造成混乱。

事实上，从国家治理体系看，“乡政村治”是一个有机体，行政和自治只有治理方式的差别，并不存在简单的对立和替代关系。哪怕是人民公社时期，“三级所有，队为基础”，将基本核算单位建立在生产队一级，生产队在组织生产、经济分配等方面亦有一定的自主性。只不过，基层向来是行政和自治的交汇点，两者之间的有机统一是要通过一系列行之有效的机制来实现的。

不客气地说，以上关于基层组织的认识，或许在我们的文本中一直存在，但在实践中能够获得广泛共识，却是走过不少弯路才实现的。这便是基层组织任期改革的背景。

## 二、为什么要改任期

简单而言，基层组织任期从3年改为5年，主要是从“治理有效”的角度来考虑的。就中国的国家治理实践而言，“5年”是一个治理周期。比如，我们坚持5年规划，以此统摄经济社会发展的全局工作。党的各级代表大会和国家的各级权力机关，也是5年一个周期。在这个意义上，哪怕是为了统一国家治理体系，把基层组织任期从3年改为5年，也是有必然性的。

但是，仅仅是从基层治理实践出发，基层组织任期的改变也是有必要的。概括而言，这一变更有以下几个理由：

首先，有利于基层干部队伍的稳定。以农村地区为例，尽管绝大多数村庄在20世纪80年代初就建立了村委会，且1987年即在全国试行《村民委员会组织法》，政策上的任期规定都是3年，但在实践中，绝大多数地方的村民选举并不严格，任期也不很稳定。村干部的产生受到基层党委政府的有效控制。在这种情况下，村干部的稳定性客观上是比较好的。有作为的村干部，往往可以连续干几十年。事实上，改革开放以来出现的明星村，几乎所有带头人都是几十年的“老干部”，有些甚至是从人民公社时代延续下来的“毛式干部”。但1998年《村民委员会组织法》正式颁布后，尤其是2004年农村税费改革之后，各地的村委会选举越来越强调“扩大民主”，普遍采用“海选”的制度设计，并着力排除基层政权的干预。导致的结果是，选举越来越激烈。

较短的任期虽可以让群众多享受民主权利，但由此产生的村干部队伍不稳定的问题却愈发普遍。由于任期比较短，村“两委”在有限的任期内难以有所作为，部分地区甚至形成了“一年熟悉、二年干、三年等着换”的现象。

其次，有利于形成稳定的治理周期。当前，县乡两级的党政机构及人大代表任期都是5年，基层党组织和群众性自治组织的任期改为5年，有利于实现同步换届。这看似是一件小事，却很能影响基层治理体系的现代化水平。一方面，基层换届选举太过繁杂，太过频繁，不但增加治理成本，而且制造审美疲劳，得不偿失。另一方面，基层换届如不同步，会加大“乡政”“村治”之间的缝隙。

在基层治理实践中，一条重要的工作主线是乡镇党委政府的主要领导和村“两委”带头人密切配合。而如果不同步，或换届太频繁，两者之间就很难形成工作默契。而一旦将任期固定下来，且各个治理主体同步换届，就会形成较为稳定的治理周期，让工作可以有计划地进行，增强工作的延续性。

再次，有利于实现治理有效。过去20年的时间，基层组织建设的重要工作是不断完善和扩大基层民主。无疑，这项工作取得了良好的效果，人民群众真正实现了民主权利。但在实践中，片面强调基层民主，已经威胁到了基层治理有效性的实现。

一是危及了党的领导。相当一段时间，“两委”矛盾演变成为基层治理的主要矛盾。其根源在于，在实施村民自治后，由于片面强调民主选举的合法性，党的领导这一原则被忽视，导致村支书和村主任在基层组织中的地位长期得不到清晰认定。基层普遍存在“书记大还是主任大”的疑问。这个问题，直到党的十八大以后，才逐渐得到确认，基层党组织的战斗堡垒作用得到了加强。

二是激化了村庄矛盾。在农村，不受控制的“海选”在客观上激活了村庄内的派系斗争，也出现了“贿选”等现象。基层民主有异化的危险。就笔者的调研看，无节制的竞争性选举实际上在撕裂村庄，这与党的基层组织建设方向反其道而行之。事实上，基层党组织是农村建设的领导者、农村利益的整合者、农村自治的引导者、农村社会稳定的推动者。在党组织的领导下，村委会也应该发挥村庄整合的功能，而非相反。如今，基层组织任期延长，事实上在约束村庄选举的无序竞争，亦为加强党组织的核心作用创造条件，有利于凝聚“两委”工作合力，激发农村社会的内生活力，最终实现治理有效。

可以说，无论是在学术界还是在实践中，基层组织任期延长都有广泛共识。多年以前，各地人大代表就呼吁要延长基层组织的任期。这次全国人大通过决定，是有充分的理论和实践依据的。

## 三、如何保证改革有效

这次全国人大的决定，除了规定村委会和居委会任期从 3 年改为 5 年外，还规定到期必须换届，成员可以连选连任。可以说，到期换届和连选连任是严肃任期制的重要保障。

怎么理解呢?

首先，到期换届是严肃任期制的前提。虽说任期时间延长有利于治理有效，但如果到期不换届，则很可能影响治理的有效性。本质上，换届本身具有监督和限制权力的意义。到期换届，就意味着一系列的监督手段如针对基层组织带头人的经济审计将开展，也意味着将最大限度地动员群众参与监督。当然，最根本的意义上，换届本身就是合法性认证的过程。基层组织成员是否获得上级和群众认可，可以通过换届体现出来。

笔者在实地调研中发现，很多地方党委政府怕换届，因为“逢选必乱”。但是，对于有作为的地方党委政府而言，换届恰恰是贯彻党和政府的意图，回应群众意愿的良好契机，甚至是系统梳理基层治理体系的机会。

其次，连选连任说明了基层组织的特殊性。允许连选连任，且只要有选举权和被选举权，并无年龄限制，这是基层组织任期制的重要特征。客观上，无论是党支部还是村委会，其主要功能都是面对面做群众工作。与行政机关的工作不同，群众工作更依赖于基层干部的个人威望和工作经验。因此，只要有服务群众的能力和动力，且获得群众认可，“老干部”反而更能胜任群众工作。事实上，在基层治理中，如何有效发挥老干部、老党员的作用，亦是群众工作的应有之义。

笔者在调研中发现，村干部队伍的稳定与否同村庄治理绩效成正比，这几乎是一条铁律。但凡村级组织带头人连续任职20年的，这个村的村庄治理绩效肯定不差。反过来说，如果村级组织带头人几乎从没出现连选连任的情况，这个村肯定是当地“问题村”。

当前，全国各地都在提高村干部的待遇。对于普通农民而言，担任村干部其实是一份有吸引力的工作。一旦延长任期时间，很可能意味着选举换届的激烈程度更高。

在这种情况下，严肃换届纪律，加强到期换届的严肃性，是保证任期制取得成效的关键。

# 消防改革，需要考量什么？*

谁忍心这样惨烈的牺牲——

凉山森林大火，27 名消防队员和 3 名地方干部群众牺牲。他们中，3 位“70 后”（地方干部群众），1 位“80 后”，24 位“90 后”，以及 2 位“00 后”，最小者仅 19 岁，让人痛心。

目前，在大火中牺牲的 30 位英雄，已经通过相关渠道申评烈士。他们的名字，将被这片大地及其人民永久铭记。

最近一段时间，一些数字令人伤痛。据不完全统计，仅 2019 年 3 月 25 日至 31 日，一周时间，全国各地发生的各类安全生产事故就有 52 起，已致 66 人死亡、89 人受伤、4 人失踪。

直面这一高伤亡危险情形的，就是消防队员。

2018 年 3 月，党和国家机构改革方案出台，国家应急管理部挂牌成立。如今，地方各级的应急管理部门相继组建，公安消防部队等各类专业救援队伍也划归到了应急管理部。应该说，严

* 本文最初发表于微信公众号“侠客岛”（2019－04－02）。

峻的安全形势，给新成立的应急管理部门提出了重大挑战。

新形势下，应急管理尤其是消防救援需要怎样的变革？

就当前的几起事故，结合在基层消防部门的调研，笔者尝试分析了一下“安全中国”的形势。

## 一、供需

我们现在的消防力量和应急救援需求之间，是否还存在差距？

笔者经过调研发现，差距有，还不小。

以笔者在一个地级市的消防支队调研为例。和全国消防队伍情况大体一致，当地合同制消防员和体制内消防员的人数大体相等。按既往的编制测算，大体是满足应急救援需求的。

但有一个关键变量是，合同制消防员三班轮休，因此常态化缺编六分之一；再加上公差勤务等不可避免的因素，每个中队每天实际在岗人员 20 人左右，除掉后勤、站岗、接警员外，能出警的人数为 15 人左右。

这是一个什么样的战力？其实就只能满足出两支水枪的战力需求。说实在一点，就是可以满足一个 120 平方米左右的室内消防救援需求。这意味着什么？大一点的火情，经常超出基层的消防救援能力。

笔者所在的城市，在编消防员 2 600 人，合同制消防员2 600 多人，大概 1∶1；城市人口超过 1 300 万，面积 8 500 平方公里；2018 年全年出警 28 315 起，其中火灾不到 10%，1 900 多起。也就是说，出警任务和在岗人数相差悬殊，大量时间花在路上，很难实现对火情的“灭早灭小”。

同时，长期以来，我国的消防队伍主要从现役或退役军人中补充队员，稳定的尖子骨干占比不高；这几年，全国各地城市都在迅速扩张，消防力量的配置也往往赶不上城市化的速度。

一方面，消防规划总是滞后于城市化发展。比如，消防规划一般并没有纳入城市规划里面，很多新区建成且居民入住以后，消防部门才着手消防规划。根据笔者的调查，消防部门要做规划（包括建站、配备人员、配齐设施等），还得协调不少部门，并非一朝一夕可以完成。

这就意味着，消防需求和救援力量之间普遍存在空档。

另一方面，城市化进程加快，也意味着消防需求多元化。比如，在很多农村地区，传统的消防力量可能只是应对农村的消防安全问题，火情比较简单。但如果建立了工业区，并且还有化工企业入驻，则消防的专业化需求就要高出很多等级。当地的应急管理和救援力量能不能跟得上，就是未知数。

## 二、专业化

面对不同的应急事故，消防救援的专业化建设如何？

比较有限。同样以笔者调研的一个市消防支队为例。按实战需求，改革后的消防队伍应结合辖区实际，建立各类事故的攻坚组。但如果按这个需求看，人员差额很大。这个市至少有十类常见事故，如果每个中队建三个攻坚组，现有人员完全是杯水车薪。

比如，当地地处山区，隧道很多，现有的消防力量还没有受到专业的隧道救援训练，也没有相关装配，更谈不上专门的攻坚组。换言之，如果当地出现隧道事故，消防队伍其实是很难及时介入救援的。

与各位读者的想象不同的是，虽然都是消防队伍，但应对不同类型的事故，专业要求很不一样。中央专门成立应急管理部门，加强消防救援专业化建设，就是题中之义。

专业化建设之路并不容易。以江苏响水化工企业爆炸为例，如何评估救援的复杂性和风险性，是否进入核心区救援，如何救援，这些都需要极其专业的消防救援队伍才行。只有这样，才既能保障消防员自身的安全，又能尽量减少爆炸造成的损失。

即便是传统的火灾救援，其实情况也发生了极大变化，依循传统的救援方式已经不能有效开展了。

一个直观的变化是，在农村，过去人口还比较多，山林的植被不一定那么好，且易燃品（如枯树枝、树叶）都有人捡，扑救的风险不是特别高；但现在哪怕是有人居住的山林，人的生活方式也改变了，使得山林的状况和原始森林差不多，极易造成爆燃，令风险剧增。

这次凉山的山火，已经在原始森林里蔓延了，就是一个突出的例子。但这次事故很难归咎于专业化——“江宁婆婆”就指出，这种瞬间改变的风向、山火的猛烈程度，即便是美国最精锐的专业消防力量碰上也会全军覆没。有时候，在大自然面前，人力终究是渺小的。我们能做的，是在不那么完全不可抗力的面前，尽可能将损失减到最小。

## 三、基础工作

其实，消防队员对基层基础工作的要求，一点也不亚于对专业化的需求。

事实上，长期以来，我国的应急管理很大程度上依赖于基层组织。基层基础工作扎实，可以极大限度地减少灾害损失。基层组织力量往往比较及时，容易将灾害消除在萌芽状态；同时可以塑造风险共担意识，这其实是极其重要的防灾机制。而且，基层基础工作做好了，其实也在无形中进行了安全教育。

笔者的家乡是山区，小时候每年都会发生森林火灾。曾记得，一直到 20 世纪 90 年代，当地的主要救援力量仍然是基层干部群众。因基层组织有力，大多数山火在刚发生时就可以被及时扑灭。这次凉山事故我们也看到，牺牲者中有一位就是当地村庄的“扑火队员”。

有一次，笔者的亲戚不慎点着了山火，整个家族的人首先自发前去灭火，村委会也及时动员组织村民去灭火。在林业站的工作人员到达之前，村民们已经根据经验找到了方案——根据风向、地形计算灭火的力量，找到了合适的山沟，割开一道“火路”，把过火面积控制在小范围内。

而现在一些地方，乡村两级组织基本不再承担消防救援工作。这固然有一些客观原因，比如人口流动过大，留守人口都是老弱病残，没法参与灭火；但基层组织和动员群众的能力薄弱，也是我们需要注意的。

问题是，专业队伍离现场总是有一段距离，等到他们到达现场，或许灾情已经扩大化了。尤其是在农村地区，如果不重建基层基础工作体系，消防救援体系就不可能完整、有效。

消防安全教育和预防同样离不开基层基础工作。实际上，从专业角度看，许多消防事故出问题都是因为基层基础工作不扎实。

比如笔者生活的城市，这几年虽然没有大的消防事故，小事故却也不断。这一方面说明消防部门在控制大的安全事故上比较成功，对重点场所的安全措施比较到位，但也说明，涉及千家万户的安全教育和预防，仅仅靠专业部门还不够。

举例而言，大多数人在没有经历消防事故时，一般都习惯于将事故视作“小概率”“偶发”的事件，并不上心。尤其是我们的进城农民，消防意识并不强。根据笔者在武汉市消防部门的调研，相当部分的室内起火都是随子女进城的老年人用电不慎引起的。类似消防安全教育这种针对千家万户的琐碎工作，必须依靠基层才能完成。

一位消防员告诉笔者，城市消防和森林消防差别很大。国外有一部电影叫作《勇往直前》，跟这次凉山火灾类似，可以看看。但从城市消防角度看，不是消防员多么专业、多么英雄，其实消防救援人员的基本要求是体能和勇敢，他们之所以敢去灭火、敢去牺牲，是因为真的是在灾害面前有为人民奉献的精神在支撑。

这位消防员说，如果所有老百姓懂得最基本的防火知识，所有人都具备最基本的逃生自救和灭火常识，能熟练掌握灭火器和消防栓的使用方法，很多城市火情就能第一时间被控制，不至于蔓延和扩大。

他建议，必须把应急救援的触角伸入最末端，才能真正“灭早灭小”。如果仅依靠专业救援力量，不够。“防大于灭”，灭应该是最后一道屏障。

## 四、要求

说一千道一万，摆问题重要，但提出解决办法更重要。将应急管理改革提升到战略高度自不多言，还要有一些细致、长远和务实的规划。

首先要做好规划。应急管理应该是国家安全体系的一个有机组成部分，需要统筹经济发展和社会管理之间的关系。举例而言，各地的产业布局应该和应急管理的要求相匹配。布局什么样的产业，就得配套什么样的应急队伍。

规划层面尤其需要做几个方面的基础工作：

一是对应急事故做一个普查，全国有应急事故的分布地图，各地也需要绘制更为详细的“地图”；二是完善法律法规体系，尤其需要有专业人员参与制定符合中国实际的应急管理体系；三是明确应急管理在国家治理体系中的位置，明确应急管理做什么、如何做——不仅仅是职能定位问题，更是其战略定位问题。

其次，规划做好了，方向也同样重要。应急管理归根到底是专业性和社会性兼具的工作，不能片面强调专业化而忽视基层基础工作；也不能因为现实条件约束，而忽视了专业化建设。

现如今，最需要解决的是，如何建立一支稳定而具有战斗力的专业应急救援队伍？

过去，我们主要靠部队体制来解决这个问题，但改制以后，如何寻找一种合适的体制来解决待遇、晋升、荣誉等问题，还任重道远。还有一个不容忽视的问题是，基层基础工作的短板如何补上？这也许需要在规划层面加以解决。

最后，应急管理也要将预防和救援并重。现实中，当前的预防管理措施极其有限，基本上只能依靠“一票否决”等问责倒逼管理，以至于应急管理往往始于防灾、救灾，终于问责检查，忽视了调查和预防的关键作用。

从某种意义上说，应急管理部门成立后，在提升灾害调查的地位上下功夫，并使之与规划工作结合，才能真正地为国家谋安全。

# 从一个村子观察猪肉价格为何大涨*

2019 年 8—9 月，“二师兄”的肉可能比师父的还贵。

根据新闻报道，8 月的第二周，猪肉价格同比上涨了 46.8%，部分地区出厂价格就达到 32.61 元/公斤高位；生猪存栏量却同比下降 32%，创下 20 年来的最低水平。

中央和地方政府已纷纷行动起来。8 月 30 日，国务院副总理胡春华召开了全国稳定生猪生产保障市场供应电视电话会议，要求采取切实措施解决群众吃肉问题。

可以说，这次猪价波动，直接原因和非洲猪瘟影响有关，但深层次的原因可能更为复杂，它涉及农业生产经营方式、环保、土地等综合因素。

窥一斑见全貌，笔者试图通过一个养猪专业村的兴衰史来理解当前的猪肉市场波动问题。

---

* 本文最初发表于微信公众号“侠客岛”（2019－09－03）。

## 一、周期

笔者曾经调研过一个养猪专业村（就叫“A村”好了）。在2004—2014年的十年间，该村在村的村民几乎家家户户都养猪，少则几十头，多则几百、上千头。

这种规模化的家庭养殖方式，其实告别了传统意义上的散养方式，却又和资本经营的养殖场有着本质区别。

有研究显示，进入21世纪以后，中国农业经营领域掀起了一场农业生产经营方式的转型运动：不仅在种植业中表现出规模经营的趋势，在养殖业中这种趋势亦表现突出。

比如，在笔者去过的另一个四川某生猪养殖大县里，2003年及以前，小农庭院式生产比例达到100%，全县没有一家养殖规模在50头以上的。而到2015年，这个县规模化养殖已占到63%，小农养殖仅占37%。

这个过程，和A村的养猪变迁历程是匹配的。在2004年之前，A村农户也养猪，但每年存栏量在1～2头，养猪的市场化程度不高，在村庄范围内自给自足，具有鲜明的小农经济特征。

但这十年间规模化的家庭养殖，其实是一种高度市场化的养殖方式。

一是，它需要较高的资金投入。在固定资产投资方面，200头存栏的养殖场，需要投入3万元左右；一头母猪，亦需投入1 000元左右。

二是，它需要较高的技术要求。存栏的猪达到一定量以后，对涉及防疫、饲料、猪仔、母猪等方面的养殖技术，都需要一定的经验积累。

三是，它需要较为发达的市场网络。家庭户与大市场对接，需要有发达的地方经纪人网络。客观上，某地存栏越多，经纪人网络就越发达。

## 二、转变

A 村养猪方式的转变，并不是小农经济内部发育的结果，而是有鲜明的政府导向。

早在 20 世纪 90 年代，A 村的邻乡便在县政府的支持下发展了生猪养殖业，该乡亦成为远近闻名的养猪专业乡，生猪供应长三角各大城市。

从 2004 年开始，该县信用社推出了农户小额信用贷款的优惠政策，每个农户可以贷款 3 万～5 万元，这给 A 村村民发展养猪业提供了绝好的支持。

只不过，从实践看，高度市场化的家庭规模经营也意味着高市场风险。事后，A 村养殖户总结了养猪的市场规律：三年一周期，一年赚，一年赔，还有一年平。

总体下来，养猪的利润其实是比较稳定的。只要用心，有足够的资本和耐心，多少能赚一些。但总有些农户因为运气不佳或资本不足，在亏的那一年没能挺过去，有的会因猪场倒闭而只能外出务工。

就A村的养猪产业看，其产业链并不长，但从产业利润的分配也能窥见其中奥妙。

A村养猪产业链中，上游是饲料供货商，镇里有几家大型饲料加工厂，本村也有一个；中游是数量庞大的养殖户；下游则是几个经纪人和小型的中间商。

总体上看，上游和下游都稳赚不赔，但他们都需要有较为雄厚的资金投入，饲料供货商需要给养殖户垫付饲料款，潜规则是出栏以后回款，中间商则可能面临着下游老板欠款甚至卷款而逃的风险。

笔者估算了一下，A村市场化养猪十年期间，饲料店老板和几个中间商平均每家赚了二三百万是有的。而一般的养殖户，赚、赔和勉强维持之间，各占三分之一。

每一次猪价大跌，都会淘汰掉一些实力不够雄厚的养殖户；但每一次猪价大涨，亦会让那些有计划的养殖户增加底气。

客观上，留在村里坚持到最后的养殖户，都算是“中坚农民”。这些养殖户利用养猪赚来的钱在镇里盖了价值几十万的楼房。

## 三、政策

根据笔者的调研，猪作为一类大宗农产品，其市场总体上是比较平稳的，国家调控一直都有。有那么几年，A村的养殖户也享受了 50 元/头能繁母猪的补助。但有经验的养殖户都说，这种补助政策要不得。

为什么这么说？因为补助政策出台时，恰恰是存栏较少但猪价极高的时候，养殖户肯定是赚的。这时候补助，对养殖户而言意义不大，但无疑意味着鼓励养殖户扩大生产，必定造成下一个周期的猪价大跌。

2014 年开始，全国的环保政策开始收紧，A 村所在的县也适时推出了压缩养殖规模、消灭家庭养殖政策。具体而言，就是通过环保、土地以及猪舍拆迁补偿等综合政策杠杆，迫使养殖户退养。

客观上，A 村的生猪养殖的确造成了生态污染。A 村本是山清水秀之地，但发展养猪业后，人们不敢下河，更不用说喝水。并且，很多猪舍就盖在良田上，非要按照农业和土地法规，也是可以治理的。

再加上恰恰这几年猪价低迷，一些养殖户也无心养殖。而且，不少村民又在政府的政策鼓励下，发展林下经济，种植林芝、百香果、金线莲等。尽管转产效果不佳，但 A 村在 2017 年还是成了无猪村。

2018 年，受非洲猪瘟的影响，猪价低迷，很多养殖户都感叹：幸亏清栏及时，否则必定造成一大批养殖户血本无归。而今猪价又大涨，不知 A 村的村民作何感叹。

## 四、塑造

A 村的养猪简史看来简单，但它却很能说明一个道理：中国的养猪业，其实一直是国家和市场双重塑造的结果。

所谓“成也萧何，败也萧何”。事实上，不少地方政府都曾闹出过“逼民致富”的笑话，非要农民生产经营某种农产品。结果，政府鼓励生产什么，什么就亏。

A 村的农民或许是幸运的，养猪业虽然很难说是成功，却也不算失败。这些年，“农民增收”已经不再是三农政策的重心，各地政府出于环保和“菜篮子”工程的双重原因，倾向于放弃家庭规模养殖业，转而鼓励支持大型养猪场。

2007 年，国家开始通过一系列的政策推动畜牧业从传统向现代转型，转型的方向是“标准化”“专业化”“规模化”，并通过“全国生猪调出大县”“生猪标准化养殖小区”等项目进行推动。

在政府补贴的刺激下，千头养猪场甚至万头养猪场不断涌现，农户散养进一步消逝，而农户规模养殖也面临一系列挑战。不少经济发达地区明确划定了禁养区和限养区，A 村养猪业也就是在这个政策背景下衰退的。

当然，那些本来就带有明显的灰色性质的养猪业，早就被治理了。比如，大多数城郊村都有过养猪业。一些外来人口租用村民的闲置土地盖起养猪场，具有极强的市场竞争力。

一是猪食可以就地取材——收集餐饮业的潲水，极大地节约了成本；二是出栏的猪也可以极为方便地进入市场，这又少了一些中间商的利润提成。这些年，城郊村的养猪业亦因环保的原因被关停了。

## 五、复杂

2018年的非洲猪瘟之所以对猪肉市场有如此之大的影响，很大程度上还是缘于这一意外的市场因素传导给了地方政府，为很多地方政府实行禁养政策提供了契机。

笔者还曾调研过华北某县的非洲猪瘟防控。该县是一个农业大县，养殖业和果业都有一定规模，两者之间还形成了一定意义上的循环农业。

但2018年非洲猪瘟形势严峻，周围几个县都发生了疫情，唯独该县没有发生，成了“孤岛”。为了确保万无一失，该县耗费了大量人力物力严防死守。

坚持了几个月后发现，养殖户的存栏量在不断下降，而防控的成本却居高不下。县政府测算了一下，这项防控支出足以抵销养殖户退养补贴。

关键是，养殖户在悲观的市场预期下也难以坚持，都希望政府“干预”。于是，到了2019年初，该县作出决策，全县退出养猪业，同时宣告非洲猪瘟防控解除预警。

这么看来，这其实是一个皆大欢喜的选择。只不过，局部合理，往往会造成整体不合理。就笔者的观察，地方政府对养猪业，无论是支持也好，还是抑制也罢，其市场效应都不绝对取决于其理性决策。

根据业内估计，这次猪肉价格的高位运行还会持续一段时间。毕竟，猪不像鸡鸭，至少需要 6 个月的成长周期。

不过，那些觉得猪肉会贵到吃不起了的想法可是杞人忧天。除了中央的储备冻猪肉外，巴西、澳大利亚、欧盟等生猪养殖大国（地区）都在盯着中国这块市场呢。

# “街乡吹哨、部门报到”的改革逻辑*

2018年11月14日，习近平总书记主持的中央全面深化改革委员会第五次会议审议通过了15份文件，其中之一是《“街乡吹哨、部门报到”——北京市推进党建引领基层治理体制机制创新的探索》。这说明，“街乡吹哨、部门报到”经验正式进入了顶层设计者的视野，对当前正在推进的基层治理现代化建设具有借鉴意义。

北京市平谷区是“街乡吹哨、部门报到”经验的发源地。简单说来，“街乡吹哨、部门报到”是一条“从小处切口、点上发力”的经验，其主要作用是撬动基层治理机制中的一些关键环节，进而有针对性地清除长期存在的痼疾。

## 一、倒逼

近年来，首都乡村治理任务急剧加大。自十八大以来，首都

* 本文最初发表于微信公众号“学习小组”(2018-11-18)。

乡村治理的任务发生了巨大转型，从维持基本秩序、调整产业结构等转向环境治理、拆违等任务，积累已久的社会问题已经到了爆发边缘。爆发的契机就是2016年的“5·14事件”：平谷区金海湖镇黑水湾村关闭矿区发生矿难，造成6死1伤。即使这样，金山和砂石盗采依然没有被制止住。

平谷区相关部门组织了护矿队，人数从最初的十几人不断增加到50人，但盗挖行为却愈演愈烈，直到“5·14事件”爆发。可见，过去“因事设岗”的行政方式已不适应新的任务，虽投入了新的治理资源，却未提高治理绩效；恰恰相反，新的治理资源很可能进一步恶化基层政治生态。事后查明，有护矿队员和盗挖者勾结，有村干部为砂石盗采者提供“保护伞”。

如何改变这一状况？过去的经验证明，“头疼医头、脚痛医脚”是不行的，只有改变基层治理的体制机制才能解决这些问题。但是，一些基本的基层治理架构是既定的，地方政府并没有权力来改变。不变体制变机制，这便是“街乡吹哨、部门报到”改革的方法论。

总体上看，基层是负责政策执行的，是需要回应社会诉求的，需要同时兼顾上级目标和基层实际。因此，基层政府任务本来就是“戴着镣铐跳舞”。通过机制创新解决实际问题，也是渐进式改革逻辑的延伸。改革40年之所以成功，主要经验便是我们采用了渐进式改革的方法——它是一种成本低、可控制的改革方法。

## 二、探索

“街乡吹哨、部门报到”经验的形成，经历了几个阶段：

1. “双安双打”阶段。为治理盗采砂石、盗挖金矿等问题，平谷区于2017年初启动了全力确保安全生产、安全稳定，打击金矿及砂石盗采，打击其他违法犯罪活动的专项行动（简称“双安双打”）。由镇委书记和镇长担任指挥部的总指挥和执行指挥，公安、国土、水务等16个区级职能部门为成员单位。要求指挥部成员单位做到“事不绝，人不撤”。

不过，金海湖镇“双安双打”工作的特殊之处在于，它并不同于普通的运动式治理，而是通过运动建立一套行之有效、具有一定普适性的工作机制。该镇制定了“乡镇吹哨、部门报到”的联合执法链机制，形成了账单式执法、突击式执法、常态化执法等三种联合执法模式。

2. “街乡吹哨、部门报到”机制成型。“双安双打”的成功，极大地增强了平谷区政府对创新基层治理机制的信心。当地通过三个清单将这个经验常态化：一是建立问题清单，二是建立权责清单，三是建立执法效果清单。简言之，部门工作的绩效如何，乡镇政府可以根据每一次“吹哨报到”行动作出评价，并以此作为年终考核部门工作的依据。

一方面，解决条块分割和权责不一致的问题。由区法制办重新明确执法部门职责和执法清单，解决了以往执法部门各自为政、职责交叉不清的问题。另一方面，以问题为导向，建立了一套规范而实用的基层治理流程。一般的政策循环的起点在上级决策部门，而“吹哨报到”的议程设置权却在基层政府，强化了基层政府的治理能力。

3. 党建引领基层治理的探索。到笔者调研时，金海湖镇的“街乡吹哨、部门报到”机制已经升级了几个版本，从最初的主要解决执法问题的“执法哨”，到后来的解决一般社会治理问题的“管理哨”，再到解决农村发展问题的“发展哨”，其运用范围越来越广。总的看来，金海湖镇的主要做法是将“街乡吹哨、部门报到”机制渗入乡村治理的实践过程中去，进而激活原有的治理体制。

## 三、启示

现在就来评价“街乡吹哨、部门报到”的作用，可能还为时过早。

它本质上是一项联合执法活动。类似的联合执法、现场办公等运动式治理模式，并非“街乡吹哨、部门报到”的经验本质。同样，有些地方将“街乡吹哨、部门报到”经验泛化。比如，有一个街道建立了网格系统，建立了庞大的网格员队伍，也说是“吹哨报到”经验。就笔者的看法，这还是“因事设岗”。

而金海湖镇的相关领导的想法是，尽量激活村干部和乡村两级庞大的协管员队伍，把他们纳入网格系统中。如果这一目标得以实现，那很可能意味着“街乡吹哨、部门报到”真正切中了首都市郊农村治理的痛点，撬动了乡村治理体制。在笔者看来，“街乡吹哨、部门报到”的启示正在于此：

第一，从“捂盖子”到“揭盖子”。多年来，首都市郊农村治理的重要特点是“捂盖子”，不愿意正视问题，导致问题积累越来越多，终于一发不可收拾。而这也是全国基层治理中极其普遍的问题，“不出事逻辑”已经深入很多基层领导干部的观念之中。而“吹哨报到”的关键在于，因为它赋予了基层政府足够的权力，使得基层政府敢于直面问题。一是通过清理过去的治理痼疾，重塑了基层政治生态；二是通过激活属地政府权能，增强基层政府的回应性，及时化解基层社会矛盾。某种意义上，“吹哨报到”实际上是激发基层干部敢担当、敢作为的保障机制。

第二，基层政权从“悬浮”到“嵌入”。首都市郊农村治理过程中，乡镇党委政府对村级组织和村干部的“失控”现象让人震惊。某些村干部无视党纪国法，乡镇党委政府却毫无办法；乡镇干部在面对农村工作时，普遍有畏难情绪。追根溯源，这是基层政权长期不做群众工作，片面理解村民自治的结果。而通过“吹哨报到”机制，一方面，基层政府的管理和执法力量顺利进入了村庄；另一方面，通过党建引领基层治理的方式，基层政权也强化了对村干部和其他服务人员的统筹管理。在这个意义上，基层工作就可以建立在扎实的群众基础之上。

第三，基层工作从“权宜之计”到依法治理。平谷区“街乡吹哨、部门报到”的机制设计及经验总结，一直都是法制办在主要负责。因此，这个经验一开始就贯彻了依法治理的理念。从结果看，这一机制的确有效规范了基层治理行为。属地政府和相关执法部门，不仅获得了法律保障，更是习惯了依法行政。这极大地消除了过去依靠权宜之计解决问题的行政惰性，法治精神得以彰显。

综上，平谷区“街乡吹哨、部门报到”改革，是一条典型的“从小处切口、点上发力”的经验。这一经验，看似只是解决了基层治理中的“小问题”，却是关系到基层治理现代化的大经验。说到底，基层治理的主要任务是处理老百姓关心的“小事”，而不是完成“大事”。评价基层治理好坏的关键是，它能不能及时有效回应群众诉求。“吹哨报到”恰恰契合了基层工作的这一特点。更难能可贵的是，“吹哨报到”是在并不增加治理资源的情况下，完全通过完善基层治理机制来提高治理绩效的。在这个意义上，平谷区“街乡吹哨、部门报到”的改革是值得肯定的。

**图书在版编目（CIP）数据**

治大国若烹小鲜：基层治理与世道人心/吕德文著
. -- 北京：中国人民大学出版社，2021.4
ISBN 978-7-300-29165-9

Ⅰ.①治… Ⅱ.①吕… Ⅲ.①地方政府－行政管理－中国－文集 Ⅳ.①D625-53

中国版本图书馆 CIP 数据核字（2021）第 053215 号

**治大国若烹小鲜**
*基层治理与世道人心*
吕德文 著
Zhidaguo Ruo Pengxiaoxian

| | | | |
|---|---|---|---|
| **出版发行** | 中国人民大学出版社 | | |
| **社　　址** | 北京中关村大街 31 号 | **邮政编码** | 100080 |
| **电　　话** | 010－62511242（总编室） | | 010－62511770（质管部） |
| | 010－82501766（邮购部） | | 010－62514148（门市部） |
| | 010－62515195（发行公司） | | 010－62515275（盗版举报） |
| **网　　址** | http://www.crup.com.cn | | |
| **经　　销** | 新华书店 | | |
| **印　　刷** | 天津中印联印务有限公司 | | |
| **规　　格** | 148 mm×210 mm　32 开本 | **版　　次** | 2021 年 4 月第 1 版 |
| **印　　张** | 13.125 插页 2 | **印　　次** | 2024 年 9 月第 15 次印刷 |
| **字　　数** | 261 000 | **定　　价** | 59.00 元 |